技术创业风险研究

葛　晶◎著

JISHU CHUANGYE
FENGXIAN
YANJIU

经济管理出版社
ECONOMY & MANAGEMENT PUBLISHING HOUSE

图书在版编目（CIP）数据

技术创业风险研究/葛晶著. —北京：经济管理出版社，2022.12
ISBN 978-7-5096-8856-4

Ⅰ.①技… Ⅱ.①葛… Ⅲ.①企业管理—创业—研究 Ⅳ.①F272.2

中国版本图书馆 CIP 数据核字（2022）第 251118 号

组稿编辑：曹　靖
责任编辑：郭　飞
责任印制：黄章平
责任校对：董杉珊

出版发行：经济管理出版社
　　　　　（北京市海淀区北蜂窝 8 号中雅大厦 A 座 11 层　100038）
网　　址：www.E-mp.com.cn
电　　话：（010）51915602
印　　刷：唐山玺诚印务有限公司
经　　销：新华书店
开　　本：720mm×1000mm/16
印　　张：18.75
字　　数：378 千字
版　　次：2022 年 12 月第 1 版　　2022 年 12 月第 1 次印刷
书　　号：ISBN 978-7-5096-8856-4
定　　价：88.00 元

前　言

　　技术创业是指创业者通过研究、开发、应用、扩散而不断形成商品和产业的过程。技术创业是落实我国创新驱动发展战略的必然选择。当前，在典型的技术创业过程中，高新技术研究、高新技术开发和高新技术应用扩散相互联系、相互依存，构成一个依次递进的路线，使高新技术不断由产品点向产业链进而向产业群和产业生态系统延伸和扩展。由于技术创业是一项投入资源比较多，涉及技术、经济、社会等各种因素与多个环节的高度复杂的创新性技术经济活动，因此，技术创业具有很大的风险性，既有成功的希望，又有失败的可能，并且失败的概率高于成功的概率。技术创业的这种高风险性使研究技术创业风险评价体系非常必要。研究技术创业风险评价体系有助于技术创业相关部门及人员从多个侧面系统、深入地认识技术创业的风险因素；有助于决策者掌握科学的风险分析及评价方法，为技术创业决策提供科学依据；有助于人们制定适用的风险防范策略和措施，从而降低技术创业风险，使技术创业资源得到合理利用。研究技术创业风险评价体系可填补风险分析和风险评价在技术创业领域的空白，并有助于人们从风险角度认识技术创业问题，丰富创新驱动创业理论。此外，本书可为分析、评价技术创业企业投资风险，为其科学决策及防范风险提供依据。本书的研究内容对丰富技术经济学、技术创新经济学、产业经济学、投资经济学、创业风险管理等学科的知识和内容具有学术价值和实践意义。

　　本书的撰写是笔者及团队成员多年相关研究成果的归纳和总结，研究过程中得到了国家自然科学基金项目的资助（项目编号：72091310，71972083），在此表示衷心的感谢。

目　录

第一部分　技术创业风险分析的微观基础

第1章　绪论 ·· 5

1.1　研究背景 ·· 5

1.2　研究意义 ·· 10

1.3　研究内容 ·· 13

1.4　研究方法与技术路线 ···································· 15

第2章　技术创业微观要素的界定 ···················· 18

2.1　理论基础 ·· 18

2.2　文献回顾 ·· 32

2.3　变量间关系研究述评 ···································· 44

2.4　本章小结 ·· 49

第3章　技术创业企业研发强度与风险管控：探索性案例分析 ············ 50

3.1　研究设计 ·· 50

3.2　案例分析 ·· 54

3.3　结果分析 ·· 56

3.4　本章小结 ·· 72

第4章　技术创业企业研发强度与风险管控：理论分析与研究假设 ···· 73

4.1　假设提出 ·· 73

4.2　理论模型构建与假设总结 ······························ 94

4.3 本章小结 ································· 95

第二部分　技术创业风险评价

第5章　技术创业风险研究现状及基本分析 ········ 99

5.1 技术创业风险研究现状 ············· 99

5.2 技术创业风险研究现状的基本分析 ······· 102

第6章　研究技术创业风险评价的必要性和内容 ······ 104

6.1 研究的必要性 ················ 104

6.2 研究内容 ·················· 105

第7章　相关概念研究 ··················· 106

7.1 高技术与高技术产业 ············· 106

7.2 技术创业 ·················· 108

7.3 风险的内涵及特征 ·············· 110

7.4 风险分析与风险评价 ············· 112

第8章　技术创业风险分析的基本理论 ········· 114

8.1 产业结构理论与技术创业风险分析 ······· 114

8.2 产业联系理论与技术创业风险分析 ······· 118

8.3 产业组织理论与技术创业风险分析 ······· 122

8.4 规模经济理论与技术创业风险分析 ······· 125

8.5 均衡理论与技术创业风险分析 ········· 126

8.6 创新理论与技术创业风险分析 ········· 129

8.7 技术创业风险因素的理论模型 ········· 133

第9章　技术创业风险分析的基本方法 ········· 138

9.1 技术创业风险分析的方法论 ·········· 138

9.2 技术创业风险分析模型——FFTAM 的开发 ··· 140

9.3 FFTAM 中各事件的确定 ············ 146

9.4 FFTAM 中各事件概率的确定 ·········· 148

9.5 FFTAM 中最小割集的确定 ··········· 159

9.6 FFTAM 中最小路集的确定 ………………………………… 161

9.7 FFTAM 中各事件重要度的确定 …………………………… 163

9.8 FFTAM 中底事件等级确定 ………………………………… 164

9.9 复杂技术创业系统的风险分析方法——MSA 法 ………… 167

第 10 章 技术创业风险评价 …………………………………… 170

10.1 风险评价中存在的问题 …………………………………… 170

10.2 技术创业风险评价指标设计 ……………………………… 171

10.3 技术创业风险评价的 AHP 法：信息残缺条件下的风险
评价方法 …………………………………………………… 175

10.4 技术创业风险评价的 ICERE 模型：信息相对充足条件下的
风险评价模型 ……………………………………………… 183

10.5 ICERE 模型中风险等级的确定 …………………………… 187

第 11 章 技术创业风险的一般分析 …………………………… 197

11.1 发明与创新阶段的风险分析 ……………………………… 198

11.2 扩散阶段的风险分析 ……………………………………… 200

11.3 技术创业风险的比较分析 ………………………………… 201

11.4 技术创业的总体风险特征 ………………………………… 205

第 12 章 技术创业风险分析案例：我国 CIMS 技术产业化风险因素分析 …… 207

12.1 确定主题目标、构造影响领域 …………………………… 207

12.2 各影响领域的发展趋势及对主题的影响 ………………… 208

12.3 风险情景 …………………………………………………… 214

12.4 引入突发事件、构造主题情景 …………………………… 216

第 13 章 我国 CIMS 技术产业化风险分析模型 ……………… 221

13.1 我国 CIMS 技术产业化风险分析的 FFTAM ………… 221

13.2 我国 CIMS 技术产业化风险评价的 ICERE 模型 …… 232

第 14 章 结论及展望 …………………………………………… 236

14.1 第一部分的结论及展望 …………………………………… 236

14.2 第二部分的结论及展望 …………………………………… 244

14.3 对策建议及研究总结 ……………………………………… 247

参考文献 ………………………………………………………………………………… 252

附录 1 布尔代数运算规则 ……………………………………………………… 283

附录 2 风险—效益分析方法研究 …………………………………………… 284

附录 3 技术创业企业调研提纲 ……………………………………………… 286

附录 4 案例访谈大纲 …………………………………………………………… 290

第一部分

技术创业风险分析的微观基础

在数字技术迅猛发展的背景下，技术创业已经成为各个国家（地区）、企业获取竞争力、实现可持续发展的关键动力。欧美等世界发达经济体纷纷将创新驱动的技术创业作为国家经济发展的核心战略。在该战略影响下，云计算、大数据、新能源、生物医药等一系列新兴技术快速发展，催生了一大批独角兽企业、瞪羚企业的爆发式增长。创新驱动的技术创业战略落到企业层面主要靠加大研发强度来实现，研发强度高是技术创业企业最重要的特征之一。高科技企业技术创业活动的关键是实施有效的研发（R&D）战略，而研发战略严重依赖于企业的资源和能力。根据社会网络理论，任何企业的研发活动都处于社会网络中。对于技术创业企业而言，需要获得一系列要素来支撑其发展，为此，许多技术创业企业都会通过外部网络连接的方式来获得这些关键要素。如何通过构建网络关系进而提高研发效率、研发成功率和研发产出质量是值得研究的重要议题。基于此，我们对技术创业企业研发强度经由网络关系对风险控制能力的影响问题进行研究。

关于企业研发过程、模式及机理的研究，近年来一直是学术界关注的重点。当前研究大多关注两个方面：第一，从外部创新环境的角度分析政府补贴、知识产权保护等对企业研发投入的影响；第二，基于"结构—行为—结果"（SCP）的研究范式，从组织行为学的角度研究某种网络特征与风险控制能力之间的关系。但这些研究范式可能会忽略创新主体在跨组织层面的网络关系构建以及网络机会、资源开发利用等方面的积极作用。经过创新主体优化的网络关系更有助于研发投入转化为风险控制能力。在这种机制中，创新倾向一致性积极影响着技术创业企业研发强度、网络关系和风险控制能力间的关系。因此，我们以技术创业企业为主体，打开了研发强度对风险控制能力影响的"黑箱"，强调了研发投入如何通过网络关系（网络中心度、网络密度）的加强来提升研发成果转化的效率。同时有机会吸引更多潜在合作伙伴主动寻求合作，不断提升企业的核心竞争力和管理能力。最后通过创新倾向一致性的理念筛选出与企业长期发展目标、创新方向相一致的战略合作伙伴。这时增加研发投入更容易在产品、服务等方面产生突破式创新。合作伙伴间管理理念及价值观的一致性能够促进伙伴间的协同创新，通过长期的合作和规则的制定形成管理模式的协同演化，从而提升整体研发投入、网络关系对风险控制能力的作用效果。

我们基于创新倾向一致性视角对技术创业企业研发强度与风险控制能力的关系进行了系统研究。通过文献回顾对研究变量及相关理论进行了梳理，对创新倾向一致性的概念进行了初步定义。之后在典型案例分析的基础上，提出了在创新倾向一致性调节下的研发强度经由网络关系对风险控制能力影响的理论模型和研究假设，深入挖掘了研发强度对风险控制能力的作用机理，构建了"研发强度—网络关系—风险控制能力"概念模型。依据相关理论和实践经验，提出了18条假设。随后，采用问卷调查的方式，主要获取来自京津地区、珠三角、长三角、东北地区的518份有效问卷。通过层次回归分析和Bootstrap方法开展了规范的实证研究，主要取得了以下研究结果：

第一，明确了研发活动的基础性作用。强调了研发资金和研发人员投入对风险控制能力产生的积极影响，在此过程中突出了技术创业企业通过加大研发力度构建网络关系的主观能动性，从而使网络分析从静态网络分析转向了动态网络分析。

第二，基于一致性视角构建了"研发强度—网络关系—风险控制能力"的中介关系概念模型，凸显了网络效应的重要性。从网络中心度、网络密度两个方面解读网络关系，通过实证研究检验了网络关系（网络中心度、网络密度）在研发强度与风险控制能力之间的多重中介作用，打开了研发强度到风险控制能力的"黑箱"。

第三，基于资源基础观、社会网络理论和知识管理理论，借鉴前人的研究提出了创新倾向一致性构念，弥补了以往对创新倾向一致性的研究缺失。同时，增加了创新倾向一致性作为调节变量的直接效应研究，提高了其理论的适用范围。创新倾向一致性能够直接调节网络关系（网络中心度、网络密度）对风险控制能力的影响，并且强调了创新倾向一致性对网络关系（网络中心度、网络密度）中介作用的调节作用，优化了研发强度通过网络关系有效开发网络资源的权变性和关键作用，进一步丰富了社会网络理论。

我们主要取得了以下创新点：

第一，采用技术创业企业作为样本对研发强度、网络关系（网络中心度、网络密度)、风险控制能力这几个变量放在一个框架下进行探索。主要研究了"研发强度—网络关系""网络关系—风险控制能力""研发强度—风险控制能力"的作用机理。现有研究多数表明了研发强度影响风险控制能力的基本逻辑是因研发带来的企业能力与创新产出的提升。即便在开放式创新的背景下,也未能完全厘清网络关系在研发投入中的重要作用。我们从创新一致性的调节效应视角分析了网络关系对企业风险控制能力的影响,强调了网络关系(网络中心度、网络密度)在研发强度对风险控制能力影响过程中的中介作用。

第二,探讨了网络关系在研发强度和风险控制能力之间的中介作用。开展有效的研发活动是技术创业企业重构网络关系的必要条件。技术创业企业加大研发强度(研发资金投入、研发人员投入)不仅能够提升其自身的竞争优势,而且能够提高其网络中心度、增强网络密度,进而为其通过网络关系识别、开发、整合、利用机会和资源创造条件。网络关系是技术创业企业获取外部资源,进而整合内外部资源的基本条件。但不加管控和治理的网络关系,具有高度的不确定性。技术创业企业通过加大研发力度能够重构网络关系,具体表现在网络中心度和网络密度均得到提高,再通过网络效应提升研发成果转化效率,获得网络中的多样化知识和资源,从而获得更多提升企业风险控制能力的机会。

第三,创新倾向一致性能够提升网络中心度和网络密度对风险控制能力的影响。我们对现有文献进行系统整理,基于社会网络理论提出了创新倾向一致性的构念,并从合作创新的目标、理念和文化等方面的共识性,在实现战略目标过程中的研发能力、研发重视程度及资源投入等方面的适配性上,在文化价值和管理理念方面的一致性上,通过案例研究和实证研究,对其在网络关系对风险控制能力的影响过程中的调节作用方面进行深入研究。创新倾向一致性是保证研发资源得到有效利用进而实现企业目标的关键,其对技术创业企业制定创新战略、实施研发计划具有重要意义。网络中心度的提高和网络密度的增强确实会帮助企业接触到更多的网络资源,但是需要本着一致性原则去优化网络关系,才能有效地识别、开发和利用网络资源,使创新活动更有意义。同时,参照战略管理中的共识性和适配性原则确定和调整创新合作伙伴,有助于降低网络的不确定性,为实现预期风险控制能力做出贡献。创新倾向一致性是优化技术创业企业创新网络的关键因素,一致性越强,网络关系越有助于技术创业企业识别、开发和利用网络机会及资源,进而实现预期目标。

第1章 绪论

目前，实现创新驱动发展和提升自主创新能力已成为中国经济社会发展的主要目标之一。我国整体创新水平之所以取得如此巨大的进步，源于大量的研发投入。技术创业企业作为重要的技术创业主体，为充分就业及经济发展发挥了重要作用。在此背景下，探讨如何促进技术创业企业的生存与发展，提升其综合风险控制能力水平，已经成为学术界和实践界共同关注的热点问题，也是难点问题。基于此，本章从现实和理论背景出发提出影响技术创业的关键要素，阐释研究该方向的学术价值和实践意义，并介绍了本部分的研究内容和研究方法，最后给出了本部分的研究思路与研究框架。

1.1 研究背景[①]

1.1.1 现实背景

根据国家统计局社会科学文学司出版的《中国创新指数研究》，2019年，我国的创新总指数已达228.3，如果把2005年的创新总指数作为对比基数值100，则当年比上一年增加7.8%，在环境和投入以及产出和创新成效等各方面的创新总指数较去年增长10.5%、3.0%、11.8%和3.1%。2020年，我国创新指数已位居世界第十四，比2015年上升15位。此外，2020年，我国国内生产总值已经突破100万亿元大关，研发投入总量已达世界第二，创新成果竞相涌现，已成为世界最大的国际专利申请国。高科技产业和战略性新兴产业的快速发展，说明这一

① 本节内容研究得到国家自然科学基金重大项目"创新驱动创业的重大理论与实践问题研究"（编号：72091310）课题一"数字经济下的创新驱动创业的基本理论"（编号：72091315）的资助。

阶段国内在环境创新方面有显著的优化特点，创新项目投入平稳提高，产出比迅速提升，所得的收效已然显现，新的动能也持续增加。这意味着我国经济实力、科技实力、综合国力又跃上一个新的大台阶。

2019 年，中国研发在经费投资上已达 22143.6 亿元，较上年同比增长达 12.5%，持续四年增长数据递增，经费投资总量始终位列全球第二。研发投入强度（即研发经费与 GDP 之比）为 2.23%，比 2018 年提高 0.09 个百分点，与美国、日本等发达国家的差距逐年缩小。2019 年，中国的许多大中型制造加工企业已完成新开发产品总利润 16.6 万亿元，和主营业务的营销收入比照值为 24.9%，较上年提高 14%，成为 2005 年以来最高水平。站在企业发展的角度分析，对于可以多年一直保持不断迅猛发展的大中型企业，只有始终加大力度全面完成新产品研发的各项投入，才是确保该企业逐渐走向成功的唯一方法。在发展态势较好的 2.5 万个制造企业中，有 69.3% 的企业已经生产出自己研发成功、在技术革新上有重大改进和加工上应用全新技术的新产品并加以推广，其中产品为对全球影响较大的全新产品和重大改进产品的企业占总数量的 29.7%（见图 1-1）。

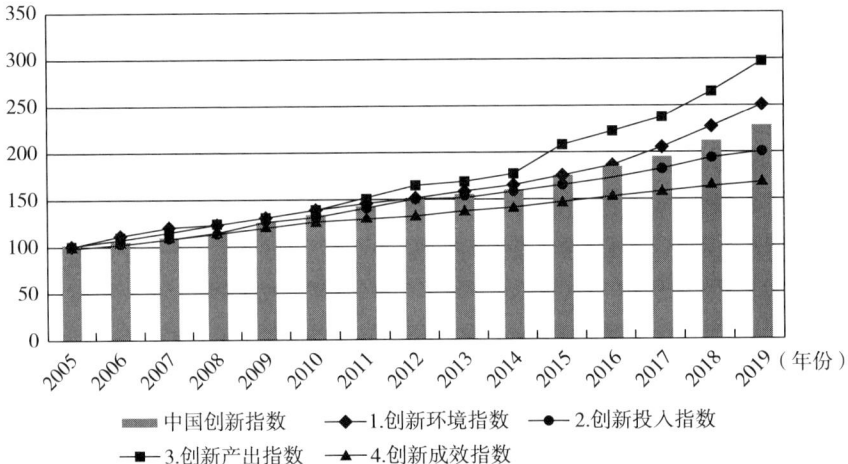

图 1-1　中国创新指数变化情况

据统计，2020 年许多上市的大公司还在持续加大对新产品的研发投入力度。当年研发投入经费排在前十位的企业，投资总额则高达 1553.96 亿元。在 2020 年行业研发经费排名前 10 里，排第一名的是我国的建筑行业，金额高达 218.72 亿元，占营销投入资金的 1.50%；第二名是我国的石油行业，总金额为 214.10 亿元，占营销投入资金的 0.90%；第三名为我国的铁轨建设行业，总金额为

165.28 亿元，占营销投入资金的 1.99%（见表 1-1）。能够上市是检验企业发展是否良好的重要标志，而研发费用占上市公司营收比的逐年上升，也说明了科技投入在其发展中的重要作用。

表 1-1　2020 年中国上市公司研发投入总额排行榜（TOP 10）

单位：亿元，%

排名	证券代码	证券名称	2020 年研发投入总额	研发投入总额占营业收入比例	所在地
1	601668. SH	中国建筑	218.72	1.50	北京
2	601857. SH	中国石油	214.10	0.90	北京
3	601186. SH	中国铁建	165.28	1.99	北京
4	601390. SH	中国中铁	165.21	1.95	北京
5	600028. SH	中国石化	155.39	0.52	北京
6	600104. SH	上汽集团	147.68	1.75	上海
7	601800. SH	中国交建	126.47	2.28	北京
8	000063. SZ	中兴通信	125.48	13.83	广东
9	601766. SH	中国中车	122.65	5.36	北京
10	601669. SH	中国电建	112.98	3.25	北京

　　仅依靠企业内部的研发投入，并不能满足企业的技术创业需求。特别是随着全球化和网络信息化的发展，为信息能够以更低的成本获得提供了更多的可能。然而，与海量的信息资源相伴而生的是异质性信息的识别和获取，这给技术创业企业带来了新的发展难题，即如何通过合作网络管理来降低合作成本。从网络联系来看，非科技型企业的动态性不强，在所处关系网络中建立的"关系"也往往缺乏动态性，而技术创业企业具有演进速度快和发展模式复杂多变等明显特点，其与利益相关者的网络联系也十分灵活。因此，需要整合不同时间、不同空间的信息和创新要素突破边界进行全方位协同。这一系统性效应发生在过去、当今、未来的连续时间中以及区域、国内甚至国际的多层次地理空间中，各创新要素（战略、组织、制度、文化、技术、市场、管理等）须突破时空限制和微观组织边界进行全方位协同匹配，实现微观、宏观与时间、空间的全频交互（胡琳娜和陈劲，2020）。根据均衡机理，这使技术创业企业规模有可能进一步扩大。因此，合作研发是目前互联网时代技术创业企业的必经之路。

　　在企业发展的价值链当中，我国多数企业过去主要关注的是制造环节、销售环节以及服务环节，对于研发环节及创新环节，一是存在能力不足的问题，二是在战略上没有高度重视，导致我国产业升级困难。这两者的关键问题则是没有自主知识产权的核心技术，最终出现了欧美等发达国家在关键核心技术领域"卡脖子"的现象。因此，技术创业企业强化研发与创新投入是必要和迫切的。实践证明，那些高度重视研发和创新的技术创业企业，既实现了短期风险控制能力，也为长期风险控制能力的提升奠定了坚实的基础。典型的例子是一汽集团近年来在自主品牌红旗车方面的开发，加大了超出历史水平的研发投入，带动了其下属的汽车零部件企业也在其研发环节加大了投入，实现了在汽车行业发展不景气情况下的逆势上扬。现有企业的实践证明，加大研发投入是实现我国企业技术创业和产业转型升级的必由之路，是我国迈向强国的必然选择。但是，目前我国企业的技术创业还存在一系列问题，如目前的技术创业还是以单一技术为主，没有考虑针对消费市场的产品全生命周期管理；没有健全的科技创新机制和制度的保证，导致技术创业的每一个环节都可能存在风险，破坏了技术创业的稳定性和持续性；知识产权保护等法律法规有待进一步完善；以企业为主的技术创业体系尚未建立；在信息安全及风险控制方面亟待加强。然而，具体哪些因素对技术创业企业的研发效果具有重要影响，并通过何种机制进一步作用于风险控制能力仍是新创技术创业企业管理范畴当中的一个亟须解决的关键问题。基于此，我们针对以上问题中的技术创业企业间的合作研发过程和作用机理进行深入剖析，一方面可以分析微观制约机制，是何种因素影响企业的创新创业活动；另一方面也可以为我国在制定如何促进技术创业企业提高研发强度政策方面，提供相关的理论支撑。

1.1.2　理论背景[①]

本书的研究主题属于创新驱动型创业的学术问题。因此，有必要放在创新创业理论背景下讨论该研究主题。从历史来看，创业的概念可以追溯到 18 世纪的 Cantillon，他认为创业是一种不确定回报的自营职业。Knight（1967）、Kirzner（1997）、Schultz（1961）和 Schumpeter（1912）以不同的方式考虑了这一过程。事实上，Knight 区分了风险，明确风险是可以计算的，而不确定性是不能计算

[①]　蔡莉、葛宝山等（2019）在系统回顾创业理论研究的基础上，将从网络视角研究创业过程和机理所取得的理论研究成果和观点称之为创业网络观。他们总结如下：社会网络对于成熟企业及新企业均具有十分重要的意义，因为它是个人、团队和组织从外部获取信息和资源的重要渠道。而新企业往往因为"新"和"小"而先天就有"新进入缺陷"和"小规模缺陷"，从而面临严重的资源约束。创业者在实施创业的过程中，通常会通过建立和利用社会网络来获得有价值的信息和资源，识别和开发有价值的机会，培育核心能力，进而创建新企业的竞争优势并不断确保其持续性。我们在一定程度上借鉴了上述网络观，提出了基于一致性视角的网络关系对研发强度和风险管控的中介作用关系模型。

的。Knight 定义的企业家必须承担不确定性，其中包括承担风险：开发新产品或市场、实施新战略的风险。Kirzner 定义的企业家是一个警觉的人，有能力通过创造性的警觉来发现机会。Schultz 认为，企业家具有处理经济不平衡的独特能力，人力资本是创业能力的决定因素。而 Schumpeter 认为创业的核心是创新。他认为，企业家的作用不同于发明家的作用：经济增长不是自我呈现，经济增长的主要推动者是企业家。

创业是创造附加值的一种重要机制：发明家"创造想法"，企业家"做事"。Schumpeter 定义的企业家通过引入新产品和工艺进行创新，开辟新市场。企业家的创新活动助长了创造性的"破坏过程"，使经济体系不断受到干扰而打破均衡，为经济发展创造新的机会。在 Schumpeter 看来，创新与创业都属于企业家行为，两者具有不可分性。Schumpeter 认为，企业家改变了技术的可能性，通过创新活动改变了惯例，从而改变了生产限制。在现代，特别是随着技术创业的涌现，Schumpeter 的创新创业理论在创业研究中得到了广泛认可。Venkataraman 和 Sarasvathy（2001）提到，技术创业可以被定义为创业者为寻求机会而汇集资源、技术系统和战略的过程，并认为技术创业者为现有技术找到了应用程序，为尚未解决的问题找到了解决方案。

Schumpeter 的创新理论表明了增长如何依赖于知识积累和创新创业活动。技术创业可能以多种方式影响一个企业、产业、区域及国家的经济。技术创业企业通过将发明转化为商业价值，拥有创造新收入的更大途径。通过技术创业，企业家通过提供新的和升级的产品或技术来解决经济问题，从而提高生产力，也可以加强经济中各行业的竞争。企业家能够开发新的市场，通过创造就业机会，他们为人们提供了财富。企业家还通过改变用于创造效率的传统系统和技术方法，促进社会变革，包括提高人们的生活质量、提升士气和更大的经济自由。此外，创业能够增加就业，进而有助于增加国民收入。通过增加税收，从而增加政府对困难地区和弱势人群的投资。

循着 Schumpeter 的创新创业理论的演化，新知识和新技术是技术创业企业开展创业活动的重要影响因素，这对于解决个人、企业、行业、区域和国家的发展瓶颈问题也具有重要意义。技术创业研究属于创新管理的研究热点和难点问题。吴晓波和付亚男（2019）对创新管理国际领域 1962~2019 年的 10 种高被引期刊研究发现，共现频次较高的关键词是：创新（Innovation）、风险控制能力（Performance）、企业（Firm）、管理（Management）、研发（Research and Development）、模型（Model）、技术（Technology）、知识（Knowledge）、产业（Industry）、视角（Perspective）等。从中我们可以发现，研发管理一直是创新领域的研究热点。

此外，Barney（1991）的资源基础理论、Cohen 和 Levinthal（1990）的吸收能力、Teece 等（1997）的动态能力理论、Venkatraman 和 Camillus（1984）在战略管理分类中对适配理论的运用，以及 Nonaka（1994）的知识管理理论都成为研究创新创业问题的重要理论来源。受"结构—功能"主义的影响，多数学者采用的主要研究范式是：（结构）网络关系—（行为）创新活动—（结果）风险控制能力。忽视了技术创业主体在研发活动方面的跨组织层面网络关系的构建对技术创业风险控制能力的影响。我们从研发活动、网络结构变化、资源整合利用等方面挖掘网络效应的积极作用。

通过对相关理论研究的梳理，我们着眼于从整合的视角出发探究技术创业企业通过重构网络关系促进其研发投入转化为风险控制能力的机理，即技术创业的影响因素研究。主要的研究问题包括：加大研发强度是否有助于技术创业企业风险控制能力的提升？网络关系对研发强度和风险控制能力具有中介作用吗？创新倾向一致性如何影响着技术创业企业研发强度、网络关系和风险控制能力间的关系？一致性对优化网络关系、调整合作关系进而整合网络资源，创造技术创业企业风险控制能力的内在机理是什么？

1.2　研究意义

研发活动是技术创业企业提升核心竞争力的重要手段，对于企业发展具有较强的推动性。近年来，很多企业对于研发投入了大量的精力，以此不断增强自身的核心竞争力。如何将研发投入转化为技术创业企业预期的风险控制能力已成为学术界和实践界关注的焦点问题。我们以技术创业企业为研究对象，基于资源基础理论、社会网络理论和知识管理理论，分析了研究技术创业企业"研发强度—网络关系—风险控制能力"过程及作用机理，打开了研发强度对技术创业企业风险控制能力产生影响的"黑箱"。同时，基于创新倾向一致性的调节效应视角，提出了在网络关系对技术创业企业风险控制能力的直接调节作用以及网络关系中介作用的调节作用。通过案例分析和理论分析，验证了网络关系（网络中心度、网络密度）在研发强度对技术创业企业风险控制能力产生影响的过程中存在中介作用。同时，阐明了为何在合作伙伴创新倾向一致性的调节作用下网络关系的中介作用变得更加重要等。这对基于研发的组织创新创业理论、网络理论以及资源和能力的相关理论发展具有学术价值，并且能为技术创业企业的研发实践提供参考。

1.2.1　理论意义

本书的理论意义如下：

第一，我们从创新活动的基本过程中可以看出创新就是基于研发的创新成果的商业化过程。它由最初的内部研发开始，通过不断地发展、试制、生产制造再到商业化，任何一个过程都需要内外部的协调配合，才能实现高效运转。企业的创新过程是由研发开始向风险控制能力转化的过程（陈劲和郑刚，2016）。我们紧紧抓住企业研发这个关键因素，将研发强度作为影响技术创业企业成长性风险控制能力及获利性风险控制能力的基本条件，突出了研发投入和研发活动在技术创业企业生存及发展中的基础作用。我们将研发强度作为构建相关概念模型的切入点，强化了技术创业企业基于研发活动、构建网络关系，进而整合内外部资源，提高自身竞争力的主观能动性，进一步深化了人们对创新创业管理领域中强调主观作用的各类导向（如创业导向、学习导向、网络导向和市场导向等）的内涵认识。同时也为提高技术创业企业抗风险能力从而保证其可持续发展提供了新视角。

第二，坚持以研发为基础的实践和理论逻辑，改变了组织管理学领域常用的"结构—行为—结果"研究范式。系统论告诉我们，组织结构决定组织行为。但演化理论告诉我们，系统中的各要素是相互依赖、互相作用、共生共演的。行为也可以对结构进而对结果产生影响。沿着这种思路，我们在文献研究、案例研究的基础上，构建了"研发—网络—风险控制能力"的概念模型，从组织行为理论与方法方面丰富了技术创业企业风险管理体系。

第三，鉴于资源基础理论、社会网络理论和知识管理理论的基础性作用，我们基于整合的视角，将这些基础理论有机整合到研究主题和研究过程中，采用社会网络分析方法，循着通过研发投入，企业重构其"机会—资源/能力"体系；企业依托重构的"机会—资源/能力"体系搭建新的网络关系；基于重构的网络关系，企业进一步获取、整合、开发外部的机会、资源和能力，进而提升技术创业企业的综合风险控制能力和竞争力。我们坚持用整合的视角破解从研发到风险控制能力的"黑箱"，这有别于常见的单一视角。对于基于研发活动的复杂技术创业过程，单一视角的研究不足以有效解释其中的内在逻辑和机理，有必要借鉴"融合观"。陈明哲（2021）的文化双融理论对我们借鉴"融合观"探究从研发到风险控制能力的过程和机理具有重要启发。文化双融理论倡导在理解对立概念的基础上，寻求平衡与整合后的创新机遇。双融理论的本质是倡导多元融合。按照此逻辑，整合资源基础理论、社会网络理论等多个理论视角研究"研发—网络—风险控制能力"的关系对于构建技术创业风险管理体系具有理论价值。

第四，社会网络分析法成为近年来学者研究创新创业学术问题的主要方法之一。但多数学者从强关系、弱关系、结构洞和小世界方面分析网络特征对技术创业过程及风险控制能力的影响，鲜有从网络中心度和网络密度角度探究网络关系的中介作用。我们就"研发强度—网络中心度—风险控制能力"和"研发强度—网络密度—风险控制能力"两个路径分析网络关系的中介作用，从而丰富社会网络理论和方法在技术创业风险管控领域的应用广度和深度。

第五，在技术创业企业通过网络获取、整合和利用外部合作伙伴机会、资源和能力的过程中，必须坚持一致性的原则评估合作伙伴。我们在借鉴战略管理学者有关战略共识理论的基础上，整合合作创新和开放创新以及适配理论，构建了创新倾向一致性构念，并论证了其在"研发强度—网络关系—风险控制能力"的调节作用。创新倾向一致性反映了创新网络中创新伙伴对核心企业创新战略目标的理解、思维倾向以及在实现战略目标过程中所采取的手段、方法能够达成一致性的程度。较高的创新倾向一致性表明了技术创业主体之间对创新战略目标的理解和观念思维上能够达成一致，并通过一致性的创新战略行动形成创新主体间的协同，提高创新效率，避免了目标理解偏差以及行动差异造成的技术创业资源浪费和低效率资源配置，发挥合作创新的整体优势，提升核心企业及创新伙伴的财务风险控制能力。将一致性概念引入技术创业企业研发风险控制能力的研究过程中，对丰富研发管理理论和方法以及网络治理理论和方法具有理论价值，进而对完善技术创业风险管理体系具有参考价值。

事实上，自第三代模型开始，创新"互动"（Interaction）的观点日益受到重视，包括企业研发系统内部各部门之间、研发与他部门间、研发与外部供应商或顾客间等主体的创新互动。随着"互动"范围的扩大，进一步加大了"创新网络"（Innovation Network）包括各种正式与非正式网络的复杂性。由于技术创业中的创新过程和产品对象的复杂性大大增强，技术创业中的风险管理需要系统观和集成观。同时，现代信息技术和先进管理技术的发展，为第四代、第五代创新过程模型（见图1-2）的应用提供了有力支撑，技术创业中的创新过程从线性、离散模式转变为集成、网络化复杂模型，第五代创新过程模型的出现，是技术创新管理理论与实践上的一次飞跃（陈劲和郑刚，2016），进一步影响了技术创业风险管理理念和方法体系。

1.2.2　现实意义

在创新驱动高质量发展时代，技术创业企业基于研发的创新性活动极大地促进了经济发展和产业转型。因此，如何保证技术创业企业通过加大研发力度实现预期风险控制能力并应对创业风险，进而实现可持续发展成为政府部门和技术创

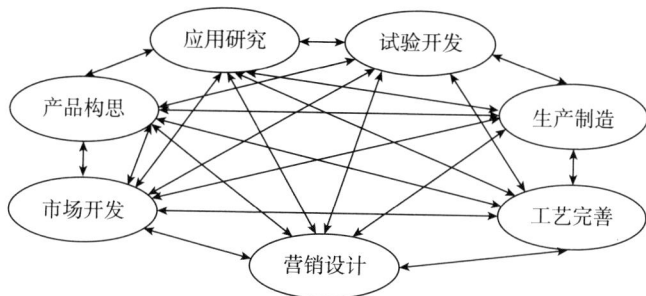

图 1-2 第五代创新过程的特点

业企业管理者关注的重点课题。

本书的研究结论为技术创业企业管好用好研发资源、整合利用外部资源和能力、开展有效的技术创业风险管控活动提供了参考。

第一，本书有助于技术创业企业对于其研发活动及风险管理的重视。重视研发投入和风险管理的企业会不断增强企业基于研发的创新能力。企业的研发能力是企业发展的根本动力，是其生命力的延续，其重要性不言而喻。基于风险管控，依靠研发企业能够快速地获得市场需求量较高的新产品，进而拓展各类消费渠道，增加营业额，提高企业在行业中的竞争能力。

第二，本书有助于技术创业企业基于研发活动构建网络关系，开发利用外部网络资源和能力，提高其风险管控及风险控制能力水平。

第三，本书有助于技术创业企业重视提升其在网络中的位置，扩大网络连接数量，加强网络治理，便于其开发利用网络机会和资源，提高其抗风险能力。

第四，本书有助于技术创业企业依据一致性标准选择合作伙伴，可以降低创业风险，使网络机会和资源能够充分地开发和利用。

第五，本书有助于技术创业企业对其开展研发活动的最终目标的把握。事实证明，只有紧紧抓住风险控制能力这个关键目标，注重研发效率和研发风险控制能力的管理，才能有效降低创业风险，技术创业企业的研发活动才会创造经济价值和社会价值。

1.3　研究内容

根据上述背景分析，我们基于一致性视角、采用社会网络分析方法深入研究

"研发强度—网络关系—风险控制能力"的作用关系，揭示技术创业企业研发强度对风险控制能力作用过程和机理，为建立其风险管理体系奠定微观基础。具体而言，我们的主要内容包括以下几个方面：

第一，明确了我们的科学问题：①研发强度对技术创业企业风险控制能力的影响。②揭示研发强度对网络关系的作用机理。③基于资源观、社会网络理论和战略管理中的共识性和适配性视角，构建了创新倾向一致性构念。④探究网络关系在研发强度和风险控制能力之间的中介作用。⑤探究创新倾向一致性对研发强度经过网络关系到风险控制能力的调节作用。

第二，对相关理论观点及发展脉络，包括资源基础理论、社会网络理论和知识管理理论等进行了系统总结，回顾了相关概念的研究进展情况。在借鉴前人研究的基础上，结合我们的研究问题，界定了研发强度、网络中心度、网络密度、创新倾向一致性和风险控制能力等主要概念。

第三，选取典型案例，结合理论研究和文献研究，采取规范的多案例研究方法，探索性提出了基于创新倾向一致性调节作用视角的"研发强度—网络关系—风险控制能力"的概念模型。

第四，提出了创新倾向一致性的调节效应影响下的研发强度经由网络关系对风险控制能力影响的理论模型和研究假设。深入挖掘了技术创业的风险管控机制。

第五，本部分研究内容如图1-3所示。

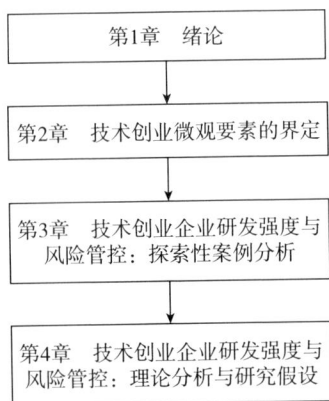

图1-3　研究内容框架

我们的假设逻辑分为五个方面：①研发强度的两个维度对风险控制能力具有正向影响。②研发强度的两个维度对网络关系的两个维度具有正向影响。③网络关系的两个维度对风险控制能力具有正向影响。④创新倾向一致性在网络关系对风险控制能力影响过程中的调节作用。⑤创新倾向一致性越强，研发强度的两个维度通过网络关系对风险控制能力的影响作用越强。

本书构建的研究模型如图 1-4 所示。

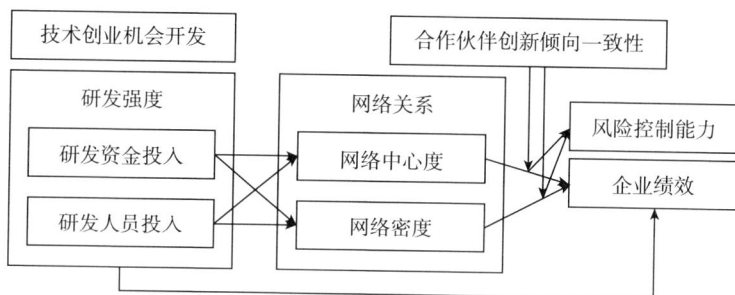

图 1-4　技术创业过程及其风险管控

1.4　研究方法与技术路线

1.4.1　研究方法

本书注重实践与理论的统一，在研究方法上使用了定性与定量研究相结合的方法，深入分析了技术创业企业研发强度、网络关系和风险控制能力间的关系。研究过程中，主要采取如表 1-2 所示的研究方法。

表 1-2　研究方法与研究内容

研究方法	研究内容
阅读文献和调研、访谈	总结研发强度、网络关系、风险控制能力等相关研究成果和进展，总结其存在的问题，选择可以参考的研究方法，并构建概念模型
主成分分析法、因子分析法	筛查和提取调节变量
文献研究	回顾各变量研究现状及其理论背景，为案例研究和实证研究打下理论基础
案例研究	提出创新倾向一致性的构念，初步解构了创业企业研发强度、网络关系、风险控制能力之间的关系

研究方法	研究内容
理论研究	总结理论模型、提出假设关系

我们通过阅读文献回顾、调研和访谈，总结研发强度、网络关系和风险控制能力相关研究成果和进展，发现其存在的问题，并构建理论模型。根据研究内容确定研究方法，采用主成分分析法、因子分析法等方法筛查和提取调节变量，通过文献研究、案例研究提出和验证理论模型。在实证研究基础上，分析总结研究结论。提出技术创业企业基于研发性创新活动，重构并优化网络关系进而发现网络机会、提高资源获取能力、进行机会与资源动态整合的对策。

1.4.2　总体思路

我们以技术创业企业研发强度为切入点，对网络关系的中介作用、创新倾向一致性的调节作用进行深入剖析。

一方面，通过阅读文献资料，调研了解国内技术创业企业研发强度、网络关系对风险控制能力影响的研究现状。在对技术创业企业研发强度的现状与特点进行分析后，分别从不同结构、层级分析网络关系，为后续研究打下基础。另一方面，通过对案例研究的现状分析，结合相关理论找出了技术创业企业研发强度、网络关系对风险控制能力的调节变量，构建了反映各变量关系的理论模型，基于理论研究分析了其影响因素与内在联系。

1.4.3　技术路线及研究内容

我们通过对相关理论的核心观点进行梳理，围绕研发强度、网络关系、创新倾向一致性等关键变量进行了文献研究。在现有研究基础上，结合相关理论和案例分析，确认了相关变量的测量维度并建构概念模型。

本部分共包括4章内容，具体结构如下：

第1章，绪论。包括研究背景、研究意义、研究内容、研究方法与技术路线。

第2章，技术创业微观要素的界定。本章对资源基础理论、社会网络理论和知识管理理论的核心观点进行了系统梳理，对研发强度、网络关系、创新倾向一致性和风险控制能力等相关概念及其关系的研究成果进行了总结，界定了相关概念，为研究概念模型奠定了理论基础。

第3章，技术创业企业研究强度与风险管控：探索性案例分析。在理论与研究回顾基础上，结合典型案例对研发强度、网络中心度、网络密度、创新倾向一致性和风险控制能力的关系进行了案例解剖，探讨了变量间的关系，构建了本书的探索性概念模型。

　　第 4 章，技术创业企业研发强度与风险管控：理论分析与研究假设。本章在前文构建的研究模型基础上探讨了模型中各变量之间的关系，分析了研发强度对技术创业企业风险控制能力的影响，探究了网络中心度、网络密度的中介作用以及创新倾向一致性的调节作用，并提出了相应假设，从理论方面解释技术创业企业研发强度影响新创企业风险控制能力的内在机理。

第2章 技术创业微观要素的界定

前文主要明确了我们的研究背景、研究意义、研究内容等，接下来，笔者就有关理论基础知识及现有文献资料进行汇总、梳理和分析，系统性地阐述资源基础理论、社会网络理论和知识管理等相关理论，界定了影响技术创业的微观要素，包括研发强度、网络中心度、网络密度、创新倾向一致性和风险控制能力在内的相关定义，指出现有研究存在的不足，使后续的研究得到相关理论的支撑。

2.1 理论基础

2.1.1 资源基础理论

基于资源基础观（RBV），在新创企业的早期发展当中，人们普遍的观点是，各种不同类型资源的集合体即为企业，但资源并不是无限的，这意味着企业能否实现生存与发展，其关键就在于能不能对现有资源进行有效获取及利用，这是一个根本性的难题，也是创业企业在发展过程当中所不得不面对与解决的。Penrose（1959）所提出的企业成长理论是资源基础观的起源。在 *The Theory of the Growth of the Firm* 一书当中，Penrose 在对企业成长的内在力量进行揭示时就建立了一个"企业资源—能力—成长"的分析框架。在企业成长理论当中，Penrose 所提出的一个问题引起了广泛关注，即从企业的性质来说，企业的成长是不是受到了某种内在力量的推动，且这种力量是否会给企业的成长速度带来影响？这一问题的提出及其答案都是对新古典主义经济均衡论的一种质疑。Penrose 指出，一个企业不仅仅是一个管理单位，还是一个具有不同用途的生产资源的集合。事实上，企业内部的资源和能力是其获取经济利益的坚实基础。企业成长理论还主张企业是一个具备不同用途生产资源的集合。企业能够获得多少经济利益与其内部资源及能力密切相关，这是企业成长的动力所在，也是企业打造可持续竞争优势的源泉。资源基础观提供了一个概念框架，最初由 Wernerfelt（1984）提出，后来由 Barney（1991）和其他学者发展和完善，公司的资源基础观在经济管理文献中得到了相当大的支持。资源基础观的一个主要前提是竞争优势是企业资源和能力的函数（Wernerfelt，1984）。Barney（1991）给出了能产生企业竞争优势的四种资源属性：价值性（Value）、稀有性（Rarity）、不完全的可模仿性（Imperfect Imitability）和缺乏可替代性（Lack of Substitutability）。宝贵的资源有助于企业利用机会和减少环境中的威胁，并使其能够制定和实施战略，以提高其效率和效果进而降低创业风险。

现有对于竞争还是合作的评价标准与竞争对手拥有宝贵资源的数量有关。显然，如果一些竞争对手拥有稀缺的且难以复制的宝贵资源，那么他就不应该再被企业列为企业竞争对手的候选人，而是合作伙伴的合适人选。当前，竞争对手中独一无二的宝贵资源可能是竞争优势的来源，因此应该纳入本企业的内部进行开发。可模仿性标准是考虑竞争对手可以轻易地复制一个组织拥有的宝贵和稀有的资源。实际上，这一分析涉及确定资源中竞争优势的可持续性。公司必须是有组织地去开发其资源和能力。组织标准包括治理结构、管理控制系统和薪酬政策等。根据资源基础观，可持续竞争优势来源于"有价值的、罕见的、不会被其他企业所完全模仿的，不会被取代的资源"（Barney，1991）。但要强调的是，即使一家技术创业公司可能拥有一系列宝贵的稀缺资源，但无效的组织将影响这些资源的充分开发进而加大技术创业风险。

公司的资源和能力与公司的竞争优势之间的联系仍然是战略管理领域学者关注的中心问题（Barney，1991，2001；Grant，1991；Porter，1985；Wernerfelt，1984）。公司战略是公司外部状况与其内部资源和能力之间的契合（Grant，1991）。商务环境的重大变化将会引起组织变革，即获取和利用不同的资源和能力，以便公司与其环境重新协调。资源基础理论方法有助于我们了解企业如何通过资源建设和利用现有资源来实现和保持竞争优势。资源方面的问题必须由实践的战略家处理（Priem 和 Butler，2001）。一家公司如果比其竞争对手更有效或更独特（或两者兼而有之）地部署公司资源，从而超越竞争对手，便具有持续的竞争优势（Barney，1991；Porter，1985）。如果一家公司拥有"强烈屏蔽"的资源能够免受竞争压力，其战略将主要集中在如何保持、加强和扩大现有的竞争资源（Williams，1992）。这类资源包括更高层次、复杂和无形的资源，如知识、专利、技能和能力。公司是由其积累的能够影响其增长的资源和惯例组成的（Barney，1991）。就资源的角度而言，企业的优势资源决定了其竞争优势。因此，建议一家公司根据其资源和能力选择其战略（Barney，1991）。独特的资源和相关能力保证公司免受竞争对手的模仿，并通过其产品和服务的差异化为获取高额利润提供基础（Porter，1986）。

资源属性与情境相关。Hoskisson 等（2000）发现，虽然一些资源和能力在所有经济体中都是相似的，但某些资源和能力在新兴经济体中却更加重要。这是因为特定资源的价值取决于应用这些资源的特定市场环境（Barney，2001）。在新兴经济体的市场环境中，有价值的资源，如专门的知识资源和财务资源可能很少，因为这些资源没有在以前的国家经济制度下得到培育，如资本市场。此外，与政府的良好关系被认为是这些国家企业的重要资源（Hoskisson 等，2000；Peng，2005）。特别地，大型国有企业在不断变化的国内市场和全球市场中遇到了激烈的竞争，使其难以生存，拥有独特的资源不足以获得竞争优势，公司还需要有能力部署这些资源。根据 Grant（1991）的说法，能力是一套赋予人们或组织的技能，使公司能够部署资产以实现竞争优势。众所周知，企业能力来自资源，而企业的竞争优势却大多来源于能力。当前，市场竞争愈加严酷，因此就企业来说，开发新资源的重要性不言而喻（Hoskisson 等，2000）。开发新的资源有助于管理者提高公司的竞争优势，扩大商业机会，而通过合作开发新资源是一种有效的策略。资源基础观是提高我们对开放式的合作创新创业策略认识的重要理论。特别地，资源基础观可以帮助分析组织能力，这可以将开放式合作创新与组织风险控制能力联系起来，进而将竞争优势联系起来。资源基础观能够分析一个组织在合作背景下综合评价竞争对手和供应商的能力。资源基础观的许多支持者认为，被单一组织拥有及控制的能力与资源共同创造出了企业的竞争优势。所以，企业竞争优势由其内部的资源所创。然而，一些学者将资源基础观观点的范围扩大到关注跨越组织边界的资源（Das 和 Teng，2000），有时被称为"RBV-Extended Resource-based View"。它是一种理解企业如何获得和保持竞争优势的手段。组织有可能以独特的方式跨越组织边界组合资源，以获得相对于竞争对手的优势。企业可以通过精细化管理与外部实体的网络关系，包括供应商、客户、政府机构和大学，来开发宝贵的创新资源。因此，一家技术创业企业可以通过跨越公司边界的方式获取其关键创新创业资源来获得和保持竞争优势。企业要想长期生存，就必须创造新的资源和能力。新的资源和能力可以通过内部投资（如研发资金投入）或通过外部治理（如从市场购买或通过并购等）的方式获得（Penrose，1959）。关于如何寻求以前无法获得的资源的战略选择问题对转型经济体的新创企业来说特别重要。Cohen 和 Levinthal（1990）关于吸收能力的文章已经成为创新创业领域的研究热点。Zahra 和 George（2002）认为动态能力与吸收能力是同等重要的，其主要涵盖了获取、吸收、转化以及利用这四个方面，这使吸收能力领域的发展更进了一步。与资源整合密切相关的能力是动态能力。

Teece 等（1997）认为，企业对其内外部能力进行整合、构建及重构的能力就是企业的吸收能力，有利于在快速技术变革的背景下实现和保持其竞争优势。

与国外的创新创业学者相比，国内的代表性学者并没有过多地从资源基础理论对技术创业管理产生的影响开展深入研究，而是从能力视角开展了系统的研究工作，部分整合了资源与能力因素。傅家骥和程源（1998）研究提出，企业技术创新能力是由多个部分所构成的，如利用与配置相关资源的能力，同时还包括创新资源能力在内。企业在动态、合理的匹配资源和技术创新能力的基础上促进企业可持续增长。秦德智等（2015）以资源基础理论为基础，将企业资源分为基础资源和异质资源两大类，提出了以企业文化提升技术创新能力的机制，包括积累基础资源、塑造异质资源、以资源促进技术创新能力的途径。庞长伟等（2015）就商业模式创新对整合能力与风险控制能力的中介作用进行研究时是以动态能力作为切入点，从而对风险控制能力的提高是如何受到企业整合能力与商业模式创新影响的内在机制进行了揭示，结果表明，整合能力在推动企业创新商业模式方面主要是通过两个方面来发挥作用的：组织变革与价值创造效率的提升。马玉成等（2015）从资源管理的视角研究资源构建机制，也就是对于成熟企业来说，其突变创新及渐进创新能力是如何受到资源并购与积累的影响，结果显示，对于成熟企业而言，其资源获取及积累与其突破式创新能力两者间为正相关关系。梁海山等（2018）以海尔为例，提出模仿学习能力、自主研发能力与组合迭代能力是企业技术创新能力的三大组成部分，其中最后一项能力主要是借助知识整合的逻辑来对企业创新风险控制能力的提升产生直接作用的。骆大进等（2017）从价值创造及价值网络的角度对企业创新能力体系进行了建构，在该体系当中主要涵盖了机会识别能力、研制能力和生产制造能力等六个显性能力，以及涵盖了风险控制能力、对外部利益相关者带来影响的能力等在内的四个隐性能力，简称十力模型。

综合资源观和能力观，聚焦单个企业的技术创业过程，我们可以建立"技术创业企业研发（R&D）机会—资源—能力"一体化分析框架。它包括三个典型阶段："R&D 机会—资源—能力识别"阶段、"R&D 机会—资源—能力评价"阶段和"R&D 机会—资源—能力利用"阶段。Nelson（1982）研究提出，在组织分工协作当中，知识、资源与能力是有不同的惯例表现的，这三大因素将直接关系到企业的成长与发展。根据这个分析框架，我们能够发现，技术创业企业获取竞争优势进而克服长期风险的根本原因可以归结为其"R&D 资源—能力"的异质性及其与企业研发机会的动态平衡性。技术创业企业的研发活动是建立在其所拥有的一系列特殊的"资源—能力"以及"资源—能力"的使用方式上的，技术创业企业若能够提升有效地识别、评价和利用有价值资源的能力，则其能够有效管控风险，实现可持续成长。

2.1.2 社会网络理论

近年来，社会科学领域的分析方法和技术中纳入新的内容，即社会网络。Tichy（1981）认为，可结合网络分析的方法与观点来对组织行为领域的个体属性、组织成员之间的关系网络结构进行研究分析。学者就网络嵌入性（毛蕴诗和刘富先，2019；汪艳霞和曹锦纤，2020；雷名龙，2016）、结构洞、网络中的强关系和弱关系（曾德明等，2020）、小世界网络（Adamic，2001）及网络外部性（Katz 和 Shapiro，1985）等主题开展了深入研究。不过，国内研究工作者主要是从个体层面来探究社会网络相关问题的。林南（2005）所选择的研究切入点是个体社会资本观点，之后，这一研究方法受到了国内不少研究工作者的参考与使用，纷纷就个体层次的人际网络问题进行了大量研究；罗家德和朱庆忠（2004）针对个体于网络结构当中所处位置进行了分析；陈心田（2003）针对个人网络关系的内涵做出了阐释。尹海员（2020）就个体特征、社会网络和投资者情绪的关系开展了实证研究。

网络理论的基本逻辑是使成员获得处在不确定性环境下的合作优势。第一种形式是 Granovetter（1985）对嵌入性的讨论，组织网络研究者通常认为组织行为甚至买卖行为，是嵌入在人际关系网络中的市场交换形式，也就是对市场机制进行利用，从而让各企业之间能够有实物、信息及资金进行传递，其优缺点分别表现在可对市场分工进行充分利用、专业化程度更高、经济效率也会有明显的提升上。不过由于外部环境存在许多不确定因素，这种以交易为主的形式在没有有效控制这些因素的基础上同时也会增加交易风险，且交易成本有可能较高。第二种是联盟合作形式，通过建立战略合作协议形成伙伴关系，即签订长期或短期合作协议，达到扩大收益、减低风险、提升效率的目的，这种方式的优点是可以在短期内采用低成本提升核心竞争力，缺点是对组织间的管理能力、资源分配和信任程度等要求较高，难以长期坚持。第三种是层级控制形式，也被称为一体化形式，该形式下主要是在兼并和收购价值链上的上下游企业来达到让生产要素能够在可控范围内进行流动的目的。针对外部市场环境所存在的不确定性，该形式可在一定程度上进行有效控制，且能够让交易成本降低，这是其主要优势。其不足之处在于，兼并和收购要求大量的投资且面临专业化程度下降的风险，也加大了管理与协调的难度。上述三种形式在不同的市场环境、企业状况及行业特征方面呈现出了互相可替代的特征，在技术变革后的网络信息时代，采用联盟合作形式开展技术创业活动的企业正在逐渐增加，联盟合作的形式、范围正在趋于多样化和网络化。

国内少有学者针对整体层次进行分析，尤其是以组织为主要分析单位。在社会网络理论的创业过程研究中，一般是将创业对象明确为个体或组织并分别展开。其中，个体主要是针对企业家或创业者自身的创业网络进行分析（Mukherjee 等，2016）；组织则强调以企业为单元的社会网络（Najafi-Tavani 等，2018；Venkatesh 等，2017）。现有研究当中主要把创业对象划分成个体与组织分别进行研究，其中前者主要探讨的是企业家或是创业者本身的创业网络，后者则侧重于研究以企业为单元的社会网络。张玉利等（2008）分析提出，企业家社会网络对于企业创业成功都有着重要影响，其直接关系到企业外部边界的延展。就网络关系而言，即便个体拥有的元素与他人一样，但由于关系不一样，因而形成的网络也不一样。如团队工作场合下的关系就可划分成友谊网络与职权网络等多种（胡晓真，2012）。在网络当中，行动者或节点指的是分析的单位，这是具备某一属性的元素，也是其能够变成网络当中一员的主要原因。在新创企业的发展初期，企业家的作用不言而喻，不过，随着企业的慢慢发展壮大，企业家的影响与作用被逐步淡化。当进入成熟发展阶段之后，企业参与市场竞争的方式就是一个独立的经济主体了。尤其是对社会网络的运行来说，成熟技术创业企业所开展的组织之间的互动也是以企业作为一个整体单元来进行的。所以，我们的研究对象是开展技术创业的企业组织。

我们为了对技术创业企业所拥有的社会网络关系与技术创业企业创新活动及风险控制能力的影响进行深入探讨，有必要对网络分析法的相关理论进行梳理，将其作为一种了解网络属性与组织创新创业之间关系的基本方法。Granovetter（1985）在重构 Max Weber 以来的组织理论时就结合了社会网络分析法来进行分析，这为组织领域的研究提供了新的思路。根据研究目的和搜集资料的差异可将社会网络分析划分成不同的类型。就当前来看，主要有两层次说和四层次说，两层次说包括自我中心论和社会中心论。自我中心论（Ego Centric）注重的是成员（个人、团体、组织或国家）与其他成员的联结，仅对和焦点行动者之间的联系进行研究，围绕特定的行动者来对其与成员之间的社会网络情况进行研究的自我中心观点。这一类研究主要就网络大小、属性等问题进行分析。分析的重点在网络中的连带与位置，如强连带、弱连带、中心度、结构洞等（董保宝等，2017）。社会网络分析的四层次说是将网络分为四种类型：第一，基于自我为中心的单节点网络；第二，基于对偶的双结点网络；第三，基于三角的三结点网络；第四，基于完整网络的分析（Knoke 和 Kuklinski，1982），这一分析层次的复杂程度最高，特定界限内的全部行动者之间的关系是其主要的研究对象。具体来说就是对处某一特定范畴内全部行动者的关系状态进行研究，如团队、企业，侧重于网络结构当中集体成员相对于个体成员的结构分布进行研究的社会中心观点。这是一个须得到大多数网络成员的回复方能建立起来的网络，为避免出现网络发散过度的情况，一般只对团体、部门或是组织等进行研究，以对特定范围内的社会机构的整体状态进行描述，如网络密度。

2.1.2.1 社会网络理论的研究分支

近年来，学者对社会网络理论的研究理论分支主要包括以下几个方面（见表 2-1）。

表 2-1 社会网络理论的研究理论分支

理论	基本概念
强联结和弱联结	强联系的特征是高频率互动、更多情感投入、更亲密和更广泛的互惠服务相关，而弱联系的特征是低频率互动、更少情感投入、更少亲密和更窄的互惠服务（Granovetter，1973，1985）
网络中心度	网络中心度表示焦点企业接受其他企业资源的程度。一个企业的网络中心度越高，则该企业所拥有的知识来源就越多（Tsai，2001）
网络密度	网络中的连接数/可能的最大连接数＝网络密度。这意味着有越多的参与者加入网络中，则密度越低的可能性就越大，（Kereri 和 Harper，2019）
结构洞	结构洞是指焦点行为者连接多个互不连接的行为者，在网络中所形成的洞孔现象；社会网络中两个行动者之间可以跨越或被另一个行动者跨越的缺口，它捕捉了一个关键的网络特性，即资源和信息的有效率、非冗余的获取方式（Burt，1992）
网络规模	网络规模为获得关键信息及其他资源，创业者可对网络规模进行扩大（Stuart 和 Sorenson，2003）
网络小世界性	网络小世界性指的是网络当中的聚簇系数比较高且平均路径长度比较短。这意味着网络当中的各节点不但与其周围的节点有着紧密联系，且该节点只需要经过少部分的几个节点就能够到达网络当中其他任意节点（Watts，1999）
网络异质性	网络异质性是指嵌入社会网络当中的来自各参与者所拥有的社会资本是具备异质性特征的，其会影响到其他参与者的竞争优势（Fang 等，2012）
网络嵌入性	网络嵌入性是指任何经济行为与活动都是在一定的社会环境当中进行的，其无法孤立存在，在多种经济因素和非经济因素的作用下才出现了各种经济行为和活动

2.1.2.2 各理论分支的内涵及特点

强联结和弱联结：强联结、弱联结与联结缺失是人与人的三大联结形式。弱社会联结是嵌入性、结构洞以及信息在网络间传递的主要原因。Granovetter（1973）最初使用了"纽带强度"的概念，并对强纽带和弱纽带进行了区分。此外，他提出关系的强度可以通过以下四个维度来衡量：情感强度、时间量、亲密度（相互信任）和互惠服务，并提出"弱关系强度"假说，认为在对小组成员进行有效联结方面，弱关系的效果会更为突出。其通常以特定的群体为中心，因此不牢靠的关系更容易获得不同于我们自己的信息。Granovetter 认为尽管弱关系肯定不是自动的信息桥梁，但却可能成为脆弱的纽带。Granovetter（1985）研究提出，在网络当中，强关系所发挥出来的作用是不可忽视的，原因在于强关系代表着个体之间长时间都能够相互信任并频繁进行互动，承诺水平与互惠程度也比较高，这对于个体获得稀缺的高价值资源（如隐性知识）以及与其他个体进行深度合作来说都是十分有利的，这样一来，个体就能够更加有效地应对风险。可以说，针对处于劣势地位的个体来说，强关系的重要性对技术创业者应对风险是十分突出的。

网络中心度：Tsai（2001）研究提出，当没有任何情况能够影响吸收能力的时候，在对知识进行转移方面，更占优势的往往是处于网络中心的组织。行动者积极和其他行动者建立各种多样化的联系，这样就能够处于网络的中心位置，能够通过亲近中心度来接触到许多其他参与者。在组织内部网络当中，处于中心位置的组织能够有较多的创新产生。

结构洞：以结构洞、弱联系为代表的结构模式主要强调网络结构对焦点行为者获取非冗余信息、知识、资源的影响。企业在社会网络中所跨越的结构洞越多，非冗余的网络连接越多，这些松散非冗余的网络连接可以给行为主体带来及时且丰富的异质性信息，依据这些信息，占据结构洞的行为者能获取一定的信息优势和控制优势，但该优势也会随着结构洞被填充而逐渐消失。

网络密度：网络密度是网络内部联系的紧密程度，其特点在于会影响网络内成员的行为及结果。由于密集的网络具有封闭系统的功能，因此容易发展信任、共享规范以及共同的行为形态（邱伟年等，2011；Friedrich 等，2016）。密集网络促使成员之间形成高度的社会化，有助于知识整合与应用（Tang 等，2010）。在新创企业中，高密度的网络关系会使成员有更多的机会建立公共知识库，并在广泛、频繁、密集的网络内部互动中掌握更多的知识范围和知识类型（Hansen 等，2005）。与结构洞的概念相反，网络密度更多强调的是冗余联系的好处。网络的密集程度越高，那么企业之间进行合作的意愿或许会更高，且能够对相关信息进行共享，原因在于在较大的网络密度当中，能够进入网络的新资源并不多，继而使网络当中各成员可互相信任，达到互惠互利的目的，这对于那些对隐性信息的产生有较大的依赖的技术创业来说是非常重要的。学者们通常认为，网络关系与技术创业风险控制能力之间的关系可能是线性和相关的。就密集网络来说，其具备封闭系统的功能，能够对网络内成员的行为和结果带来直接影响，所以发展成信任、共享规范和共同的行为形态是比较容易的，继而让各成员之间的社会化程度也变得比较高，在整合和应用知识方面的效率也会有明显提高。如网络当中的成员之间存在较多的联结关系，各成员之间有着较高的互动程度，那么表明该社会网络有着较高的网络密度，其对于信息的产生和沟通交流是比较有利的，有助于推动网络的良性运转。反之，较低的网络密度意味着各成员之间很少进行互动，不利于网络运转及其结果。Blumenberg 等（2009）研究提出，团队对隐性知识的共享程度与该团队的互动性、紧密性密切相关。

网络规模：对于技术创业企业而言，一方面要发展社会网络规模，另一方面也要注意将其规模控制在一定范围内，这样才能够有效减低成本及降低企业资源的冗余程度，确保企业具备一定的灵活性，继而能够有效识别和利用其内外部资源。网络规模会对技术创业企业创业学习的边界有影响，在较大的网络规模下，创业者可对供应链与价值链上的各节点企业进行广泛接触，继而学到有价值的东西。

网络小世界性：结合"小世界网络"理论来看，少部分企业掌握着关键性技术资源，技术创业企业要想促进其创新创业绩效的有效提升，降低创业风险就必须要和这些企业进行广泛合作。在小世界网络当中，聚簇程度是比较高的，因此使各节点之间的信任度比较高，合作也更加紧密，继而可实现准确、及时的信息沟通交流，且平均路径长度比较小，这让各节点组织能够方便快捷地获取远距离节点组织新鲜的、非冗余的信息，有助于灵感的激发。

网络异质性：越大范围内的产业网络异质性越能够帮助网络成员之间通过沟通交流来获取多样化的、丰富的信息及网络资源价值，继而有利于企业创新创业能力的提升。但是，多样性过高可能会影响企业对于核心专业能力的提升，因为在所处的环境中会有大量信息需要组织消化吸收，将会导致企业无法专注地开发现有资源，而异质性合作关系所带来的知识资源需要较高的转化成本。比如在对技术创业企业掌握在内的资源进行创造性利用方面，适度的创业者社会网络异质性并不会带来明显的效果；但与政治资源的联结程度较高，对于企业有效整合资源却是比较有利的。在对自身的社会网络进行建构的过程当中，因需要支付一定的成本来维护合作关系，且还需要转化和融合异质性伙伴所提供的资源方能将其运用到企业当中，因此，盲目地对网络规模进行扩大化或是让网络异质性盲目增强的做法都是不对的。技术创业企业处于初期发展阶段时并没有充裕的资金与精力，这就需要创业者能够对现有资源进行充分利用，因此，把握眼前的机会，将创业机会变成收益，以促进技术创业企业其生存能力，这对技术创业企业来说尤为重要。但是，对网络异质性的后期研究，以知识多样化为出发点研究网络的异质性发现，最能够促进技术创业企业学习能力提升的就是网络的异质性资源。异质性高同样能提供有深度的专业知识，只要异质网络中合作企业的质量较好即可实现。因为经验学习是经过学习思考后的沉淀，所以具有一定的累积性深度，但是认知和实践不一定能和原有的知识体系融合，具备一定的偶然性。就技术创业企业来说，网络异质性的增加能够有助于企业获取更大范围内的知识，提升创业学习的效果。管理者须带领技术创业企业与优质的产业网络成员合作，打造企业创业学习氛围，尤其关注经验学习方面的渠道、内容，提高学习效率和知识获取的效果。

网络嵌入性：网络嵌入性在某种程度上非常重要，因为市场是低效的，或者当"经济交换将是困难的"时（Burt，1992），即使在相对完美的市场中，人们也会依靠社会关系在一系列选择中做出重要决定（Kilduff，1990）。让行动者注重通过人际互惠来让双方关系得以改善，这是嵌入性的一个重要意义所在。

Granovetter（1985）认为人们的大多数行为都紧密地嵌入在人际关系网络中。在传统的研究中，持续的社会关系结构并不在组织领域研究的范畴内，对经济行为的复杂描述必须考虑其在这种结构中的嵌入性。激烈市场竞争环境中的小公司之所以能够存在，是因为紧密的社会关系网络覆盖在连接这些公司的商业关系上，并减少了这些小公司被整合的压力。此外，镶嵌理论也对社会网络分析产生了重大影响。1985 年，Granovetter 在 *America Journal of Sociology* 上发表了 "Economic Action and Social Structure" 一文，自此，学术界开始关注并研究"新经济社会学"。基于镶嵌理论，有学者又提出了结构性镶嵌概念。它是指网络整体的建构，该结构形式下，交换双方的信息交流将变得更为有效，其侧重于群体的关系与机制如何影响交易关系，其研究焦点是凝聚团体的互动过程。也就是当企业网络当中有着较高的结构性镶嵌程度时，各成员所掌握的其他成员的活动信息也会更多，进而能够更加有效约束各成员的行为活动（Burt，1992）。这也意味着，结构性镶嵌即网络整体结构的构建能够让信息传播的效率变得更高。总之，正因为个人理性和自利动机之间存在交互作用，这才有了镶嵌概念的社会关系，如果就组织层面来分析的话，组织内各不同成员的动机都是不一样的，镶嵌结构形成于组织关系当中，其主要涵盖了结构性镶嵌和关系性镶嵌。在对网络成员相互连接的形态进行研究时，如采用的是镶嵌的网络，那么各形式的网络链接方式所构建出来的网络面貌是有很大差异的。

根据社会网络理论，我们可以得出以下启示：技术创业企业的创新性研发活动属于经济行为，它镶嵌在社会网络之中，必然受制于动态变化的社会关系，紧密的社会关系网络可能是小公司得以生存和发展的社会基础。社会网络视域下的企业研发活动属于典型的 Granovetter（1985）镶嵌问题，是在参与创新活动的研发人员的经济理性和自利动机的条件下所产生的。分析这种交互行为必须聚焦于技术创业企业的网络关系以及影响其网络关系的关键因素，通过网络的异质性拓宽获取信息和资源的渠道；通过网络的中心度提升技术创业企业在网络中的主动性，获得更多主动搜索信息和资源的途径；通过网络密度提升技术创业企业在网络中的影响力，获取隐性知识，同时吸引更多的潜在合作伙伴的主动合作，加速研发成果的商业化进程，帮助技术创业企业实现其预期的风险控制能力目标。

2.1.3　知识管理理论

在过去，知识并不会给企业的成长与创新带来较大影响，但随着知识经济时代的到来，其已变成了经济发展的决定性因素，在生产函数当中占据着无可替代的地位。与此同时，IT 技术的高速发展更是推动着知识因素变成了一个占据着特殊地位、超越了所有传统生产要素的关键因素。

知识是创新力和经济增长的驱动力。这是经济发展到现在这个阶段的过程中逐渐展现出来的命题。1996 年，发达国家组成的经济合作与发展组织（OECD）就认为 50%以上的 GDP 是以知识为基础创造出来的（OECD，1996）。知识作为生产要素并不是最近 20 年才被认可的，但它的重要地位则是在这段时间才确立起来的。经济学家也寻求将知识和技术纳入理论和模型中来。知识和信息不是稀缺的，稀缺的是重视知识并对其进行有效利用的方式。因此，知识突破了新古典经济学中对生产要素的报酬递减假设，知识投资的回报是递增的。这是新古典经济理论完全无法处理的问题，传统的均衡不复存在。同时，知识的交易和其他要素也完全不同。知识在市场的供求双方是不对称分布的，知识的价值在很大程度取决于不对称的程度。卖方虽然了解知识的内容，但是不能断定知识对买方的价值到底有多大，买方处于明显的劣势地位。OECD（1996）把知识划分成以下几大类：一是能够通过观察、感知或是用数据的方式所呈现出来的，关于事实的知识，简称知事（Know-what）；二是和原理及自然法则有关的知识，即知因（Know-why）；三是与技术有关的知识或是做事的能力，即为知窍（Know-how）；四是应向谁请教问题的知识，为知人（Know-who）。其中，前面两种是经过说明的知识，其能够被快速传播，失真程度最低，可将其归类为显性知识（Codified Knowledge）（Kogut 和 Zander，1992），后面两种为隐性知识（Tacit Knowledge）。显性知识特别是其中的事实知识，等价于信息。在隐性知识里面，技能知识往往需要师徒式的言传身教才能学习到，而知人善任的知识则需要通过社会实践才能获取。由此，我们发现了一个深刻的疑问，那就是为什么分散在社会各个角落的知识和经验能够被持续地传播和利用。

信息技术（IT）对知识经济的发展至关重要。信息技术实现了信息不受地域限制以低廉成本进行传输的功能，这在以往是不可想象的。更重要的是，IT 促进了将隐性知识进行编码的可能性，隐性知识被显性化成信息，与已有的显性知识无缝连接，从而改变了隐性知识和显性知识之间的边界。在知识经济中，创新的模式也发生了变化。传统的线性创新模型遵从固定的程序。以往创新从新产品开发开始，然后进行生产和销售。如今我们知道创新可以来自多方面，它可以是对现有产品的改进，也可以是将科技应用到新产品上等。创新的程序也不再是闭门造车式的独立开发，企业、实验室、学术机构和消费者之间进行广泛的交流，基础科学、工程技术、产品开发、制造和营销等部门也进行频繁的互动。

衡量知识是个艰巨的任务，因为没有公式可以将知识创新的投入转化成产出，传统的国民经济统计账户也没有列示出知识投入，知识还缺乏系统的价格体系。此外，新知识也未必就是对存量知识的简单增加，一方面知识存在彼此之间强烈的互补性和替代性等复杂关系；另一方面，知识还可能存在难以衡量的折旧问题。Leonard-Barton（1988）从与创新本质有关的隐性知识来对创新的过程进行研究，指出创新这一过程实际上是一连串搜寻、选择及拓展、综合的过程，是发散性思考演变为聚合式的周期循环。作为一项生产元素，知识是企业核心竞争能力的主要构成，和传统的三项生产元素（资本、劳动与土地）相比起来，知识潜在的重要性要更加突出。现阶段，对于技术创业企业而言，其要解决的问题是拓展知识管理的速度问题，而非要不要进行知识管理。

虽然知识资源的重要性受到了普遍认可，但现阶段大部分企业很少会对其进行有效的管理。创造、搜集、辨识、组织、汇总及储存等都是知识管理的活动内容。企业要想让知识发挥出作用，就必须搜集整理出存在于其内外部的大量资料，并将其转化成知识进行充分利用。在高级主管的支持下，知识管理（KM）能够把个人和团队的知识转化成企业资产，并为技术创业企业决策提供支撑，还有助于市场价值的创造，建立与技术创业企业实务需求相符的知识管理系统。

从技术创业企业层面的知识开发与利用角度出发来进行知识基础建设活动的效率与实用性都远远不及把知识管理项目的重心放在企业利益上，且后者成功的机会要大许多。不能重复使用以往所积累的知识和经验是技术创业企业在设计知识管理上经常会遇到的问题。另外，只有组织内部各成员之间建立起共同的知识管理语言，比如以文字图像化等方式来对知识的内容进行说明等，这样才能保障组织成员和新加入者快速共享和了解企业内部的知识。

2.1.4　组织创新理论

1912 年，经济学家熊彼特率先提出了创新理论（Innovation Theory）。该理论指出，建立一种新的生产函数或是供应函数即为创新。简单来说，企业在其生产体系当中引入一种从未有过的和生产要素有关的新组合即为企业创新，而企业家的职能就是实现这一"创新"，将"新组合"引入企业当中，也正是在整个社会持续不断有这样的"新组合"出现，最终才促进了经济的发展。熊彼特指出，"新组合"或是"创新"出现的情况主要有以下几种：一是将新产品引进来；二是将新技术或新生产方法引进来；三是对新的市场进行开辟；四是对原材料新的供应来源进行控制；五是创建企业新的组织。在这之后，包括熊彼特本人在内及其他研究工作者又分别从多个视域来探讨分析创新理论，逐渐形成了两个不同的分支：一是以市场及技术创新为主要研究对象的技术创新理论；二是以组织形式及组织变革为主要研究对象的组织创新理论。其中，组织学派的学者对创新的定义也各有不同，有的关注创新的过程，有的则关注创新的结果（Blau 和 McKin-ley，1979）。但更多的学者认为创新是一个多层次的概念，如 Damanpour（1991）认为创新应当包括新的想法、行为的产生、发展与实施，既可以是管理体系的更新或者新的计划与项目的开展，也可以是新的产品或服务的产生以及新的生产流程或技术的改造。

学者从不同的视角就组织创新提出了不同的分类方式：①分为管理创新与技术创新，这是按照创新发起的差异类别来进行划分的。Daft（1978）研究提出，技术创新指的是工艺流程和产品等方面的创新，管理创新则包括了组织结构和组织战略方面的创新。Damanpour（1991）研究提出，技术创新的构成要素包括产品、服务和生产过程当中的创新，而管理创新的构成要素包括管理过程和组织结构的创新。②分成人员创新、组织结构创新、生产流程创新以及产品或是服务创新，这是按照创新的结果来进行划分的。③分成开放式创新与封闭式创新，这是按照创新来源的不同进行划分的（Knight，1967；Chesbrough，2003）。④根据创新的程度差异进行划分，目前这种划分方法被学者普遍接受。Dewar 和 Dutton（1986）一是针对现有技术进行改进而引起常规的、逐渐的，连续性的渐进式创新，这种创新的结果与现有实践的偏离较少；二是技术上非常规的、革命性、根本性的创新则称为激进式创新，这种创新能够给组织带来根本性的改变。当前熊彼特的"创新理论"在学术界的影响逐步扩大，受到了中西方许多学者的重视。在大数据成为主流研究和应用的今天，创新创业学者们开始关注制造企业大数据的成熟度问题。Ge 等（2020）通过对制造企业组织、管理、业务形态、价值体系等多视角的基础分析，得出了制造企业大数据 4 个层级结构，基于价值链从三个层面给出智能制造企业的塔式管理框架，构建了大数据价值管理立体模型，据此，为大数据成熟度建立了 4 个层级，79 个指标，涵盖企业全周期数字化管理，提出了智能制造企业大数据管理能力成熟度模型，从而为制造企业大数据能力评级、量化和评估提供参考依据。

关于创新理论运用的文献也很多，20 个世纪 90 年代开始，以"创新理论"为基础而发展起来的熊彼特增长理论受到了广泛认同，使经济增长理论得到了较大补充及发展，在阐释内生技术进步及经济增长方面也较为适用，之后的研究工作者也能够参考这一分析框架来对其他经济管理问题进行探究，但无论如何，熊彼特理论的核心本质特征都能够通过这些理论来进行了解。

基于研发的增长理论，生产商持续加大研发支出力度以获取垄断利润，这是经济增长的作用机制所在，也是技术创业的本质属性。知识存量的增加让技术创新得以不断发展，继而出现了新产品与新方法，最终有助于经济的增长。严成樑和龚六堂（2009）强调，实现经济增长的路径有两个：一是垂直创新，是指借助研发活动来提高产品质量，这样一来，质量比较低的产品就会被迫退出市场，从而实现技术进步；二是水平创新，是指借助研发活动来增加生产投入产品的种类，推动专业化发展，继而为技术进步及经济增长提供助力。

此外，有学者将精益制造原理运用于组织创新，认为精益制造原理适应于精益创新的实践，提出了精益创新体系的共同要素，包括关注客户、使用迭代学习周期和消除创新过程中的浪费、产品线优化、商业模式的创新和行业边界的重新定义。Ojasalo 和 Ojasalo（2018）针对服务创新的三个具体挑战：早期识别具有业务潜力的核心客户价值；深入了解新客户或潜在客户的价值；发现和利用潜在客户需求。因此，提出了一种精益服务创新模式。它展示了与客户深入学习的过程，有利于早期识别创新过程中具有业务潜力的核心客户价值，识别新的或潜在客户的客户价值。云乐鑫等（2017）以企业网络理论为基础，从商业模式创新中的内容创新入手，发现商业模式内容创新是一个递进式的过程，新嵌入网络结构中的技术创业企业，通过不断的获得性学习和试探性学习，与网络理论强调的"结构—行为—风险控制能力"逻辑不同，网络行为通过知识创造机制与网络结构的知识获取机制在商业模式内容创新的系列事件中存在着互动关系，且网络行为在此过程中的重要性更强。Janhonen 和 Johanson（2011）通过分析芬兰的公共和私营企业组织（共76个团队、499名员工）得出，在团队领导下的组织内部网络和团队成员之间的积极互动相结合有助于推动团队知识的创造。

近年来，由于在科技领域越来越受制于美国等发达国家的限制，自主创新已成为我国的国家战略。我国学者在这方面取得了一系列研究成果。陈劲（1994）基于学习视角研究了从技术引进到自主创新的学习模式。许庆瑞（2002）正式提出了"全面创新管理"理论框架，并在此后对其创新维度、相关要素及关系开展了理论与实证研究，其将组合创新理论升华为全面创新管理理论，被认为是创新管理研究的重大突破。雷家骕和施晓江等（2007）对此进行了系统总结，主要贡献包括：对自主创新的概念进行了界定和类型划分，对与自主创新相关的概念进行了解释；论述了中国实施自主创新的有效战略和其紧迫性；中国自主创新的能力、模式与轨道；企业自主创新中的技术整合；中国自主创新的制度保障；传统产业和新兴产业的自主创新战略；等等。

2.2 文献回顾

2.2.1 研发强度研究回顾

2.2.1.1 研发强度概念回顾

随着技术变革速度的加快和大多数工业环境中知识的分散，技术创业中的研发活动已经成为生存和繁荣的关键投资。技术创业中的研究与开发实际上包含不同的含义，研究的模糊效应能够促进基础科学和技术的发展，而发展的目的是实现和完善某些技术的商业应用。在《国际会计准则》中，研发是为了获得新科技而有计划的创造研究。早期的概念比较单一，大多着眼于结果而忽略过程，例如将研发简单理解为工艺或技术首次应用于产品的行为（Mansfield，1998），或通过改良产品实现绩效的提升（傅家骥和程源，1998）。我国在《国家中长期科学和技术发展规划纲要（2006—2020年）》中提出，到2020年，全社会研究开发投入占国内生产总值的比重提高到2.5%以上。

研发强度的概念来源于经济学界，最早在熊彼特的《经济发展理论》中提出了"创新理论"，按照熊彼特的观点，研发的本质是构建新的生产函数的过程，技术进步对经济增长具有促进作用，在微观层面即研发投入有助于实现企业的财务风险控制能力管控目标。古典经济增长理论认为经济增长主要原因是资本积累、技术创新与储蓄，通过生产效率的提高以及将更多的收入用于生产劳动可以获得国家财富的增长。研发投入的规模和强度是评价企业创新风险控制能力表现的重要指标，也是其自身技术创新的重要保障。研发强度不仅是企业当前技术表现的一部分，而且是企业产生新想法和新模式的一部分，最终将服务于新产品和专利技术的诞生（见表2-2）。

表2-2 研发强度概念的演进

作者（年份）	内涵
Griliches 和 Hausman（1984）	研发投入强度首次提出并作为研发投入衡量指标与创新风险控制能力存在相关关系，并且研发投入效率并不是随着研发投入绝对额的增加而增加
Cohen 和 Levinthal（1990）；Bierly 和 Chakrabarti（1996）	研发强度不仅作为内部学习的衡量，而且作为外部学习的要求，因为公司需要发展一定水平的内部知识，以便理解和应用外部知识

作者（年份）	内涵
Williams 和 Ecker（2009）	研发强度通常指企业通过增加研发投入创造新产品和知识的程度
De Jong 等（2010）	研发强度是创新效应背景下的中心调节者，制造业的服务创新可能为研发强度高的行业提供比中低强度行业更多的经济价值
梁靓（2014）	研发的核心是自主创新，研发强度的本质是通过资源支持保证研发行为的高质量延续
Ariu 和 Mion（2016）	研发强度可以为提供相对于复杂产品的优质服务，这些服务可以减少客户的不确定性，使他们有更多的机会通过实施服务来获取经济价值，提高企业的战略柔性和增加应对方式
王冰茹（2020）	研发强度是企业进行研究和创新的力度

2.2.1.2　研发强度的国内外相关研究回顾

国内学术界的研究大多认为能通过知识总量的积累并使其实现产出的活动才属于研发活动，并指出基础研究、应用研究和试验发展研究是研发活动的三大类别。石德江和裴蓉（2006）在探究研发投入与创新产出关系时，将研发投入分为资金投入与人力资本投入两个部分。研发投入更大地激发了技术创业企业研发主体员工的主观创造性，增强了公司的创新能力，使技术核心竞争力增强，技术创新能够为企业的可持续发展提供了产品市场竞争优势（胡志强和喻雅文，2017）。国外学者在研发强度的研究中提出，在商业环境中，产品服务创新降低了消费者面对新技术的不确定性（Christensen 等，2003）。研发强度水平越高，实施产品和服务创新的制造商的潜在利润越大。在高科技行业经营的公司通常需要独特的产品、服务和知识的结合才能超过竞争对手（Osborn 和 Baughn，1990）。由于研发强度与特定行业生产过程的定制程度有关（Lepak 等，2003），产品服务创新增强了定制性，适用于高研发强度的行业。Ariu 和 Mion（2016）的研究发现，服务比产品更有弹性，知识密集型公司可能比产品公司更有战略柔性，能够提供更加优质的服务，利于知识通过长期合作伙伴关系进行转移。再加上 KIBS（知识密集型）在企业、地区和国家经济发展中的战略作用，为合作伙伴组织创造知识、转让和传播知识和高增值服务发挥了重要作用，并促进了创新成果的学习和改进（Love 等，2014）。

技术创业企业资源有限，投资需求众多，包括研发、组织建设、市场开发等。它们有限的资源分配可能是企业家做出的关键决定。技术创业企业的创新管理者必须努力确定在这些领域的投资水平，从而使技术创业企业创造的创业利润、财富的数量最大化。拥有高研发投资的高科技行业的决策者和新进入者更多地关注产品创新，而不像研发较少的行业更容易产生技术中断（Christensen 等，

2003）。创业公司的领导者相对更具冒险精神，在这方面，提高权力强度有利于企业公司的领导者将他们的偏好转化为合法的组织行为。由于重大的技术干扰可能会改变企业在市场上的竞争方式，并在决策者和新进入者之间重新建立权力关系（Roy 和 Cohen，2015）。高研发投资行业的技术创业活力促进新进入者和原有组织结构之间不断争夺技术优势，并周期性地重新点燃竞争。在手机、飞机、制药和医疗设备等行业，新技术的发展极为迅速，焦点企业时刻面临着被取代的风险，因此高技术行业的首席创新官（CINO）应该全面掌握企业的创新活动，找到能够支持企业创新发展的真正动力和能量，时刻保持警觉性和竞争意识（陈劲和宋保华，2016），才能在网络中持续的参与竞争，与合作伙伴及竞争对手一起进行技术创新和管理创新的协同演化。由于创新是连续的，完成一个新的项目或产品会加速创新过程；在生物技术等知识密集型行业中，对研发的重大战略承诺似乎对公司的成功发展至关重要。Sarfraz 等（2020）的研究指出创业企业中跨层次的社会人口差异将通过社会过程和任务过程两种方法减少领导者与其团队之间的互动效果，这损害了领导者对企业创新的认知能力。而正是认知使领导者能够执行创新战略，为研发投资铺平道路，因此相对强势的领导风格可以通过自身的影响力来推动创新战略的制定和实施，更有可能减轻外部的噪声带来的不利影响，保证企业的研发强度，提升创新战略决策的质量。

企业自主创新能力会受到其研发投入水平的直接影响，研发投入能够扩大技术创业企业知识基础，强化吸收能力，促进企业对被并购方技术资源的整合吸收。从外部环境来看，Czamitzk 和 Hussinger（2004）研究发现获得科技资助的企业平均研发强度比未获得资助的企业高 8%。Zhu 等（2017）的研究发现研发强度对公司绩效具有正相关关系，研发强度对绩优公司表现出更强的影响。研发经费与研发人员的投入都积极地促进了技术创新，人员和经费是企业开展创新活动的基础和关键，企业所拥有的人力、物力等资源对企业开展研发活动、提升创新风险控制能力存在显著正向影响（禹献云，2013）。

2.2.1.3 研发资金投入的相关研究回顾

国内外关于研发资金投入的研究较为广泛。研发资金投入指的是企业研发经费的投入，包含研发直接投入、委托外部开发或合作产生的费用投入或其他费用投入（王鸿江等，2020；杨慧等，2017；张娜娜，2019）。从财务方面考虑，组织从事研发活动所发生的费用支出即为研发资金支出。财政部出台的《财政部关于企业加强研发费用财务管理的若干意见》当中指出，企业组织在从事研发活动时，其研发支出内容主要涉及以下几个方面：购买材料、设备、专利，以及相关的使用、维护费用。委托外部开发或合作产生的费用包含与相关院校、研究所等机构合作产生的费用。Cloodt（2006）在对 1970～1999 年在国际计算机产业的公司间的研发伙伴关系的研究中提出，联盟伙伴可以共享研发资源和研发资金。Cloodt 提出研发资源投入还应该包含企业的专利投入，研究与发展资金投入和专利投入能够帮助新产品开发，提升组织创新风险控制能力。企业的技术研发资金投入主要来自政府资金投入、企业自有资金投入和金融机构贷款。那么，这些资金来源是否对企业的研发风险控制能力产生影响，Czarnitzki 和 Hussinger（2004）发现，接受政府拨款的企业均有较高的专利产出量，并且研发水平明显高于未接受政府拨款的企业。研发资金投入在主营业务收入中占比越高，表明该公司的研发强度越大，进而说明该公司的创新投入水平较高（杨慧等，2017）。苏昱霖等（2017）通过实证研究发现，高技术企业内部经费支出每增加 1%，主营业务收入增加 0.8866%，即研发资金投入对企业的市场份额具有着正向拉动作用。

2.2.1.4　研发人员投入的相关研究回顾

作为企业技术水平及创新能力的核心资源，研发人员投入的力度将对企业今后的创新能力与水平有着决定性影响，也是企业吸收能力的动力源泉。直接从事开发新产品、研究新技术的专业技术人员规模情况即为研发人员投入。关于研发人员投入的研究，国内学者与国外学者均有涉及。国内多数研究学者认为研发人员投入的增加能够帮助提升研发成果高效转化，进而促进经济水平提升（杨慧等，2017）。企业的研发人员作为企业无形资源的重要组成部分，是企业进行技术创新活动的重要保障。有学者认为研发人员投入是企业人力资本投入，有助于提升不同区域研发效率，直接决定了企业创新活动（张娜娜，2019）。也有学者认为，研发人员投入不仅包含了研发人员投入的数量，而且包含研发人员学历结构，这些综合指标均可能决定研发人员投入综合水平（王鸿江等，2020）。国外关于研发人员投入的研究以 Hagedoom 和 Cloodt（2003）作为代表，其认为研发人员作为研发投入的输入以及专利引入的主体，其投入程度对于企业新产品创新极为重要。研发团队的规模也可以说明研发投入的强度，即用研发人员占总人员的比重来度量（梁靓，2014）。尤其是在企业高科技行业的人才投入，高科技研发人员投入比重越大，企业创新风险控制能力越高。Quinn（1992）认为企业的更新是以人力资本组合为基础的一个整体性问题。研发人员是研发活动的直接参与者，因此，研发人员比重会对研发强度产生显著的正向影响，研发人员的比重偏小必然导致研发强度偏弱。

2.2.2　网络关系研究回顾

社会网络是一种获取知识、信息和资源的人际关系（Birley，1985；Venkatesh 等，2017）。社会网络的互动形式开始被研究者关注是从 1908 年由社会学家齐美尔提出"网络"这一概念开始的。作为名词，Network 是一个"非正式地相互联系的群体或人的联系"。作为一个动词，Networking 是关于建立和维护专业关系的实践，用来交换人际资源。由此可以看出，人类学与社会学研究当中的"社会互动"与"社会结构"是社会网络这一概念的起源，社会行为特征在个体之间的整体结构与联结类型上都有所体现。早期研究认为，在小范围内且有着较为清晰边界的群落或是团体当中各成员之间的互动与联系即为社会网络。之后，Wellman（1988）对社会网络的内涵进行了重新界定，指出个人与个人之间联结所组成的比较稳定的社会系统即为社会网络。在后续研究中，学者进一步拓展了研究对象，从个体到家庭再到群落和企业等所组成的各种形式的网络都在社会网络的研究范畴内。Nahapiet 和 Ghoshal（1998）将社会网络界定为通过交流或转让获取技能、信息、知识或技术的一种手段，可以通过搜索和传递各种形式的知识和网络关系，为团体或组织提供工具性的联系（Hansen，1999）。随着研究对象的不断拓展，社会网络的理论构念已然涵盖了由个体（Mukherjee 等，2016）、家庭、企业/社团（Mora-Cantallops 等，2019；Katz 等，2018）、群落组成的不同形式的网络。

柯俊杰（2006）在关于网络关系影响风险控制能力的研究中提出，网络关系的强弱，即到底与其他网络成员间要维持强的关系或弱的关系、网络关系的规模（成员数量）以及网络关系的密切程度这几个方面有关。网络关系发生改变一般都是响应组织网络相关事件的结果，由此带来的结果有两种：网络关系变得更强或是有所松散。产业事件或研发强度变化会导致厂商间网络关系的强化或松散化，从而引起网络结构的变化。高科技企业创新创业活动的关键是实施有效的研发战略。而研发（R&D）战略严重依赖企业的资源和能力。从更广阔的视角考察企业的研发（R&D）活动，任何企业的 R&D 活动都处于社会网络中。对于新创企业而言，其需要获得一系列要素来支撑其发展，但如果通过市场来获得这些要素往往会存在两种情形：获得的难度大、非常高的交易成本。为此，许多新企业都会通过外部网络连接的方式来获得这些要素。而创业者与团队的人际关系通常就是这一关系网络的主要来源。这意味着在创业之前，如果创业者和创业队伍能够拥有丰富的阅历及良好的人际关系，那么对于其网络关系范围的扩大及丰富、广泛资源的获取是十分有利的，继而能够有效帮助其实现企业的发展，这也就是社会资本的概念。

在创新创业研究领域中，新创企业面对高度复杂和动荡的环境，需要有效的组织间合作来提高其竞争力和风险控制能力。新创企业在各方面的发展都是比较艰难的，所以人们在创办企业之前应当深入探究新企业和其他企业之间的关系，多考虑这一战略性网络关系。按照关系与资源转移的难易程度，一般可将新企业的网络关系划分成无关、竞争与合作这三种。而关系和资源的转移又与产业的相关程度有关，需要综合考虑产品的相似性、目标市场的重合度等，综合考虑采取哪种网络关系战略。

2.2.2.1　网络的维度及网络结构的维度划分

网络的维度划分：在对社会网络关系进行探究之前须划分网络的维度。Fortner（2006）把社会网络的维度划分成结构维度与关系维度这两种。结构维度具体有网络基点（Anchorage）、网络可到达（Reachability）、网络范围（Range）、网络密度（Density）、网络中心度（Centrality）；关系维度主要包括网络内容（Content）、网络义务（Commitment）、网络频率（Frequency）、网络持久性（Durability）。群体当中人和人或是组织与组织之间联系的程度即为结构维度，侧重点是有没有存在网络联系、存在多少联系等。而信任的程度则是关系维度最为关注的问题。

网络结构的维度划分：近年来，不少研究工作者都倾向于从某一特定网络层级的角度来对企业创新问题进行研究，并未意识到是多个企业层级共同构成了一个网络结构，用以对网络里个体企业所处的网络位置进行度量。从企业层级的角度来看，企业在网络当中所处的位置进行表征时可采用的指标包括网络声誉、网络中心度等。Contractor 等（2006）研究提出，企业所处的外部社会网络具备层级性特征，企业创新战略会受到各层级网络结构的影响。就社会网络理论的层面而言，在对目标企业行为及其风险控制能力进行研究分析的过程当中，可选择的切入点有许多，如具体的社会网络关系结构、目标企业和其他网络成员之间的互动关系等。现有网络分析大多转化为单一层级分析，配对层级并通过关系联结强度这一指标来对企业之间关系联结的强度与性质进行分析。Contractor 等（2006）研究认为，层级性是网络结构的突出特征，人们可从多个角度来对企业的网络行为进行分析，这就是网络研究的主要优势之一。企业社会网络的整体特征可通过企业层级与网络层级的指标来进行度量。不过，当前的网络分析以单一层级为主，据此来对企业行为进行分析，或是分离各层级进行研究，以致资料分析不够丰富，各层级结构变量给创新成效带来的不同影响也难以有效比较。

2.2.2.2　企业层级之网络中心度

网络中心度反映的网络属性属于企业层级结构特性的一种，它代表了节点在网络中的位置。网络中心度越大代表着企业在网络中越处于核心地位、越具有重要性与影响力（罗家德和朱庆忠，2004）。网络中心度高往往意味着网络规模大，企业与网络成员所建立的直接和间接联系的数量也较多，通过这些资源路径，企业不仅可以提高资源获取的数量，还可以加快其获取的速度（Siu 和 Bao，2008；Gnyawali 和 Madhavan，2001）。有学者认为处于网络中心位置的企业具有更高的可信度、声望以及权力，进而促进其与外部网络成员进行资源交换与整合（Tsai 和 Ghoshal，1998；Gnyawali 和 Madhavan，2001）。因此，网络中心度被视为企业间非正式沟通、获取多样性的信息和知识的关键因素，是组织提升其竞争优势和潜在获利机会的重要来源，进而有利于风险控制能力的提升（Wang 等，2015）。

网络中心度能够衡量节点在网络中的最佳位置。一般而言，如果节点处在的位置越中心，越能够链接到网络中重要的群体，在网络中充当掮客的角色，那么节点在网络中的重要性越强。同时，企业能借助各种联系获取资源的能力也体现在了其中心度方面。当外部环境变化时，不但对企业自身的竞争优势有影响，还可借助动态能力来对企业的竞争优势进行改善（Gnyawali 和 Madhavan，2001；Contractor 等，2006；董保宝等，2017）。网络位置不一样，意味着其获取新知识的机会也不一样，而这将直接关系到其能不能有创新思想出现或是研发出新产品。企业在网络中的位置越中心，企业拥有的知识来源就越广。董保宝（2014）研究证明，在较高的网络中心度情况下，若是组织有着较强烈的愿望来进行探索式创新，那么该创新活动就会因得到企业用于创新的新资源与知识的支持，继而有助于提高企业的风险控制能力水平。处于社会网络中心的创业者更能够借助政治权力及影响力来对创业成功所需要具备的战略性资源进行获取，企业所掌握资源的范围也会得到扩展，当网络内的潜在合作伙伴感知到新企业的商誉和可信度有所提高后，会有更多优质的合作伙伴主动需求合作，现有合作伙伴所投入的资源也会更多。不过，创业者要想将资源整合的作用充分发挥出来，那么其所拥有的政治关联的层级也要较高才行。因此，当技术创业者对当前的社会网络进行有效利用时，能够让创业者的可见度得到增长，再将层次更高、范围更广的社会网络中的行动者吸引进来，逐步提升技术创业企业在网络中的位置和影响力。

2.2.2.3 网络层级之网络密度

网络的整体特征可通过网络层级结构反映出来，网络密度和网络稳定性是网络层级的主要变量，其中具有直观化且被多数研究者采用的是网络密度。作为网络层级的特征，网络密度表示网络中各节点之间的内在联系，属于类的集合，是可以量化的。Kenis 和 Knoke（2002）研究提出，网络当中实际联结数量和全部潜在联结数量的比值即为网络密度，其主要就网络成员相互联结的紧密程度进行体现和反映。Premaratne（2001）分析认为，网络的大小可通过网络密度来进行评估，越多的网络连接节点数量代表网络有着较大的密度。Gnyawali 和 Madhavan（2001）、董保宝等（2017）研究提出，网络当中企业互相联结的程度即为网络密度。网络成员之间相互知晓且有着较频繁的互动则意味着较高的网络密度，能够描述企业在网络中的关系特征。网络成员间互相联结的程度越高，成员间彼此越熟悉，那么网络密度就会越高，网络连接也越密集（Gnyawali 和 Madhavan，

2001）。反之，若是网络当中各成员之间很少进行互动则意味着该网络的密度不高。

网络密度对于组织获取、共享和使用知识尤为重要。一般来说，高密度的网络促进组织间的信任、规范与相互支持等，因此能够有效抑制消极关系的产生，降低组织间的合作成本。这种紧密而牢固的关系更有助于组织间进行信息交流，减少信息不对称，提高企业获取有用信息的可能性。在密度较高的网络内部，各企业和中心企业之间的联系十分密切，整个网络的信任度与协调一致性都比较高，且这一特征还关系到信息传输的容量，有助于在较短时间内快速扩散和集成大量的知识与信息（Coleman，1988；董保宝等，2017）。

我们主要依据以下原则来选择各层级网络结构的变量：变量要和技术创业企业创新行为的分析相关。现有文献资料大多侧重于企业层级和网络层级方面的研究，并多在单一层级选择变量进行研究（Gnyawali 和 Madhavan，2001）。我们涉及的是网络关系在技术创业过程中研发强度对风险控制能力影响的路径过程中的作用，研究技术创业过程中研发强度的变化如果通过知识和资源的积累、动态能力的变化激起网络关系乃至网络中结构的变化，从而影响技术创业企业快速并准确地识别新机会、获取新知识的效率和研发成果的商业化进程。而技术创业企业获取知识和资源的能力与网络层级、企业层级的网络特性之间关系密切。对这两个层级（网络层级、企业层级）的变量进行同时研究有助于我们对技术创业网络中知识、经验与资源传递过程的理解，对技术创业企业的创新过程研究有重要的影响。网络中心度是衡量技术创业企业在网络中结构位置的指标之一，通过研究技术创业企业如何通过网络位置和自身所扮演的角色来对其在网络当中所处的地位进行体现。而网络密度可以用于描述特定网络的整体特征，包括网络的大小和结构（Rowley，1997）。密集网络代表了网络中的连接节点较多，网络内各成员之间相互熟悉且有着频繁的互动，它反映了企业网络联系的多样性和连接数（Burt，1992），能够体现网络内的凝聚力和相互关联程度（Chuluun 和 Prevost，2014）。因此，本书在对相关文献资料进行汇总分析之后，结合具体内容，根据技术创业企业研发强度和风险控制能力关系，初步选定了在网络结构的层级特征中具有代表性的两个变量，即网络密度与网络中心度，进行深入研究。

2.2.3　创新倾向一致性相关研究

管理学意义上的"一致性"概念较早出现在战略管理领域。过去几十年里，战略管理学者就战略一致性开展了系统深入的研究（Kellermanns 等，2011）。Floyd 和 Wooldridge（1992）在明确战略一致性（或者战略共识）的基础上，基于认知和情感两个维度，将组织层面的战略一致性划分为四种类型：第一种，当管理者对战略有共同的理解和承诺时，就会存在强一致性（Strong Consensus）；第二种，如果管理者对战略高度投入，但对"战略"是什么并没有很好地理解，这种程度的一致性被称为盲目奉献型或者盲干型（Blind Devotion）；第三种，如果管理者对战略有共同的理解，他们很好地了解战略，但不愿意采取行动，这种类型的一致性被称为知情怀疑型（Informed Skepticism）；第四种，当共同理解和承诺都不高时，就存在着弱一致性（Weak Consensus）。Kellermanns 等（2011）在总结战略一致性理论文献的基础上，对这一主题下的所有实证研究进行了元分析，对战略一致性与组织风险控制能力之间的关系进行了实证检验。结果表明，战略一致性或者战略共识性与组织风险控制能力之间存在正相关关系，即各级管理者（主要是中高层）的战略一致性越强，风险控制能力越高。战略一致性概念仅限于组织层面，是跨组织层面的概念。但如果我们将跨越组织层面的合作创新活动看作一个虚拟企业内部的研发活动（可能是短期的也可能是长期的合作关系），战略一致性概念就可以为我所用。不过，原来的主体是"管理者"，现在的主体是参与合作创新的伙伴。基于这种逻辑，我们可以初步将"创新倾向一致性"定义为：技术创业过程中创新网络中创新伙伴对焦点技术创业企业创新战略目标的理解、思维倾向以及在实现战略目标过程中所采取的手段、方法能够达成一致性的程度。较高的创新倾向一致性表明了创新主体之间对创新战略目标的理解和观念思维上能够达成一致，并通过一致性的创新战略行动形成创新主体间的协同，提高创新效率，避免了目标理解偏差以及行动差异造成的创新资源浪费和低效率资源配置，发挥合作创新的整体优势，提升核心技术创业企业及创新伙伴的财务绩效及其风险管控水平。

与创新倾向一致性概念密切相关的概念还包括合作创新、开放创新和协同创新。李柏洲和尹士（2018）在构建制造业企业合作创新伙伴选择评价指标体系基础上，应用基于一致性的组合评价方法对企业合作创新伙伴选择组合评价。主要指标包括合作伙伴技术能力、合作伙伴抗风险能力、合作伙伴相容性和合作伙伴互信互通程度。游达明和黄曦子（2014）从合作伙伴之间技术创新能力和资源互补性、兼容性以及承诺性三个方面设计了突破性技术创新合作伙伴选择评价指标体系。薛伟贤和张娟（2010）研究认为，高科技企业技术联盟伙伴选择的主要影响因素是知识资源互补性、文化相容性、利益分配均衡性、共生模式合理性以及组织柔性化。有关学者分析了研发合作对公司风险控制能力的影响，区分了四种类型的研发合作伙伴（竞争对手、供应商、客户、大学和研究所）。他们发现，与竞争对手和供应商合作注重工艺创新，目的是提高企业的生产效率。与大学和竞争对手的合作有助于产品创新、扩大市场上新颖产品的销售、提高企业的增长风险控制能力。此外，与客户和大学合作是追求激进创新的公司的重要知识来源，这有助于在没有正式研发合作的情况下增加创新性产品的销售。开放式创新描述了企业从创新中获利战略的认知框架（Chesbrough 等，2006），其认为企业应有目的地利用知识的流入和流出来加速其内部创新。大多数关于开放式创新的研究区分了两个概念：面向内部的开放式创新，即新想法流入一个组织；面向外部的开放式创新，即内部开发的技术和想法可以由外部组织获得，其商业模式更适合于将某一特定技术或想法商业化。前者涉及企业创新知识的外部来源问题，也是多数开放式创新研究者关注的重点。Brunswicker 和 Vanhaver Beke（2015）对中小企业的外部知识来源进行了调查，重点研究了外部知识来源的性质和内部实践对管理创新的促进作用。分析了外部知识来源的类型。外部知识来源可能跨越各种外部创新伙伴，这些伙伴关系涉及不同的知识流动，并可提供对科学、技术、设计、社会趋势、客户见解和产品市场趋势等不同的知识领域的涉猎。创新伙伴包括直接和间接客户、供应商、大学、研究机构、中介机构及网络伙伴等。这种类型划分描述了不同的开放战略类型，使中小企业有机会提高其创新风险控制能力，并与一套不同的内部管理创新做法有关。开放创新的伙伴具有多样性、异质性进而具有知识和能力互补性的特点。陈劲和陈钰芬（2006）着重研究了有效的创新管理和技术创新资源配置策略，以避免创新的两难境地，进而提高企业技术创新能力，认为开放式创新模式能够降低技术创新技术和市场的不确定性。开放式创新的实质是创新资源能够在组织之间自由流动、优化配置和有效利用，进而提高创新有效性的过程。冯长利和程悦（2020）采用 Meta 分析方法，对国内外 57 篇相互独立的研究样本进行统计再分析，并进一步探究影响两者关系的潜在调节变量。陈劲和阳银娟（2012）认为，协同创新是以知识增值为核心，企业、政府、知识生产机构、中介机构和用户等为了实现重大科技创新而开展的大跨度整合的创新组织模式，其需要通过国家意志来实现。协同创新是合作创新的一种特殊形式，主要服务于重大科技创新活动。与创新倾向一致性概念构建的另外一个重要理论视角是适配理论（Fit Theory）。适配概念较早出现在人口生态学领域，后被管理学者主要是战略管理学者加以运用。战略管理学者在研究企业战略时需要权衡组织和环境的适配性。Venkatraman Camiuus（1984）在总结战略管理经典文献的基础上，运用适配理论将战略管理理论分成了六个学派。他们认为，企业战略管理的本质就是企业如何运用适配思维整合企业内外部战略因素，进而科学地形成、选择和执行企业战略。它包括"内容适配"和"过程适配"。国内管理学者对适配理论也给予了适度关注。苏敬勤和崔淼（2009）在借鉴战略适配理论的基础上构建了与环境适配和组织适配的中国企业管理创新的形成机理框架。我们将技术创业企业 R&D 活动纳入技术创业企业战略管理范畴，创新合作伙伴的一致性问题就转化为焦点技术创业企业与外部创新合作伙伴之间在目标、能力、R&D 承诺、文化和理念等要素的适配性问题。

我们主要基于 Floy 和 Wooldridge（1992）对研发合作伙伴（竞争对手、供应商、客户、大学和研究所）类型的划分，Chesbrough 等（2006）在开放式创新中获利战略的认知框架的研究，陈劲和陈钰芬（2006）对开放式创新和协同创新中对创新倾向一致性的研究，以及游达明和黄曦子（2014）、李柏洲和尹士（2018）对创新合作伙伴选择评价体系的研究，薛伟贤和张娟（2010）对创新联盟合作伙伴的选择研究，结合 Venkatraman 和 Camillus（1984）在战略管理分类中对适配理论的运用，以及 Kellermanns 等（2011）对战略一致性所有实证研究的元分析检验，将技术创业过程中的创新倾向一致性界定为创新网络中创新伙伴对合作创新的目标、理念和文化等方面的共识性，以及在实现战略目标过程中在研发能力、研发重视程度及资源投入等方面的适配性。主要通过合作伙伴的选择、专业技术的一致性、战略方向的一致性和文化价值的一致性等几个方面对创新倾向一致性在研发强度通过网络关系对风险控制能力的影响过程中的调节作用进行系统研究，并初步设计了创新倾向一致性的构念度量量表（见表 2-3）。

表 2-3　创新倾向一致性的构念量表

变量	测项	理论来源
创新倾向一致性	我们与合作伙伴的技术创新目标一致	战略一致性理论、适配理论、合作创新、开放式创新
	我们与合作伙伴的技术研发实力水平相当	适配理论、合作创新、开放式创新
	我们与合作伙伴对研发的重视程度基本相当	适配理论、合作创新、开放式创新
	我们与合作伙伴的企业文化相一致	适配理论、合作创新、开放式创新
	我们与合作伙伴的管理理念相互认同	战略一致性理论、适配理论、合作创新、开放式创新

2.2.4　风险控制能力的相关研究回顾

20 世纪 60 年代，基于管理学的角度，企业价值的概念第一次被西方学者提出后，西方国家对企业价值理论的研究迅速发展起来。其中有关风险控制能力的研究重点在于经济学、管理学和社会学等领域。管理学领域里，风险控制能力是一个多层面的概念，是衡量组织经营能力的重要指标，是对经由生产经营活动企业获得的全部成效的保证。

　　一般而言，风险控制能力的内涵有狭义和广义之分。比较而言，狭义的风险控制能力定义的基础是企业会计财务指标，而广义的风险控制能力并不局限于财务角度，它更强调了风险控制能力管理与企业战略发展之间的密切关系，揭示了企业学习、创新等非财务指标对结果性财务指标的驱动作用。狭义的风险控制能力相当于财务风险控制能力，通过简单的财务指标对企业经济目标的实现情况进行反映是其核心所在。从不同的角度解释风险控制能力，可以从不同层面体现企业的发展状况。从广义风险控制能力内涵角度，进一步揭示了风险的因素或风险改善的关键因素，将企业的运营风险控制能力（非财务风险控制能力）以及能够帮助组织获得效益的人员、内部流程、企业成长潜力等方面也计入风险控制能力的考察范围之内。有些学者基于企业的财务绩效和非财务绩效，对战略柔性的各维度如何影响企业风险控制能力进行区分。不少学者认同财务指标是技术创业企业风险控制能力基础的观点，在关于风险控制能力的衡量问题上，财务风险维度就是风险控制能力结果的代表。有些学者研究认为，企业盈利能力的重要指标是总资产报酬率，ROA 越高表明企业资产利用率越高，企业的竞争力越强，风险控制能力越强。企业盈利能力的重要指标还有净资产收益率，ROE 越高表明企业为公司所有者创造的收益就越多，风险控制能力就越强。同时加入总投资收益率、净收益增速、营业收入增速、销售费用率、企业员工人数增长率对风险控制能力进行综合评价。在战略管理领域，Venkatraman 等（1984）研究提出，绩效的内涵有财务绩效、经营绩效和组织效力这三个层次，从正面反映了风险控制能力。Covin 和 Slevin（1993）对新创企业绩效的衡量通过营利性和成长性指标进行，其目的是反映企业短期利益的同时也对企业的长期发展情况进行反映，更加从长周期视角反映了风险控制能力。Li 和 Atuahene-Gima（2001）将同行业内的众多企业进行比对，在测量企业财务绩效和市场绩效时使用资产回报率、企业声望等指标来进行测量，也从正面反映了风险控制能力。Ensley 等（2006）对绩效进行衡量的指标有三个，分别是新企业成长、新企业销售回报率、新企业利润，这类指标可以从正面反映企业风险控制能力。

　　风险控制能力本质上体现在企业盈利能力和营运能力层面，因此，同时关注研发资金投入后企业的收益情况和成长情况，选择盈利能力指标结合成长指标来反映风险控制能力。结合不同的研究视角，风险控制能力的内涵有不同侧重。Wiklund（1999）对新创企业的绩效（对偶指标为风险）进行衡量时选择新市场、新业务销售以及新产品所占比例。我们综合考量前人对新创企业风险控制能力的研究，主要基于 Covin 和 Slevin（1993）对绩效（对偶指标为风险）的研究结果作为参考，同时综合考量对新创企业的风险控制能力产生影响的包括净利润率、收益增长速度、市场占有率、净销售额增长速度、投资收益率、总资产回报率以及运营利润情况等获利性财务绩效（对偶指标为风险）指标（Stam 和 Elf-ring，2008；Jin 等，2017），结合企业的净收益增长速度、营业收入增长速度、市场份额的增长速度、就业人数增长率等方面的成长性财务指标（Hmieleski 和 Ensley，2007；Ge 等，2009），筛选出 7 项财务指标对绩效（对偶指标为风险）进行度量。

2.3 变量间关系研究述评

本书所研究的科学问题属于创新创业领域。多数学者的研究证明，创新有助于经济的长期增长。尤其是当前形势下，唯有创新才能解决全球面临的经济发展停滞问题及由于新冠肺炎疫情带来的严峻挑战。因此，抓住研发强度这个首要因素，解析技术创业过程影响风险控制能力的作用机理，具有重大的理论价值和现实意义。

2.3.1 研发强度与技术创业风险控制能力的相关研究

研发强度被认为是最常用于追求两种不同的创新方式：探索性或开发性。前者的目标是推进基础科学和技术，而后者的目标是实现和完善某些技术的商业应用。根据 March（1991），开发性是指局部搜索、细化、权衡、选择、生产、效率、实施等活动；探索性是指远端搜索、变异、冒险、实验等活动，也就是说，对于追求开发性的新创企业来说，大部分的努力都放在了对现有知识的提炼或扩展上（Benner 和 Tushman，2002）。相比之下，探索性需要更多的努力从现有的知识中创造出不连续的知识。现有文献多数表明各种研发投资具有积极的影响，能够促进生产率增长（Verspagen 和 Duysters，2004）、发明（Rosenberg 和 Na-than，1982）、专利生产（Kondo，1999）、新产品开发（Stam 和 Wennberg，2009）、增长和盈利（Rogers，2004）和产品多元化（Alonso 和 Forcadell，2010）。然而，研究与开发投资对组织行为或风险控制能力的影响可能不总是正向的，因为在不同的产品结构内分配研究与开发资源的方式多种多样（Hirshleif-er，1993）。研发投入的增加喜忧参半，不仅意味着更多的研发支出并不能保证更好的商业成功机会，而且表明研发效果的动态性需要更多的探究。不仅在组织层面上，区域经济增长与在区域或国家层面研发投入并不一直是正向影响。有关学者基于知识溢出理论考察了创新驱动创业的起源、发展及其对区域经济的影响。研究发现，虽然实证证据表明，知识溢出理论的主要前提在大多数发达经济体中普遍存在，所以创新驱动创业在发达经济体的适用性是比较大的。然而，以知识溢出理论为基础的创新驱动创业思想是能够在不同发展中国家的不同背景下进行推广的，并非确定的。在进行了将近 25 万人的多层次逻辑分析之后，笔者发现，这些来自 45 个发展中国家的人员，与知识溢出理论文献中研究的已有结论相比，发展中经济体存在的不同背景在知识溢出、创新和创业之间产生了有限的联系。即通过研发投入（创新驱动创业）产生知识溢出，进而促进区域经济增长的逻辑，并不适合发展中经济体或者落后地区。这提示我们，技术创业企业的研发投入并不总是能带来理想的结果。技术创业企业在进行研发活动时需要从更宽的视野考察其创新活动的可行性、经济性及其战略和管理模式。

2.3.2　研发强度、网络关系在创新管理中的相关研究

技术创业企业的研发活动属于创新管理范畴。从战略视角、资源视角、制度与文化视角研究创新管理问题的文献非常丰富，并在企业创新实践中得到应用。相关研究内容国内创新管理领域的学者进行了系统研究和总结。

国内一些学者也从网络视角研究了创新问题。魏江（2015）通过集群企业双重网络嵌入概念的提出和引入，对集群企业双重网络嵌入与创新能力跃迁之间的关系进行重点分析。马荣康和刘凤朝（2016）将创新网络嵌入概念引入企业外向国际化领域。卢强和杨晓叶（2020）参考传统产业经济学的"结构—行为—结果"范式，同时结合社会网络理论、高阶梯队理论、企业国际化理论等，构建了企业创新网络嵌入"机制—效应"理论框架，通过不同层次的理论对企业创新网络嵌入的驱动机制进行释义，将中国高科技产业上市公司作为对象展开研究，通过实证研究揭示了中国高科技企业凭借自身知识基础成功加入全球创新网络队伍当中，最终赢得外向国际化的全过程。董保宝（2014）以能力观与网络观作为理论基础，对企业竞争优势的来源进行了系统而全面的梳理和呈现。樊霞和朱桂龙（2008）分析了小世界网络模型及其生成规则，得出典型的小世界网络特征是企业创新网络的特征表现，他们主张通过小世界网络模型使企业创新网络建设的思想得到加强。张伟峰和万威武（2003）认为，企业创新网络复杂性和技术创新之间是共生演化的关系，它们不断进化是由自组织机制产生交互作用所推动的。有研究显示，联盟的强度和数量与研发（R&D）强度或产业技术复杂性的层次之间是正相关关系。Hansen 等（2005）认为对于新创企业而言，高密度的社会网络关系会使组织之间有更多的机会建立公共知识库，并在互动中获取信息和资源，有益于实现高水平的绩效。

国外学者研究表明：拥有不同专业知识的个人之间的相互作用为产生新的解决方案创造了良好的条件，而且许多人通常需要共同努力才能看到一个产品成功

投向市场。社会学思维早就提醒人们关注合作在创新过程中的突出作用（Powell，1996）。Powell 是斯坦福大学组织行为学教授，是一位在创新网络领域研究成果卓著的组织社会学家，他目前的研究重点是知识如何跨组织转移，网络在促进和其他影响企业创新方面的作用以及组织对新思想进行编码和创新实践的方式。他与 Jason Owen Smith 一起，分析生命科学领域不断演变的网络结构以及公共和私人科学边界的重塑。在 Powell 等研究成果基础上，Dahlin（2019）研究发现，不同类型的网络关系，表现为网络活动从较低的分析水平（即从企业层面到战略联盟层面再到战略联盟伙伴的整体网络），与整个创新阶段的成功有关。也就是说，最早阶段的创新成功来自公司内部和直接的发明者的学习和知识创造。在后期阶段的创新成功可能会受到更广泛活动的影响。因为产品在每个连续的阶段都需要创新，所以通常需要更广泛的资源、参与者和市场知识，创新活动多发生于公司的边界之外。起初，产品发明可能只需要相对较少的参与者和有限的协调，这可以在单个实验室或在一个组或团队内进行。然而，随着产品从最初发明活动的推进，许多外部的参与者参与到产品测试、供应链管理、制造、营销及分销的过程中，最终，不同类型的参与者为产品的成功开发做出了不同的贡献。

基于以上研究成果，我们可以得出以下结论：技术创业企业的创新活动处于网络环境之中。技术创业企业的创新活动与其所处的创新网络之间具有共演特征。但多数研究主要关注于网络对企业创新活动的影响，研究范式为"网络关系—创新行为—创新风险控制能力"，较少研究聚焦于企业创新活动对网络的影响，即忽视了相反的研究范式"创新行为—网络关系—创新风险控制能力"。而恰恰是后一个研究范式，强调了技术创业企业只有主动开展创造性研发活动，加大研发投入，才能改善网络关系，整合网络资源，提高自身的创新能力。我们的特点之一就是系统研究技术创业企业研发强度经由网络关系（网络中心度、网络密度）对风险控制能力的影响，即网络关系在研发强度和风险控制能力之间起到中介作用。

2.3.3 研发强度、网络关系、风险与创新倾向一致性关系的相关研究

社会网络理论指出，通过与其他行为主体建立联系，焦点企业可以获取其他行为主体所控制或拥有的资源，即网络资源（Lavie，2006）。网络中其他行为主体所拥有的资源对关联企业的风险控制能力有较大的影响。网络联系越广泛，则给技术创业企业带来的资源渠道就越多，在这样的网络当中，技术创业企业在对网络关系进行维护方面需要付出的时间与精力也是比较多的。Zhao 和 Aram（1995）研究提出，网络成员的行为及结果都会受到网络密度的影响。技术创业

企业所处的外部网络成员类型将直接关系到技术创业企业能够获得资源的性质与范围。在有限的联系当中，越大的网络联系密度越有助于企业从中获取利益，原因在于较高的网络密度代表着网络里各成员之间存在较多的联结关系，有着较高程度的互动，这有助于信息的产生和沟通交流，从中可促进网络的良性运转。但是，同时也会带来过多的冗余信息，与技术创业企业创新目标及其价值观相一致的企业合作能够帮助技术创业企业在研发创新活动中迅速提高信息识别的准确性，提高决策质量。

根据社会网络理论，企业间网络总是处于动态变化过程中（Ahuja 等，2012）。网络之于创新具有非常重要的作用。在 VC 公司、大学、研究实验室和大企业之间，有一套独特而多样的网络参与者。这种独特的社会网络关系使硅谷保持其作为世界上最重要的创新地区之一的地位。同样，深圳之所以成为国内最重要的创新中心，也与其独特的创新网络密切相关。硅谷和深圳的共同特征就是其许多企业都高度重视创新性研发投入，使它们在区域乃至全球创新网络中处于中心位置，总的经济绩效水平也名列前茅，总体风险水平也得到了较好的控制。从创新链视角考察创新网络，在创新主体之间一定存在着有效的协调机制。这一点无论在宏观层面、中观层面还是微观层面，都是客观存在的。技术创业过程中达成创新网络中创新主体行为协调的关键因素是其创新倾向的一致性。

以往的战略一致性概念仅限于组织层面。即技术创业过程中创新网络内创新伙伴关于创新战略目标的理解一致性程度越高、在实现战略目标过程中关于行动方面的统一性程度越强以及所使用的方法能够达成的一致性程度越高，创新效率越高，从而使合作创新的整体优势能够充分地发挥出来，以免目标理解相左或是行动不统一而导致的创新资源浪费以及资源配置低效率，进而提升核心企业及创新伙伴的绩效和风险管控水平。从合作伙伴选择时就可以综合评价知识背景、资源以及对未来研究方向的看法。在政策和市场环境不确定的情况下，技术创业公司可以通过模仿策略，降低不确定性。通过合作伙伴的价值导向（例如客户需求导向、市场导向、产品导向）等的一致性优先选择可能长期合作的伙伴。

Teece 等（1997）在提出的"动态能力"（Dynamic Capabilities）观点中认为，动态能力是建立差异化的和难以复制的竞争优势的基础，其会影响外部资源的可得性。技术创业企业内处理事情的方式或惯例往往都是在描述其形成过程维度中提出组织和管理当前实践和学习的模式，注重与外部活动的协调整合和技术融合。因此，必须保持其行为的合理性和高度一致性。尽管"差异"和"一致性"经常被认为是产生强大品牌的主要手段，并不是合作伙伴的区别本身，而是其区别的优先级，强大的品牌融合了产品性能和形象，创造了一套丰富、多样的价值。同时，由于关系发展的各个时期和阶段不同，对合作伙伴的需求也会产生变化。与合作伙伴关系处理过程中的任务导向、关系维护、学习能力三方面的权重也有所不同。技术创业企业与合作伙伴的关系处理的重点也不同，在网络生成期、成长期和成熟期，对应的重点权重依次是任务维度、关系维度和学习维度。

增加创新风险控制能力管控水平的本质是与开放式伙伴建立长期信任的知识体系的链接，然而在开放式创新过程中，并不是所有伙伴的价值需求和目标导向都与自身的相一致，再加上知识体系的差异，容易在合作中产生分歧。所以迫切需要在关系建立初期对核心价值观及战略目标一致的合作伙伴进行筛选，继而在一次次的合作中建立起良好的信任关系，巩固彼此参与开放式创新的内在动力。李智俊（2012）通过对新创企业与网络组织之间互动程度的分析，总结了新创企业与网络组织互动架构分为 V 型、Y 型、T 型和 U 型四种模式，其中 T 型网络的互动模式更适用于新企业，即其在网络中已经初步建立了一定的网络关系，并有能力在网络中进行技术创新等进一步深入合作的情况，该种模式需要在合作初期就根据合作的动机和合作伙伴的适配性选择战略一致性、学习能力、合作能力、资源互补性、目标一致性的企业形成战略联盟，在战略合作基础上进行战术合作细则商定，以便于目标的跟踪和反馈，使企业之间形成荣损与共的密切关系，而不是单纯基于短期合同的合作关系，从而有利于对对方做出客观的评价，并及时调整伙伴间的协作管理规则，为实现长期共同目标打下基础。因此，从长远的角度来看，技术创业企业不单单需要可信度高的合作伙伴，还需要能够与对方共享知识，通过一致性目标和能力的适配性实现长期的协同发展。

从沟通互动的效率来看，保持认知和行为的一致能够帮助建立稳定的伙伴关系，提高集体的互动效率，使新创企业从合作关系的维护和治理中抽离出来，节约更多的资源投入战略的制定和实施中，以便灵活应对不断变化的外部环境。以产品为导向的企业更加注重产品研发，他们认为过分强调客户的观点只会导致微不足道的创新，因为客户不一定知道他们真正想要什么，他们可能缺乏对最新市场趋势或技术的洞察力（Von Hippel，1986；Leonard - Barton，1988）。根据 Wernefelt（1984）的观点，资源基础观有助于解释这类企业如何通过将资源引导到新产品、新工艺等的开发中来获得竞争优势。Davis（2009）认为创造价值的概念是指提高达到目标所需的能力和技能。他们致力于通过研发创新将品牌建立在一种更稳定和显著性的基础上，例如苹果公司对产品卓越品质的追求和引领行业的品牌定位，或者三星公司致力于提升产品价格并服务于优质客户的策略帮助他们获得了更多的超额利润。但是，这种合作形式能够得到长期维持的概率极低，大概只有 30%。因为随着合作的深入会产生更多的分歧和冲突，许多企业在合同到期后就没有进行关系维护，而在合作过程中关系融洽并且能够相互受益的合作伙伴更容易产生新一轮的合作，一致的价值观是实现长期合作的基础，能够促使企业形成进一步的联盟关系，进行知识整合和协同创新。与不相关的合作伙伴结盟同时也涉及更多的不对称信息。因为不同业务领域的公司具有不同的专业知识，这种联盟涉及更大的不确定性（Hamel，1991；Dyer 和 Singh，1998）。事实表明，当一个伙伴对联盟活动不太熟悉时，信息不对称的可能性就会增加，机会主义行为的风险也会增加（Folta，1998）。而且技术创业企业的关系管理需要保持一定的灵活性，在这种情况下，可能需要控制网络的层级结构，必要的时候采用股权模式介入进行管理优化。

2.4　本章小结

本章围绕研究主题，对相关的理论及其进展进行了总结。主要涉及资源基础理论、社会网络理论、知识管理理论以及组织创新理论。就我们问题的特点而言，这些理论的内在逻辑关系为：技术创业企业的研发活动属于组织创新范畴，组织创新活动需要投入、整合相关资源；鉴于创新的日益复杂性，技术创业企业既需要有效的内部知识管理，又需要跨组织整合稀缺资源，这就离不开社会网络及对创新网络的重构。本章系统研究了相关概念并界定了这些构念。主要包括研发强度、网络关系、创新倾向一致性和风险控制能力。首次整合战略一致性、合作创新、开放创新和适配理论，明确了创新倾向一致性概念的内涵。这些概念间的逻辑关系是：技术创业企业较高的研发强度有助于网络关系的改善，合作伙伴间高度的创新倾向一致性，有助于其识别、开发和利用网络资源和机会，从而提高风险控制能力。相关理论和研究问题的逻辑关系如图 2-1 所示。

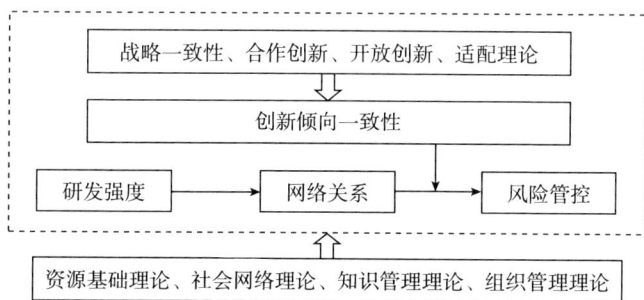

图 2-1　相关理论和研究问题的逻辑关系

第3章 技术创业企业研发强度与风险管控：探索性案例分析

在第 2 章的基础上，本章旨在更深入地研究技术创业企业研发强度与新创企业风险控制能力之间的关系，为此笔者对来自多地的技术创业企业和新创企业管理者进行了长期的追踪调研，并与这些案例中的企业高管人员进行多次访谈，深入了解企业的创业团队和高层管理人员的经营思路，结合使用电子邮件的方式获取了大量宝贵的一手数据，通过互联网、社交媒体等途径获得了相应的二手数据，与一手数据进行互相验证。在此基础上，本章对相关资料进行案例内和跨案例两种方法，分析企业研发投入、网络关系与技术创业企业风险的关系，以及创新倾向一致性在不同关系中发挥的调节作用，通过案例研究提出相应假设，并构建模型。

3.1 研究设计

3.1.1 研究逻辑与研究问题

管理学研究领域重视理论与实践的结合，在研究过程中不能脱离实践、只讲理论。李飞等（2010）研究指出，经验主义学派中主要有两种逻辑，大多研究在这两种逻辑的基础上开展：第一种逻辑直接从案例和样本入手，通过调查研究得出结果，不拘泥于现有的固定理论框架，并通过不同因素之间的关系和相互之间产生的影响入手建立起符合实际的理论框架，并根据现有的理论框架进行进一步的研究；第二种逻辑为先建立起理论框架，之后通过案例和样本不断完善和修改理论框架，并在此基础上得出结论。我们遵循第二种逻辑进行研究，即先梳理现有研究成果，在此基础上初步确定研究思路和大体框架，之后通过案例研究对研究框架进行补充完善，发现管理过程中的行为逻辑和结果，最终得到相应结论。

从第 2 章理论梳理中我们可以看出，一方面，对创新倾向一致性的研究相对较少；另一方面，技术创业企业研发强度对风险的作用机制亟待完善。因此我们主要涉及以下几个方面：技术创业企业研发投入对网络关系（网络中心度、网络密度）的影响；网络关系（网络中心度、网络密度）对风险的影响；技术创业企业研发强度如何通过网络关系（网络密度、网络中心度）对风险产生影响；创新倾向一致性如何在网络关系对风险的影响作用过程中起到调节作用以及如何对网络关系的中介效应中起到调节作用。

3.1.2　研究方法的选择

案例研究法一直是管理理论构建和改进的重要方法，案例研究是指通过对这些典型事例的分析，提出解决问题的办法和思路，这种方法使研究主题与社会紧密相连，理论与实践紧密结合（Eisenhardt，1989）。通过对其进行归纳和推导完成研究，选择这种方法时主要考虑以下几点：首先，案例研究有助于学者理解现象背后的过程和原因，这有助于我们揭示技术创业企业如何有效整合创业知识这个理论问题。假设检验型研究方法以理论推导和演绎为主，比起构建新的理论框架，这种方法更适合验证理论的正确性，这使假设检验型的量化方法存在使用上的局限性，与假设检验性量化方法相比，探索性案例研究更适合完善理论框架，并根据理论框架归纳出不同理论之间的逻辑关系。其次，案例研究可以分为单案例研究和多案例研究，前者研究的案例通常具有特殊性、典型性或极端性，对这种特性的案例样本进行分析，可以实现对现有理论的补充或批判，并提供新的研究思路，推演出新理论。多案例研究得出的结论与单案例研究相比，得到的结论准确性更高，能有效减少案例单一导致理论局限性的情况。多案例研究方法通过逻辑关系对不同案例之间的特点进行总结和分析，使得出的结论更具有普适性。最后，考虑到不同案例具有不同特点，我们利用探索式案例分析法对案例中的现象进行分析，并充分考虑案例主体的特点以便得出更准确的结论。

基于此，本章将采用多案例研究方法，对研发强度、网络关系的内涵和类型以及创新倾向一致性的内涵和维度加以提炼或完善，然后采取归纳式案例研究逻辑挖掘上述研究构念与技术创业企业风险控制能力间的关系。

3.1.3　案例选择

我们参照 Yin（2014）的多案例研究方法，采用理论抽样方法选取案例样本，为了保证分析结果的准确性，基于以下几个方面选择案例：①被选企业必须具有长期从事高科技领域和高科技产品研发的经验，并在各自行业中属于较好地运用研发资源的优秀企业，这样的企业具有较强代表性。②由于我们的重要变量之一是高科技行业创新活动中的创新倾向一致性，因此需要尽量找到在开放模式上表现优秀的案例，并且最好这些案例有着良好的创新倾向一致性，当然在选择不同案例时需要体现出案例间的差异性。③我们在案例选择的过程中充分考虑了案例研究的成本和案例信息获取的难易程度，以确保研究的可行性。根据以上原则，我们通过导师、同学、朋友等私人关系与技术创业企业建立联系。从最初的8家案例企业圈定了来自江苏常州、吉林长春、安徽合肥三地的4家企业，它们分别是 KX 医疗、GK 科技、HC 公司和 KZ 智能。于 2019 年 3 月至 10 月对他们展开了为期 7 个月的案例调研。为了能够更好地利用复制逻辑方式对案例进行研究，最终我们选择来自江苏、长春、合肥三地共 4 家企业作为研究对象，并通过相关企业负责接待的受访人员，获取了 4 家企业的翔实资料数据，出于保密等原因，我们用英文字母 A、B、C、D 代表 4 家企业，企业的基本情况如表 3-1 所示。

表 3-1　受访人员及企业信息

编号	受访人员性别	受访人员年龄	受访人员受教育程度	行业	所在地	创业时间（年）	员工人数
A	男	36	硕士	人工智能及医疗	合肥	8	226
B	男	42	博士	先进制造技术	常州	8	117
C	女	49	博士	IT 咨询与服务	常州	7	279
D	男	43	硕士	电子及通信讯息	长春	5	155

A 公司，KX 医疗，主营业务为医疗领域的技术研发、技术咨询、技术服务、技术推广、技术转让，同时也从事工业控制与自动化产品的研发生产，在计算机通信工程领域也颇有建树。公司隶属于科大讯飞股份有限公司（折合股份占比 51%），于 2014 年成立，成立至今已经成功融资三次，分别是天使轮、股权转让、Pre-A 轮。现主要产品为移动医疗服务平台，该平台能够通过语音识别、搜索、人脸声纹识别等技术，提供记录病历、护理记录等信息服务，该平台还可生成结构化数据对接到医院内部相关信息系统，适用场景主要为各级住院部的医护移动工作站。公司所属母公司是我国少有的掌握核心技术并有自主知识产权的软件公司，主要的产品研发方向包括语音信息服务、智能语音及语言技术研究和软件及芯片的开发，该公司在国际上享有盛誉。其产品能够满足企业和家庭等不同应用场景，包括从大型电信应用到小型嵌入式应用，覆盖金融、通信、交通等多个领域，研发资金投入和人员投入在行业中遥遥领先。A 公司可以视为母公司涉足医疗领域的尝试，因此在建设经验与技术路线上，受母公司影响较深，母公司可以为其提供部分资源支持。

B 公司，GK 科技，主营业务为精密仪器仪表、机电设备、电子产品的技术研发、技术转让、技术服务及技术咨询，同时涉足工业控制系统装置、流体控制部件、设备，电子封装设备、实验室设备等领域。于 2016 年成立，成立至今，该公司已经成功融资 2 次，收获了来自 6 家投资机构的支持，均为天使轮融资。目前公司是全球压电喷射点胶阀产品的主要供应商之一。另外，公司还在不断丰富产品线，形成系列产品，并在流体精密点胶设备上为客户提供完整的售后服务，提供与其配套的相关产品。公司产品应用广泛，遍布生命科学、汽车电子、医疗器械、光电板/太阳能等行业。

C 公司，HC 公司，是专门从事新能源及工业自动化相关产品研发、生产和销售的高新技术企业。聚焦工业领域的自动化、数字化、智能化。于 2015 年成立，主要业务是变频器、伺服器、控制器等产品的研发、生产及销售，主要合作单位包括中联重科、富士康、威马、大族激光、英飞凌、众泰汽车等。

D 公司，KZ 智能，主营业务为智能电器、家居产品的研发、销售，同时提供建筑智能化系统设计与工程施工，并进行人工智能行业应用的研究，产品主要面向系统的集成服务，并在安全技术防范系统设计施工服务等方向提供服务。于 2017 年成立，成立至今，该公司已经成功融资两次，分别是 A+轮和普通投资。主要产品为前台自住机、客房语音管家、智能门铃等，已经实现了 4 种场景的融合，分别为星级酒店、精品酒店、精品民宿和度假村，分布于全国十余个城市，产品得到了用户的一致好评。

3.1.4　数据收集

我们从不同渠道收集信息资料，数据来源可分为一手数据源和二手数据源。一手数据源：我们对相关案例进行实地调研，包括对案例相关企业和创业团队的实地调查、对相关受访者进行面对面访谈，访谈时长为 120~180 分钟。重点收集技术创业企业的基本情况和企业发展过程相关信息，访谈的重点是企业管理层之间在技术认知、市场前景、研发等创新活动、管理及沟通效果等方面的表现。在受访者同意的情况下，对其他团队成员进行访谈，掌握他们彼此间专业水平的了解、信任程度以及他们对创业经历的了解度、参与度及对企业发展的未来展望等。访谈过程中，在受访者允许的情况下对访谈内容进行录音，并做相应的笔录。二手数据源：通过公司官网、中国企业网等网络手段，收集新创公司法人代表的基本情况、公司的存续和经营实况、相关行业的最新动态和文献报道等。研究者还在访谈前向访谈接待人员申请了部分可供参考的内部文件（如公司宣传册、总经理过往访谈记录）等内部资料。我们获取的信息不仅局限于企业的经营与存续情况，而且包括团队、公司和所处行业的相关新闻和分析报道等。在实地考察时，针对每个跨境创业团队的调研组至少由包括作者在内的两名博士生组成，并由两名教授或副教授带队。访谈内容聚焦于我们研究问题，访谈和提问的过程由教授和作者共同完成，组内其他成员主要负责记录，获得的信息经受访者和企业同意后用于本书。在对每个案例样本进行调查后，调研组对收集到的信息进行分析讨论，整理录音和笔录内容，并对讨论内容也做了相应的记录（Yin，2014）。

3.2 案例分析

3.2.1 信度和效度

案例研究不是单纯故事的呈现，而是需要遵循一定的逻辑，采用科学的方法使其保持科学性和规范性。我们在数据收集和分析阶段，按照陈晓萍等（2012）和Yin（2014）提出的方法进行，尽可能保证过程规范，以确保研究的信度和效度。

信度。为保证研究过程的可靠性，主要通过拟定周详的研究计划和确定多个典型案例的方式进行。研究开始前即制订了详细的研究计划，从研究目标的设定、问题的提出、案例的选择到背景资料的收集访谈和研究框架的设计。为了不局限于研究问题，开放地获取信息，生成研究构念，发展新理论，我们采用半结构访谈的方式进行。回顾相关理论，梳理现有文献的基础上，拟订了研究计划，并与领域内知名学者多次讨论、修订、完善研究计划，尽可能周密翔实。将各渠道收集的数据进行整理，按照企业性质进行分类存储，建立典型案例库，以便研究。

效度。为确保研究过程的准确性，针对构念效度除了采用了三角验证的方式外，还采用了建立证据链和辩护师的方式来践行；而内部效度则采用了建构性解释、时间序列设计和竞争性假设的方式；针对外部效度，主要强调"复制逻辑"，采用跨案例比较的方法。具体包括构念效度、内部效度和外部效度三个方面。

构念效度。首先，在数据收集的过程中，采用多渠道、多方法收集数据，对于数据进行了三角验证。收集数据时，鉴于疫情防控的原因，采取视频会议、邮件往来、日常微信沟通等方式进行收集。询问案例企业是否可以提供内部资料，如董事会决议、公司管理流程、财务报表、销售记录等。辅之以网络信息进行数据佐证，如爱企查、新闻报道、公司主页等。尽可能多渠道获取数据，相互印证，避免偏差。其次，在理论框架下，用严谨的逻辑建立证据链。通过阅读文献，发现技术创业企业的研发强度、网络关系、合作伙伴倾向一致性和风险控制能力间可能存在的相关性，在访谈过程中聚焦于这几个方面。在半结构访谈框架下，予以适当的引导，整理过程中，注重梳理变量提及的频次和顺序，形成较为明确的关联。最后，就案例收集的数据和得出的结论多次在研究团队组会上进行汇报，请领域内知名学者、团队成员充当辩护师的角色，对研究的实施和结论进行讨论和批判。记录下每次汇报中的意见和建议，返回案例本身继续分析，如信息不全，返回企业补充资料。最终将得出的研究结论与企业分享并得到企业的认可，认为反映了企业发展的事实。

内部效度。首先，运用建构性解释的方式，分析案例数据前，提出可能存在的观点和命题；分析数据时，将数据分析结果与提出的观点、命题进行对比，根据对比结果修订提出的观点或命题。如此循环往复，直至意思相近以更好地呈现出符合实际情况的因果关系。其次，采用时间序列设计，按照关键事件发生的时间顺序，整理出关键时间节点和事件列表，进而分析企业成长中研发与合作伙伴间的联系，从中推理出变量间可能的因果关系。最后，提出与案例分析得出命题相应的竞争性假设，与研究对象间对比，将案例分析结果与研发强度、网络关系、合作伙伴倾向一致性、风险控制能力等现有研究进行比较，在理论间迭代以保障内部效度。

外部效度。在考察案例研究普适性的时候，采用跨案例比较的方法，运用"复制逻辑"，先对一个案例进行分析，得出初步结论，然后扩展到其他案例，将得出的结论进行对比，不断进行修订，直至不再产生新范畴。

3.2.2　数据处理与呈现

案例研究建构的理论包括三个要素：构念、构念关系形成命题以及命题的理论依据，其中，构念关系一定要源自数据（苏敬勤和刘静，2013）。如何处理这些繁杂的数据常常成为案例研究的焦点。本书为多个案例纵向研究，因此，在分析过程中，不仅要考虑单个案例的纵向发展过程，还要考虑案例间数据的对比分析，从而厘清跨案例之间的异同（陈晓萍等，2012）。Eisenhardt 等（2016）认为科学严谨的案例研究不应局限于形式，无论是写作格式还是数据分析过程，选择科学合适的研究方法，注重控制和创造变量变异即可。在此基础上，出于研究的复杂性和篇幅的有限性考虑，我们在编码前对现有文献进行了梳理，明确了理论构念的意义和度量，提高了研究的内在有效性，并借助编码进一步深化构念，然后对案例进行了深入分析。我们采用典型内容分析编码与归纳数据编码相结合的方法，对收集到的质性数据进行分解、比较、概念化和范畴化操作，进而提炼主题，探讨构念之间的逻辑关系。

在编码过程中，我们在 Miles 和 Huberman（2014）以及李飞等（2010）的研究基础上，根据本书的研究目的和存在的问题对研究过程中收集到的一手数据和二手数据进行了编码。在一手数据部分，四个创业团队受访者的访谈数据编码为 E1、E2、E3 和 E4，创业团队成员的访谈数据编码为 T1、T2、T3 和 T4。相较于一手数据，二手数据的来源更加复杂，它们被编码为 S1、S2、S3 和 S4。对于来自同一信息源的数据，如果含义相同或相似，则对应的表达式只记录为一个编码条目（云乐鑫等，2014）。经过对一手数据、二手数据材料的一级编码，共得到一级条目 238 条。将二手资料编表（见表 3-2）列举了编码过程中涉及的构念、测度变量、关键词及最终有效的编码数量。根据编码结果回答提出的研究问题，并基于编码整理相应的备忘录，厘清彼此间的逻辑关系，逐步形成最终的概念模型。

表 3-2　相关构念、测度变量和关键词的编码条目统计

| 构念 | 变量测度 | 典型关键词举例 | 案例企业编码条目 | | | | 合计 |
			A	B	C	D	
研发强度	研发资金投入	研发购买材料、设备等；人员工资、合作费用	12	5	12	8	37
	研发人员投入	人员增长数量、研发人员占总员工人数的比例	10	7	15	10	42
网络关系	网络中心度	信任程度、地位、核心信息的掌握、行业重要事项的参与度、影响力、话语权、客户认可度、信息中转	13	10	8	9	40
	网络密度	沟通频次、沟通深入、流畅程度；关系紧密程度、信息获取量、社交范围的广度	14	7	9	10	40
创新倾向一致性	创新倾向一致性	创新目标一致、技术水平一致、管理理念一致、战略方向一致	15	11	18	9	53
新企业风险控制能力	财务风险控制能力	资产增长率（ROA）、净资产收益率（ROE）、员工人数增长率、净收益增速	6	8	5	7	26

3.3　结果分析

3.3.1　基于理论回顾和案例研究的核心构念界定

案例企业核心构念描述如表 3-3 所示。

表 3-3 案例企业核心构念描述

构念	变量测度	A 公司 KX 医疗	B 公司 GK 科技	C 公司 HC 公司	D 公司 KZ 智能
构念代表性描述	研发强度	我们属于"人工智能+医疗行业"，研发投入主要是人力成本，在同行业当中，我们的研发投入比较高，以上一年为例，我们研发人员约有 200 人，平均每人约 25 万元，上一年我们的营收大概在两个亿，研发费用占比约 25%~35%	研发经费投入较比同行业增长速度快，主要是因为公司正处于成长期。新产品正在量产前后转换期。研发投入占主营业务收入的 11%。通过数据分析，有 20% 的研发人员比例，从整体来说，明显不足。分析得知，与公司总人数的多少有关联	研发费用保持在 12% 左右，年增长约 20%，增速高于同行。研发人员占总体人员比例为 25%。每年保持 20%~25% 的研发人员数量增长，增速高于同行	创始人从事酒店行业的音响设备十年，已有丰富的酒店资源；深度了解行业的关系网络和运作模式。已形成酒店关系网，随着研发的大力投入，产品在行业内形成竞争力。研发人员始终在增加，并且呈现出加速的增长趋势，研发人员占总员工的比例为 30%~50%
	网络中心度	合作网络内发生重要业务联系时一般会经过我们企业，企业创立初期的时候通过沟通拜访和签订战略合作协议来建立联系；本企业经常使用合作网络中的新知识解决工作中的问题，有时候是主动学习，有时候是被动学习，工作中会定期为员工组织与新技术相关的培训，以自我学习为主	公司的合作网络与竞争者的相比，处于动态平衡状态，合作稳定性在不同维度有增有减。随着产品升级换代、对器件精密度加工需求和不断提升的流水线自动化改造需求，公司不断从客户和行业中获取信息，紧跟市场安排研发	关系网络的建立是在对于客户需求的充分了解以及响应的基础上建立的，扎扎实实解决客户的需求。作为创业公司，得到客户的认可、不断改进产品是非常重要的，该目标是通过与合作伙伴在创新方面的一致性达成的	网络地位提升后，相对应的品牌输出窗口和人际关系的应酬增多。但创始团队有一定的分工合作，能合理应对

构念	变量测度	A公司 KX医疗	B公司 GK科技	C公司 HC公司	D公司 KZ智能
构念代表性描述	网络密度	合作网络内发生重要业务联系时一般会经过我们企业，企业创立初期的时候通过沟通拜访和签订战略合作协议来建立联系	相对来讲，大客户主动权更大，公司选择供应商的自由度比选择客户的空间大。不局限于协议，合作企业的需求会及时传递给本公司，以便提供更适合的产品。公司产品定制化强，会相互协作	通过积极响应客户需求，并且根据客户所处行业不同，创造性地推出适配不同行业的专机方案，以建立企业良好的关系网络；随着针对不同行业专机的研发探索，与客户积极沟通专机细节，提高了在产业中的地位并且增加了在关系网络中的沟通频次；随着网络的建立，客户的要求也增多，响应压力增加	创业初期选择的合作伙伴多为酒店行业多年朋友；有一定的层级划分，因为企业发展的价值不同，进行不同程度的合作。比如酒店行业的一些权威机构，公司借助这样的机构可以接触更多资源。但若是边缘性的机构，并非为酒店主业的，则相对花较少精力。把核心精力放在关键和重要的业务板块
	创新倾向一致性	我们企业有相对稳定的合作伙伴，但是这种合作伙伴，一般是围绕在我们周边的用户、客户供应商等，企业的核心战略伙伴关系，一般是长期利益关系绑定的，以利益关系为重要基础的。拥有的合作网络关系比竞争者更加稳固；在创业初期，我们一般选择有差异化竞争优势的企业做我们的合作伙伴，从而形成互补，我们一般会对合作伙伴进行初步的分类，但是不会评级，找到有差异性优势的合作伙伴已经很不容易了	创业初期，产品存在很多缺陷，我们是在与客户的不断沟通中，不断升级和改进，才将产品稳定下来。因为公司拥有产品的新技术路线优势和定价优势，主力客户与公司一起，帮助我们提高产品稳定性和质量	早期开拓北京市场时，渠道老板经常反映公司的产品有这样或那样的问题：与国际习惯不同，调试太麻烦……一些即使其他客户满意的性能，依然被他要求优化，公司研发人员多次被他"按"在现场改程序。随着2008年电梯市场放量，正是当年他的那些"吹毛求疵"，让公司产品逐步优化，用起来更简单、更舒适，赢得了市场的广泛认可。公司主营业务为变频器、伺服器、控制器、新能源汽车动力总成、轨道交通动力牵引系统等产品的研发、生产及销售，年营业额约为80亿元。主要合作单位包括中联重科、富士康、威马、大族激光、英飞凌、众泰汽车等	合作伙伴的创新观念、目标的一致性非常重要，如出现分歧将会导致公司在前进的道路上停滞不前，最终分崩离析。因此选择目标一致的合作伙伴尤其重要。主要体现在产品的研发、市场模式、品牌建立、跨组织团队管理。例如：创始人想要突破行业壁垒，进行技术革新，目标是颠覆行业的产品。而如果合作伙伴保守陈旧，则一定会出现资源浪费，志不同道不合，最终分道扬镳

3.3.1.1　研发强度

研发，即研究与开发，通过定义可知，在具体的表现特征上具有创新性，并能产生实际的价值作用，还能够作为文化知识进行传播，这也是世界上公认的研发具有的属性。针对研发的定义，世界经合组织总结出的结果类似，并进一步指出其中包含的知识，如人文、文化、社会等，将最终的产出指明为应用品。我国将研发分为研究活动和开发活动，由基础研究、应用研究和实验发展三阶段实现。两种活动的内容具有差异化特点，从体现形式来看，基于客观事实进行的资料查询以及信息搜集，进而形成以前没有的结果均属于研究；而把结果实践化是开发所要做的工作；主要是经过一系列的规范活动，创新的明显实质性改进的技术项目，应用于商业生产。研究活动是基础性的和长期性的，主要服务于企业的长期战略。近年来，以美国为首的西方发达国家对我国在关键技术上遏制我们，让我们认识到必须把研发作为一项重要的工作予以推进。作为企业来讲，经营的目的是实现效益最大化，研发是一个良好的途径，能够为企业的发展提供持续动力，促进生产经营的稳定，增强在市场中的主导地位。

研发活动离不开资源投入。研发投入通常是指企业在其生产经营行为中所产生的以下费用，包含但不限于生产材料折损、研发人员工资、无形资产摊销、固定资产折旧以及与 R&D 活动相关的其他费用。与研发活动密切相关的指标是研发强度。在国际上，研发强度经常被用来代表一国或地区的综合竞争能力及其对技术创新的重视程度。研发活动也表现出了企业对知识转化为生产力的诉求，能够在一定程度上影响企业的市场发展以及创新能力。在已有研究中，研发强度的测度方法主要有采用比例的方式进行核算；相关联的项目不仅包括利润、收入，还有价值与资产，可以对研发的整体情况进行有效评估。从大的方面分析，以区域或者国家为单位，则需要和关键指标 GDP 挂钩，通过计算占比而综合评定。结合单位或组织的实际，多数以研发投入占主营收入或销售收入的比值来度量。2020 年中国企业 500 强的平均研发强度为 1.61%。与之前的统计数据相比，和最高数值保持一致。500 强中的多数企业进行了大量的研发投入，效果最为明显的除了百度还有华为和网易，分别为 23.49%、15.33% 和 14.20%。华为的研发投入更高达 1316.59 亿元。由此可以看出，长期绩优的企业，一定在研发上舍得投入。

我们调查的公司情况如表3-3所示。4 家公司都将研发强度分为研发人员投入和资金投入两部分。A 公司属于"人工智能+医疗行业"，研发投入主要是人力成本，在同行业当中处于高位水平。2019 年，研发人员约有 200 人，人均年收入约 25 万元，研发费用占营业收入的 25%~35%。B 公司主要从比例上给出相应的说明，访谈中指出研发经费投入较比同行业增长速度快，主要是因为公司正处在成长期。新产品正在量产前后的转换期。研发投入占主营业务收入的11%。研发人员增加数量较少，主要是公司总人数基数小。研发人员占总员工比例20%。C公司从增速上做出了阐述，提出研发费用保持在12%左右，年增长20%左右，增速高于同行。研发人员占总体人员比例为25%。每年保持20%~25%的研发人员数量增长，增速高于同行。D公司创始人从事酒店行业音响设备近十年，已有丰富的酒店资源；深度了解行业的关系网络和运作模式，已形成酒店关系网，随着研发的大力投入，产品在行业内形成竞争力。研发人员始终在增加，并且呈现出加速增长趋势，研发人员占总员工的人数比例为30%~50%。通过上面的表述，可以发现4家企业在资金和人力资本上都投入了大量的精力，予以了高度重视。

3.3.1.2 网络中心度

根据社会网络理论，企业的研发活动处于创新网络之中。但是，决定企业研发活动效的主要因素是研发企业在创新网络中的位置。从构成来看，各种不同类型的企业构成了社会网络中的基本单元，受企业所处行业以及规模影响，在社会网络中的话语权也会有差异，为了对这种情况进行研究，我们引入了中心度的概念。所谓中心度就是以企业为中心具有的离散特征，通过此项数值的结果能够对企业所处的位置进行明确判断，同时还能了解对其他企业产生的影响和重要程度，以便完成自身价值的分析，实现清晰的定位。企业关系如同个体相处类似，也具有复杂性的特征，在进行交往的过程中会形成具有强度的关联状态，如何看待这些相互交织的网络节点关系，开展定性分析，关键的内容就是中心度。如果从几何数学的角度看中心度，把企业作为点展开研究，就能发现中心度越强的企业周围聚集的点数就越多，远近程度不同，交往密切的变量数值较高，相反则会有较低的结果。结合实际情况，网络形态的组成方式有多种，同一个企业在不同的社会网络体系中心度必然会发生改变（Granovetter，1985），这是由其自身特征所决定的。基于系统的角度观察，中心度越高的企业往往对周围的辐射性越强，其资源配置能力的权力越大。

由表3-3可知，4家企业的访谈资料均显示各企业具有一定的网络中心度。A公司表示"合作网络内发生重要业务联系时一般会经过我们企业"，因为母公司掌握语音通信前沿科技，所以直接或者间接参与了许多行业内重要事项，能够接触部分核心信息，合作伙伴间也比较信任，具有一定的声望。B公司自身研发能力较强，经历了从边缘向中心发展的过程，指出"起初是我们主动寻求客户，通过业务接触后，客户也很信任我们，有需求也会来问我们，能不能做"，"行业标准的建立是需要一段时间的，我们有幸成为参与者"。C公司的关系网络是充分了解客户需求后建立起来的，"扎扎实实解决客户需求，不断改进产品，获取客户认可"。随着行业规模的扩充，企业在行业从业时间较长，口碑较好，行业地位得以提升。D 公司负责人表示"网络地位提升后，相对应的品牌输出窗口和人际关系的应酬增多。但创始团队有一定的分工合作。能合理应对"。可以看出，网络中心度可以通过信任程度、地位、核心信息的掌握、行业重要事项的参与度、影响力、话语权、客户认可度等方面反映出来。

3.3.1.3　网络密度

如果说用离散特征来表示网络中心度，那么在网络中联结主体体现的紧密性则可以用网络密度来衡量。网络密度是社会网络结构中网络层级的一个重要特征（Gnyawali 和 Madhavan，2001；Contractor 等，2006；董保宝等，2017）。密集网络让学习与转移知识有了新的渠道，所以中心企业的风险控制能力表现就很少会受到网络成员的失败的影响。Basole 等（2017）以供应网络的角度来进行研究，指出网络成员之间的互联程度可通过网络密度反映出来，且能够对网络成员之间的合作潜力进行反映。其指出，在网络密度比较高的情况下，网络成员之间更能够共享知识与资源，让网络的可靠性得以有效提升。对于网络密度的评价标准，通常情况下可以从两个方面进行阐述：一方面为信息知识量的比例，是衡量焦点企业对于资源可分配的程度，比例越高，说明企业拥有的权限越大；另一方面为关联企业的数量，能够看出参与创新的企业紧密性。从总体上分析，焦点企业不管是在联结创新资源上还是在集合组织的数量上，都能通过网络密度的数值进行体现。所以，在系统化的研究中都会作为关键项目执行。在企业研发规划中，也会把具有较高联结密度的外部组织纳入其中，作为重要的参与力量。实际上，网络密度的数值本身就说明了联结企业的数量，是对企业研发活动协调性的一种反映。考虑到网络属性的多样化，在实际的应用中应基于网络密度进行符合性的判断，以便得出合理的结论。

从以上内容的表述可以看出，一旦明确了网络密度大小就能对网络系统做出客观的衡量，同时还能掌握有多少行为主体对系统产生了促进效果（Siu 和 Bao，2008）。网络系统的框架体系与网络密度之间存在相关性，尤其是内部效应更加明显。

由表 3-3 可知，4 家企业在沟通方面、信息获取方面阐明了网络密度的特性。A 公司强调沟通的重要性，认为沟通的频率、频度、流畅度以及深度都很重要，表示与合作伙伴间"多沟通、常沟通能够更多获取行业信息，而且也能更快熟悉对方的工作风格，合作起来也容易些"。B 公司强调关系紧密程度和信息获取量的重要性，将企业的成长归功于客户，认为客户的反馈是改进的动力，而且在发展过程中，企业接收到很多客户提供的生产管理方面的建议，"在客户的扶持下成长起来的……一直与客户保持紧密的联系"。C 公司根据客户所处行业不同，创造性地推出适配不同行业的专属方案，以建立良好的企业关系网络。随着针对不同行业需求的研发探索的深入，与客户积极沟通专机细节，提高了在产业中的地位，并且增加了在关系网络中的沟通频次。D公司创业初期选择的合作伙伴主要是酒店行业内的多年朋友，根据各企业的价值观念开展不同程度的合作，"主要精力放在关键和重要的业务板块，不会平均分配"，对于业务相关程度较低的企业，"保持一般往来即可"。可见，4家公司具有一定的网络密度，而且其周边的企业亦呈现出一定的分层现象，网络发展已具备一定的规模。

3.3.1.4　创新倾向一致性

现有研究中鲜见对创新倾向一致性概念的深入研究。根据案例中受访者提供的信息，我们提出该构念。结合已有研究中对"一致性"概念的界定，Kellermanns等（2011）在对战略一致性理论文献的元分析验证了战略一致性与组织风险控制能力之间的正相关。如林向义等（2008）采用问卷调查的方法对选择知识创新联盟合作伙伴的指标根据重要度进行了归纳，得出六个主要指标：创新战略的同一性、创新知识的互补性、知识共享与学习能力、创新文化的一致性、合作伙伴的可信任性和构建虚拟知识共享平台的能力。李柏洲和尹士（2018）在对制造业企业合作创新伙伴的选择评价体系的研究中提出了基于创新倾向一致性的合作伙伴专业水平、合作伙伴配合度等综合评价指标。我们从战略一致性视角将其定义为创新网络中创新伙伴对合作创新的目标、理念和文化等方面的共识性，以及在实现战略目标过程中在研发能力、研发重视程度及资源投入等方面的适配性。

由表3-3可知，4家受访企业都强调了创新倾向一致性的重要性，并且对其内涵进行了表述。A公司表示有相对稳定的合作伙伴，主要为其客户和供应商，对于核心战略伙伴的形成，强调长期利益关系绑定，以利益关系为重要基础。在创业初期，倾向于选择有差异化优势的企业作为合作伙伴，后期开始根据配合密切程度和关系紧密程度分类管理。B公司强调客户对于成长的重要性。在其创业初期，产品存在缺陷，"是通过在与客户的不断沟通中，不断升级和改进，才将产品稳定下来"，将这种共同承担、共同成长的状态视为创新倾向一致性的表现。C公司经历过成长的痛苦，开拓北京市场时，被客户"刁难"，不断被要求优化产品，这段"艰难"的时光顺利度过后，该客户成为C公司最重要的客户之一，成就了公司的发展。"相互磨合虽然艰难，但是值得"，这种追求产品至善至美的共同理念，成就了良好的合作伙伴关系。D公司认为合作伙伴的创新观念、目标的一致性非常重要，"如出现分歧将会导致公司在前进的道路上停滞不前，最终分崩离析，因此选择目标一致的合作伙伴尤其重要"。这种一致性在产品的研发、市场模式、品牌建立以及组织团队管理等方面均有体现，因此在选择伙伴时也注重这些方面的评判。

3.3.2　基于案例研究的模型构建

3.3.2.1　研发强度对网络关系的影响

从网络视角观察高科技企业的研发活动，企业的研发活动一直处于社会网络中。但这并不表明研发企业会理所当然地得到网络中其他主体的关注和支持。没有研发投入的企业或者研发投入强度较低的企业，不会在网络中处于重要地位。创新性网络技术以及网络主体创新之间存在着共生和共同进步发展的关系（张伟峰和万威武 2003）。当属于本专业知识不断刷新并且分布较广时，创新的行动轨迹也会出现在网络学习中，而不单单是出现在公司层面。与此同时，这个行业的知识量也将不断地增加。技术由简单走向复杂的过程，也是组织逐渐网络化的过程。Powell 等（1996）在研究调查中发现，产业技术的复杂程度或者是组织中新的战略高度与协作伙伴的数量和连接强度显现出正相关关系。加大企业研发强度有助于提升企业在网络中的位置，而处于中心位置的企业将有更大的机会接触到与创新相关的重要信息和知识。此外，研发强度较大的高科技企业能够有更多的机会去主动搜索其网络内部及其他网络内的有效信息，而且通过自身知识、信息的加速整合和迭代，知识管理的程度也相应提高，企业内部的研发部门、管理服务部门不断学习的能力也有所提高，有益于将网络发展的资源和能力转化为企业发展的积极创新驱动能力，将进一步提升其在创新网络中的中心位置。处于当代的网络社会背景中以及社会资本中，越站在网络突出位置的企业越能体现出其在网络中的支配作用，而在这种情况下，这些企业往往会更容易获取社会资本。

用来衡量网络中的每个参与者以及与其他的参加者之间联系的标准是网络中心度（Degree Centrality），它反映了行为者接近网络中心的程度（Burt，1992）和对资源的获取和控制程度（Wasserman 和 Faust，2014）。当企业在获取研发成果和资源信息程度越来越丰富时，企业在当前的网络社会中的地位也越来越高。如果想要领先于高新技术产业、维护在网络中的地位，那么企业可以经过知识储备、信息以及自己的商誉等来加强其研发活动。随着研发资金的投入，企业的创新能力得到提升，对应的创新规模也相应扩大，更强的创新能力和更大的规模使企业创新行为更具有专业性，工作流程更加细化，更具有指导性。同时，公司加强对研发人员的投入（如增加人数、提高待遇）时，研发人员会觉得被认同，其自我激励得到加强，这在一定程度上有助于提高企业创新效率。新企业资源有限，需要通过拼凑的方式进行资源整合来开展创新创业活动。其中合作网络是获取资源的主要渠道，网络中企业进行创新活动时，需要资金的投入、人才的加入和技术的使用等，这些资源可能并不完全来源于企业内部，可能会有合作方、投资方的创新要素投入。当企业自身的研发效率和能力处于高水平时，则公司能够主导与合作方的创新融合，网络中心度得到增强。而且，创新要素具有向边际收益率或经济收益率高处流动的特性，即创新要素集聚。具体体现在数据的流通效率以及渠道拓宽上（李垣等，2006）。另外还包括组织间信任力的提升使网络内各成员之间的交流和互动频率、密切程度有所提高。因此，随着要素的聚集，网络密度也得到提升。

如表3-4所示，A公司和D公司的创始人从业多年，熟悉价值链上下游企业，能够为新创企业带来较多初始资源，使其在研发投入上处于较高水平，在以人工智能为核心的数字科技领域取得了竞争优势，吸引了主动寻求合作的伙伴。围绕其核心能力，建立起了自己的合作网络，占据了中心位置。当研发强度持续增强时，不仅能够促进技术创业企业技术持续领先，同时还能够保证产品的创新性、稳定性及匹配性，更能赢得客户的认可和青睐。鉴于研发水平较高，业务发展向好，供应商亦希望开展合作，参与到更多的产品中，扩展自己的业务。由此越来越多的企业加入合作网络中，网络密度随之增加。B公司和C公司虽然掌握核心技术，每年投入大量资金进行技术开发、产品研制，但是在企业创建初期，由于生产技术和流程尚不完备，仍然面临着产品缺陷、性能不稳定等问题，因此他们与客户共同的不断完善产品方案，使产品得到持续改进。在改善过程中，与供应商、客户联系密切，关系更加紧密。产品改进阶段，与供应商往来频繁，需要供应商的智力支持，一同参与、配合提升产品稳定性。随着现有产品的完善，客户认可度提升，与企业形成紧密合作的意愿增强；同时形成口碑效应，客户数量增加。通过访谈，我们发现研发投入的资金和人员都能够为企业带来知识，这些知识经过网络中的参与者有意识或者无意识地在网络中流动、分享，鉴于技术资源的稀缺性，网络中的企业增强了与研发企业的联系或者合作，网络密度和中心度得以提升。我们认为，随着技术创业企业研发强度的提升，其网络中心度也会得到提升；同样，随着研发强度的提升，网络密度也会得到增加。

表3-4　案例企业研发强度与网络关系示例

创业企业	网络中心度	网络密度
A公司	核心高度：人工智能的客服语音将领先未来的发展。借助高新的人工智能技术与数据化的机遇，在关于推进智能进步的产业中借助新产品的开发与创新平台的构建方面都要依附于智能语音技能的持续发展	围绕型：在行业里技术领先，有很多企业主动问询，希望达成合作

创业企业	网络中心度	网络密度
B公司	逐渐提升：先有了技术才开始进行创业，希望将技术转化为产品；创业初期，产品存在很多缺陷，在与客户的不断沟通中，产品不断升级和改进	更加紧密：事实上，在产品不断完善过程中，供应商和客户是有所投入的，投入越多，越希望有所收获，彼此了解得也越多，关系越好
C公司	开始提升：早期产品由于缺乏品牌效应以及性能不如外资品牌稳定等原因，在客户端难以拓展，通过与客户深度沟通，理解客户痛点，持续投入，推出行业定制化方案，实现了互利双赢	逐渐形成：只有技术过硬、产品过硬才能赢得市场，从最开始的无人问津，到现在订单不断，有很多已经发展为长期合作伙伴
D公司	更加中心：创始人从事酒店行业近十年，已有丰富的酒店资源；深度了解行业的关系网络和运作模式。已形成酒店关系网，随着智能音箱研发的大力投入，产品在行业内形成竞争力，在现有关系网的基础上提高了网络地位	密切联系：创始人深度了解行业的关系网络和运作模式，已形成酒店关系网，随着研发的投入，产品日渐成熟，推广起来更有底气，通过朋友介绍客户也更加方便

对于技术创业企业而言，第一，对企业的长期发展来讲，产品的稳定性和质量与产品技术的领先程度同等重要，在前期企业可以通过自身的特色优势吸引稳定的客户，再通过他们了解和打开市场，共同完善产品性能，提升产品质量。第二，由于创业初期品牌影响力不够，存在市场占有率低等问题，但是通过与客户的沟通和内部培训，企业内部的研发水平得到提高，在外部，通过与供应商和客户的深入沟通增加了网络的密度，并且提升了网络地位。

通过以上典型案例研究，可以得出以下基本判断：随着企业研发强度的提高，网络结构和质量将发生变化。研发企业的网络位置将得到改善，其在网络中的黏性会进一步得到提升，从而有助于研发企业有效地整合创新网络中的资源，提升自身的创新能力。

3.3.2.2　研发强度对风险控制能力的影响

技术创业企业以技术立足，重视研发活动，希望通过增强研发强度，提高企业生产力和营业利润。按照现行会计准则，企业的研发投入一部分可以计入相关无形资产，一部分计入研发费用，还有一部分还可抵减企业应税收入，从账面上看，研发费用能够起到调节利润的作用。具体到实际运营中，企业投入研发中的资金、设备、人力等，在一定程度上将企业中的技术创新水平以及自身的发展能力提升到新的高度，进而提升企业的风险控制能力水平。长期来看，企业持续投入人力、物力、财力到研发环节中，其所蕴含的生产能力得到积累，产品稳定性和产量得到保证，产品更容易受到客户青睐，企业营业收入随之增加。

如表 3-5 所示，4 家公司都表示研发人员数量持续增加，占全体成员的比例在 20%~50%；在同行的研发预算中，其投入量较为可观，且逐年递增。鉴于企业处于初创阶段，公司利润尚未呈现较高水平，但创业者显示出了极大的信心，表示在利润增长方面呈现较好的态势。具体来说，A 公司研发人员逐年增加，待遇也处于较高水平，创业者认为是值得的。他们指出人工智能行业好的技术人员是宝贵财富，"假以时日，终会看到收益"。他们同时认可研发投入的重要性，认为"公司现有的成绩有一半以上要归功于研发"。B 公司虽然规模较小，研发人员数量上不多，但整体比例上依然处于较高水平，在研发经费投入上也高于同行业平均水平，正是这些研发投入使"公司顺利度过中试期，尽快实现了量产，创造收益"。C 公司稳步经营，研发资金投入和研发人员数量逐年稳步增长，公司盈利水平逐年提高。D 公司业务快速增长中，研发人员数量快速增长，研发投入增幅随之增加。D 公司负责人表示，虽然行业经验丰富，人脉很广，但是"市场是看产品说话的，没有能打的产品，再好的朋友也不会买单"，认为是其开发的产品成就了公司的今天。对于高科技企业，技术是产品本身或者形成产品的主要元素。只有投入足够的资源进入研发过程中，才有可能提高其技术水平，形成核心竞争力，使得产品在市场中获得认可，占据一定的份额，提高公司的营收水平。由此推断，研发强度能够促进风险控制能力。

表 3-5　案例企业研发强度与风险示例

创业企业	典型语句示例
A 公司	研发人员增长的数量和比例比较高，2016 年以来几乎每年都是翻番（除 2019 年外，2019 年战略聚焦），今年又是翻番，研发人数占总人数的比例大概在 40%~50%，我们给（研发人员）的待遇也很高，行业里也是比较好的……这些眼前可能看不到收益，将来都会有收获，毕竟这行靠技术立足。这有助于控制长期技术创业风险
B 公司	研发经费投入较同行业增长速度快，主要是因为公司正处在成长期。研发人员增加数量较少，主要是公司总人数基数小。研发人员占总员工比例 20%……新（开发的）产品在量产前后的转换期。研发投入占主营业务收入的 11%，以后还会投入更多。这有助于控制长期技术创业风险
C 公司	研发人员占总体人员比例为 25%。每年保持 20%~25% 的研发人员数量增长，增速高于同行，公司利润也同比增加。这有助于控制长期技术创业风险
D 公司	研发人员始终在增加，呈现加速的曲线式增长，占员工总数的 30%~50%……营销人员数量不多，主要是自己对行业很熟，只要产品好，销路就没问题，所以我们也很重视研发和生产，务必保证业内高水准，也是因为这个理念吧，现在公司发展得还是挺好的。同样，这有助于控制长期技术创业风险

通过探究以上典型案例，可以得出以下主要判断：①新建高科技企业赖以生存和发展的必要条件是开展高质量的研发活动。②高质量的研发活动必须加大研发力度，主要表现为研发人员所占比例和研发资本投入比例较高。③研发强度是决定技术创业企业长期风险的关键变量。

3.3.2.3　网络关系在研发强度对风险影响过程中的中介作用

现有研究表明，研发强度和网络关系分别对技术创业风险具有影响。鉴于访谈中发现研发强度对网络关系、对风险有相关关系，因此本部分关注网络关系是否在研发强度与风险间有中介作用。对于新创企业而言，在合作网络中往往处于偏离中心的位置，关系疏松。随着其研发强度的增强，技术能力的提高，在行业里的地位提升，围绕其发展业务的企业增加，该企业的网络中心度和密度也随之提升。当企业具备较高的中心度时，其能获得资源的渠道更加多样，且伙伴间关系紧密，彼此间分享知识和信息的频率加强，有助于企业研发并推广产品，形成一致行动，进而提升了企业管控风险的能力。

如表 3-6 所示，A 公司为上市公司下属子公司，属于快速成长的高科技企业，强调市场占有率和影响力。在创建初期，公司就投入大量的人力、物力、财力到研发过程中，由于自有平台的有限性，部分技术研发需要合作完成，与集团内和部分集团外公司达成合作协议或者合同。在此基础上，与其他公司进行信息交换，交流中获取隐性知识。随着知识的积累，企业在网络中的中心度和密度得以很大提升，围绕企业开展业务的组织增加，企业可能获得的业务增加，从而长期风险得到控制。B 公司在学术创业背景下，以技术领先立足，对行业发展前沿保持高度敏感性，强调与客户共同成长。通过加强研发，B 公司保持业内技术领先地位，业内希望从中了解到技术发展动态，从而在网络中占据一定的地位。重视与客户沟通，明确市场需求；通过与供应商携手合作，共同努力完善产品。在频繁交流中，关系日渐紧密，口碑相传，随着公司产品系列的扩充，新的供应商和客户不断加入，公司的网络关系日渐丰富，绩效逐年攀升，长期风险越小。C 公司则表现出"成长的烦恼"，公司在积极研发快速扩张的同时，积极响应客户提出的需求，赢得了更多客户的信任。在与客户沟通方面，频率和强度随之增加，在业绩攀升的同时，响应压力增大。C 公司负责人表示目前状态下，尚可承受，将继续扩充公司规模，也是向好的方向发展。D 公司重视理念的契合，初创期获得了风险资本和行业内的认可，研发生产资金保障充足，凭借技术创新能力和创始人人脉资源，构建了关系网络。面对新进入企业，D 公司也积极扶持，随着公司的发展，网络扩充，中心度和密度更高，黏性增加，市场占有率稳步提升。由此推论，网络关系在研发强度与风险间承担中介作用。

表 3-6　案例企业网络关系在研发强度对风险影响过程中的中介作用示例

创业企业	典型语句示例
A 公司	我们属于快速发展的高科技企业，是一家上市公司的子公司，这个背景确实为我们建立合作关系提供了一定程度的便利，但主要还得自身实力过硬……起初我们自身能力有限，会选择合作伙伴共同攻克技术难关，通过协议或者合同的方式来约定一些内容，有了这个保障，信息交流就会方便些……大家共同成长起来的情谊不能忽略，最初一起走过来的伙伴现在关系也很好，也有越来越多的朋友（企业）加入我们，目的在于共赢。我们公司在盈利方面强调得少一些，大家（合作方）可能（盈利）空间大一点，还蛮开心的……产品的市场占有率和影响力年年攀升，这也是我们最为关注的一点
B 公司	其实是先有的技术再有的企业，关注了这个行业很多年，也是对行业做了充分的调研，对于技术有充分的信心和把握，才进行的创业……现在产品升级换代、努力满足对器件精密度加工需求和不断提升的流水线自动化改造需求，公司不断从客户和行业中获取信息，紧跟市场，安排研发。客户对公司核心产品的应用场景有需求时，会较多地联系到本公司。公司经常从客户的需求和使用场景中获取产品改良和应用升级的信息，并与供应商一起进步来适应客户的需求……可以说供应商、客户我们是一同成长，一起分享……如果我们这次能上市成功，一定是和合作伙伴密不可分的
C 公司	通过积极响应客户需求，并且根据客户所处行业不同，创造性地推出适配不同行业的专机方案，以建立企业良好的关系网络；随着对于不同行业专机的研发探索，与客户积极沟通专机细节，提高了在产业中的地位并且增加了在关系网络中的沟通频次……现在网络基本铺开，经营也步入正轨，整体是越来越好了，唯一的压力在于客户增长的同时，响应压力增加，短期尚能满足，长期还是要加大研发、扩大规模才行
D 公司	创业初期，主要依靠以下方式建立关系网络：第一，建立自身的价值和提升自身的价值。第二，建立起对自己最合适的社交圈，并且能够取得这其中的有关人员的信任。不去深究比较短的时间里有多少的利益损失以及获得多少，甘心吃亏，甘愿去培养新的有关人员，以此来赢得信任以及信赖，建立愉快的合作关系，这些终将变成财富，筑起公司坚固的"城墙"，与公司共进退、同成长

通过以上典型案例研究，可以得出以下几点判断：①技术创业企业可以通过有效的研发活动和成果重构网络关系。②研发企业通过重构的网络关系开发机会，整合资源，创造价值。③技术创业企业可以通过提高研发强度改善其网络地位和网络中的信任水平及话语权。④技术创业企业加大研发力度将增强其所在网络的密度，进而为进一步获取社会资本和外部资源创造有利条件。⑤网络关系为技术创业企业通过开展有效的研发活动优化资源、能力以及创造价值起到了中介作用，进而改善了绩效及风险。

3.3.2.4　创新倾向一致性在网络关系影响风险控制能力提升过程的调节作用

当企业与其合作伙伴保持一定程度的行动一致性时，其往往能够获得事半功倍的效果，对于技术创业企业而言也是如此。鉴于技术创业企业的特点，在对创新倾向一致性的阐述中，更加强调创新倾向一致性，将理念和价值观的一致性视为合作的基础。特别是新创企业，其本身重视技术创新能力，但往往会因为自身资源有限、精力有限，难以在短期内将技术转化为产品并且保持产品的完善，往往需要借助平台的力量或者合作共同完成。这不仅需要企业与合作伙伴间保持高度信任、高频率沟通，还需要在创新目标上、战略方向上、管理理念上保持高度一致，进而实现技术转化，保证产品的完备性，从而有利于风险控制。

如表3-7所示，A公司将互相信任、达成合作作为交换信息的前提，将共同的利益视为攻克难关的基础，在谈及技术创新目标时，短期基本一致，长期可能会有冲突。面对分歧时，通常协商解决，主要取决于技术和资源的不可替代性。占据较高中心地位的企业引领着合作的走向，创新一致性程度越高，合作越加顺畅，企业表现更佳。B公司认为自己在选择供应商时比协商客户的自由度更高，大客户话语权更强，往往是因需定制产品，转而与供应商协商产品方案。选择供应商时，不仅关注其技术水平，更关注价值观念，以便能够在今后合作中与供应商保持高频度的深度沟通，重视信息传递效率和效果，及时解决争议和分歧，顺利完成产品交付，实现盈利。C公司则表示不同企业和价值观存在差异很正常，而且不会影响合作，可以通过沟通来解决分歧。但不可忽视的是，沟通是有成本的，在一定程度上会收益递减。D公司在构建合作网络时，让对方企业主动选择，逐渐形成了可持续生存和成长的利益共同体。早期通过创业朋友圈、行业论坛（线上+线下）、国内外展会、政府组织的创业大赛等建立了关系网络，网络成员和资源相对丰富。在今后业务开展过程中，通过沟通意向、达成合作，逐渐甄选出核心成员。再有新业务开展时，企业可以根据之前的合作情况快速筛选出擅长技术、合作顺畅的合作伙伴，能够快速进入任务状态，完成订单。通过4家公司的表述，可以发现企业的网络关系与创新倾向一致性在形成合作中都占有重要地位，两者协力共同促进风险控制能力的提升。据此，创新倾向一致性在网络关系影响风险管控过程中具有调节作用。

表3-7 案例企业创新倾向一致性在网络关系影响风险管控过程中的调节作用示例

创业企业	典型语句示例
A公司	创业初期合作伙伴在互相信任（有一定合作桥梁）的前提下一般会与本企业互相帮助解决对方的问题……合作伙伴一般还是以他们企业的利益最大化为最主要目标，所以共同克服困难是建立在共同利益的基础上……大家追求共赢，就会想办法磨合好，当然合作得越好，我们的产出就会越快，收益就会越好，风险越可控
B公司	相对来说，大客户主动权更大，选择供应商的自由度比公司选择客户的空间大……公司产品定制化强，会相互协作，能信守承诺……与供应商一同研制产品技术路线，满足客户需求，交付产品，提升客户满意度，获取市场份额

创业企业	典型语句示例
C公司	不同企业有不同的文化和价值观念，但是不影响合作，长期来讲会影响合作的紧密程度，但是对管理理念都能达到基本认同……遇到分歧就沟通呗，都是做生意，没有什么不能谈的，实在不合适就换一家再谈，这个行业也不是寡头市场……目前看来还好，不会对公司经营造成什么影响
D公司	怀抱利他心态，让合作伙伴选择我们，逐步形成一个可持续生存和成长的利益共同体……创业初期主要通过创业朋友圈、行业论坛（线上+线下）、国内外展会、政府组织的创业大赛等建立关系网络……以积极心态去面对每一次合作，每个合作方都有他们独特之处，以后再有业务根据合作方的特点去做选择就好，多试有效

通过以上典型案例研究，可以得出以下几点判断：①技术创业企业通过提高其研发力度可以重构网络关系，但即使重构了网络关系也不等于企业能够自动获取理想风险控制能力。②重构的网络关系必须基于研发企业战略和利益共享、风险共担原则达成高度的行动一致。③研发企业必须努力促进合作伙伴在合作研发目标方面取得一致。④如果研发企业和合作伙伴之间在研发能力上达到相应的水平，则有助于创新倾向一致性的取得。⑤文化和价值观相近的合作伙伴容易达成一致性。⑥研发企业和合作伙伴的一致性越强，则网络关系越和谐，网络资源越能得到有效利用，研发风险控制能力便能得到改善。⑦创新倾向一致性在网络关系影响创业风险的过程中具有调节作用。

3.3.2.5　创新倾向一致性在研发强度通过网络关系影响创业风险过程中的调节作用

"合则聚，不合则散"这句话对于企业间合作也是适用的。周边企业会因企业强大的研发能力聚集，希望与之合作，共同进步，共享利润，但是面对无法达成的技术理念或利润分配，企业也可能会选择其他企业进行合作，而不是围绕该企业去适配自己，特别是该企业还是新创企业，初创弱势是不可避免的。对于创业企业也是如此，虽然凭借研发投入和技术创新力在网络中占据一定地位，在行业中初露锋芒，聚焦主营业务，减少非营业支出造成不合理的损耗是企业管理理念之一。企业自身投入大量资源进入研发生产时，会关注产出效率，而创新倾向匹配度高的合作伙伴能够促进产出，反之则会增加成本，因此在构建和筛选网络成员时，一致性高的伙伴关系更加紧密，距离也会更近。

如表3-8所示，A公司认为很难有企业文化和价值观完全一致的企业，管理理念一般是普遍认可的，即便是不认可也不会影响合作的开展，毕竟行业立足点在于技术，合作倾向一致性只会影响紧密程度而已。B公司将公司发展归功于与客户的共同努力，产品初期虽然技术领先但是工艺路线存在缺陷，产品不稳定，通过回访客户，获取反馈信息，改进升级产品。谈及能够保持与客户紧密联系的基础，B 公司创始人认为是志同道合，都希望能够做出一番事业，改变行业现有生态，促进产业升级。C 公司经历过成长的"痛苦"，早期开拓北京市场时，渠道商要求严格，反馈出诸多问题，要求立即整改。事实上，部分问题是被其他客户接受的或者说对于现有方案是满意的，但是该渠道商仍然提出了更高的要求。面对此种情况，C 公司并没有放弃，坚持客户优先，完善产品。这种理念赢得了渠道商的认可，之后的合作中给了 C 公司很多机会和资源支持，形成了高频高效高黏度的合作。D 公司对于合作伙伴的创新观念、目标的一致性给予高度重视，认为理念有分歧的合作伙伴终会影响公司发展，分崩离析。特别是在开发新产品时，创始人谋求颠覆性创业，打破行业壁垒，合作伙伴却偏向保守，希望能够稳步开展，两者在资源投入上、互相配合上难免产生分歧，这种损耗造成资源的浪费、进度的滞后，影响产品开发，两者也渐行渐远。通过四家公司的访谈，我们发现研发强度和创新倾向一致性都能够影响网络关系，而且创新倾向一致性一定程度上会进一步筛选因公司研发强度慕名而来的合作企业，使其与核心企业保持适当的距离和紧密性。综上，创新倾向一致性在研发强度通过网络关系影响创业风险过程中具有调节作用。

表 3-8　创新倾向一致性在研发强度通过网络关系影响创业风险过程中的调节作用示例

创业企业	典型语句示例
A 公司	一般情况下，我们的合作伙伴都是管理理念相互认可的，也存在不认可的情况，但是也不妨碍合作……企业文化和价值观一般不完全一致……企业价值观的不同，一定会影响企业合作伙伴之间的合作紧密程度，从而影响创业风险
B 公司	创业初期，产品存在很多缺陷，通过与客户的不断沟通，产品不断升级和改进，才将产品稳定下来……因为公司产品具有领先的技术优势和定价优势，并且主力客户能够与公司一起帮助提高产品稳定性和质量，因此保证了资金回流和新产品的研发进程
C 公司	早期开拓北京市场时，渠道老板经常反映 HC 的产品有这样那样的问题：与国际习惯不同、调试太麻烦，一些即使其他客户满意的性能，依然被他要求优化，HC 公司的研发人员多次被他"按"在现场改程序。随着电梯市场放量，正是当年他的那些"吹毛求疵"，让 HC 产品逐步优化，用起来更简单、更舒适，赢得了市场的广泛认可，这家渠道商也成为公司最重要的客户之一
D 公司	合作伙伴的创新观念、目标的一致性非常重要，如出现分歧将会导致公司在前进的道路上停滞不前，合作关系最终分崩离析。因此选择目标一致的合作伙伴尤其重要……例如，创始人想要突破行业壁垒，进行技术革新的目标是颠覆行业的产品，而合作伙伴保守陈旧，则一定会出现资源浪费，志不同道不合，最终将分道扬镳，结果就会影响创业风险

通过以上典型案例研究，可以获得以下几点启示：①技术创业企业加大研发

力度是其重构网络关系、整合网络资源进而取得预期风险控制能力的必要条件，要保证研发投入获得较高的回报，必须从一致性视角治理网络关系。②在整个创新性研发过程中，技术创业企业应根据共识性和适配性原则选择创新合作伙伴。③一致性原则应贯穿研发工作和网络重构全过程。④合作伙伴之间的高度一致性，将保证"研发资源—能力和网络资源—能力"得到有效利用，从而控制预期的风险及保证合作各方的共同利益。⑤技术创业企业合作伙伴倾向一致性在研发强度通过网络关系影响创业风险过程中具有调节作用。

3.4　本章小结

本章旨在提出研究问题，通过对常州、长春、合肥三地四家企业的调研，运用多案例研究的方法对研究问题进行了初步探索。回顾案例研究方法，为我们在数据收集和分析方法上提供了科学依据。在数据收集和分析过程中，注意数据来源的可靠性和分析方法的规范性以保障研究的信度和效度，在"复制逻辑"下开展多案例研究，界定相关构念及构念间可能的关系，为研究假设的提出和开展实证分析奠定了基础。具体内容包括：

第一，初步界定了研发强度、网络中心度、网络密度、创新倾向一致性和创业风险等构念。

第二，探索研究了研发强度对网络关系的影响。

第三，探索研究了研发强度对创业风险的影响。

第四，探索研究了网络关系在研发强度对创业风险影响过程中的中介作用。

第五，探索研究了创新倾向一致性在网络关系影响创业风险过程中的调节作用。

第六，探索研究了创新倾向一致性在研发强度通过网络关系影响风险过程中的调节作用。

第4章 技术创业企业研发强度与风险管控：理论分析与研究假设

新创企业的创业活动是促进区域经济增长与经济活跃度的关键因素（Acs 和 Armington，2004；Audretsch 和 Keilbach，2005），而技术创业企业的创业活动往往以某一高科技集合为基础来延展其产品或服务序列，为跟进市场趋势与客户个性化需求，其后续的研发投入往往对维持和更新其核心技术起到至关重要的作用。然而，目前的研究对新创企业的研发强度与企业创业风险关系研究关注不足。本章在前文构建的研究模型基础上探讨模型中各变量之间的关系，深入分析研发强度对技术创业企业风险的影响；探究网络中心度、网络密度在其中所起到的中介作用以及创新倾向一致性的调节作用，并提出相应假设，从理论方面阐释技术创业企业研发强度是如何影响创业风险这一问题中的内在机理。

4.1 假设提出

4.1.1 研发强度与风险控制能力

创新驱动发展的国家战略以及越发激烈的市场竞争形势，使企业转向对研发活动的重视。《2020 中国 500 强企业发展报告》指出，国内 500 强企业的研发投入持续提升，突破万亿达到历史最高水平，其中企业平均研发投入达 24.95 亿元。目前大部分研究证实，研发投入与企业绩效和长期风险控制呈正相关关系。企业的研发行为可以获得一定时期的垄断收益，使企业在市场中脱颖而出进而获得高额回报（Hu 等，2005）。研发投入能够助力中小企业创造新产品、发展有效率的生产过程并刺激企业间的战略合作（De Jong 和 Freel，2010）。研发投入不但对高科技企业绩效有良好的推动作用，甚至在非高科技企业中，也可通过研发投入带动企业绩效的提升（Booltink 和 Saka-Helmhout，2017），我们可以推断，企业长期风险控制目标得以实现。Zhu 等（2017）对中国电子行业企业的研发强度进行实证研究发现，研发强度与企业绩效呈正相关关系，进一步研究显示，在绩效良好的公司，研发强度对绩效的影响更加显著。慈晓婷（2020）以制造业企业为研究对象，研究显示制造业企业的技术创新资金投入与企业绩效具有正相关关系。基于这些研究结论，我们可以推断，增加研发投入总体上有助于企业长期风险控制目标的实现。在高科技企业研发投入与企业风险的影响关系研究中，研发资金投入带来了技术创新和高科技企业绩效的增加，但也有一些研究得出了其他结论。如 Chan 等（2001）的实证研究显示研发投入与股票回报关系不显著。王君彩和王淑芳（2008）以电子信息行业为样本进行的实证分析显示，企业的研发强度对某些绩效指标的影响不显著，研究人员认为这与企业研发强度偏低有关，低水平的研发投入未能转化成经济输出，仍然建议企业增加研发投入。随后有学者对华为和联想公司进行了案例研究，对比发现研发投入和企业绩效在一定阈值内才有正相关性，即研发投入须累积到达某一程度，否则正相关性不显著甚至会负相关（崔秀梅和王一鸣，2016）。Hao 等（2020）的研究发现了研发投入强度的阈值效应，当研发投入强度从 1.96% 提高到 15.96% 时，基于知识的网络结构洞对短期创新绩效有显著的正向影响。当研发投入强度从 5.72% 提高到 10.64% 时，基于知识的网络结构洞对长期创新绩效有显著的正向影响。由于研发活动本身具有风险性，学术界的研究结论也有一些差异，研究者转向更细致的情景变量来寻求解决方案。如在完善的产权保护制度下，企业研发强度与绩效的正相关关系较强；非国有控股企业的研发强度与绩效的正相关关系较强等（解维敏和唐清泉，2011）。对于高科技企业来说，其技术能力是在创业初期进入行业的入场券，在目前高度竞争的市场中，企业面临着技术发展加速、消费者偏好多样化、产品生命周期缩短等挑战。因此，硬核的技术水准是企业精准应对客户需求开发新产品的制胜法宝（Fran，2019）。新创企业相比成熟型企业，对市场变化更为敏感，在注重企业绩效的同时，生存对于新创企业来说也尤为重要。正是由于新创企业的特殊性，目前研究更多集中于资源对新创企业的重要作用，而忽视了对研发活动的研究。新创企业面临着资源强束缚下的产品规模扩张和技术突破的多重压力，唯有通过加大研发投入，优化商业模式，才能在高度竞争的市场环境下确立市场地位，形成自身的核心竞争力。研发强度在我们情景中，主要指研发资金投入和研发人员投入的程度。

　　一般来说，技术创业企业在初入行业时，往往掌握了用于新产品或服务开发的某一个或一系列技术集合，与成熟企业相比，新创企业有更强的创新意愿，但其受制于资源有限，其业务在市场竞争中面临的局面并不乐观。研发资金投入对于新创企业风险控制能力的影响主要有以下两个方面。一是从强化新创企业研发能力来解释。高科技企业创立之初往往关注市场生存，而忽视了研发能力的培育。研发能力是企业控制其长期风险中最关键的因素，而研发能力的巩固与提升离不开研发资金的投入。高科技企业建立初期得以立足的技术诀窍需要一定的研发资金投入来保持其技术诀窍的先进性，提升自身研发能力，以应对市场多变的需求以及技术更迭带来的挑战。另外，投资者对新创企业研发能力的认可度在一定程度上影响其投资决策，客户购买与市场选择也受到企业研发实力的影响。因此，从强化新创企业研发能力的角度来看，研发资金投入能够提升企业绩效，进而有利于控制长期风险。二是从持续输出高品质的新产品或服务来解释。高科技企业在创立之初难免面临产品或服务品类单一的窘境，在产品周期缩短、技术更迭频繁、客户需求个性化的市场环境下，基于初始技术诀窍进行新产品或服务的拓展是新创企业在激烈市场竞争中生存的关键。研发资金投入能够帮助企业完成新产品或服务的持续更新和产品服务品类的拓展，从而提高企业绩效及控制长期风险的能力。

对于技术创业企业而言，研发资金投入是培育企业研发能力、提升企业绩效及长期控制风险能力的基础，而企业人员特别是研发人员，是企业最重要的生产要素，关乎企业的生存和发展。有研究显示，技术应用与人力资源开发对高科技产业的发展尤为重要，通过与研发资金投入对比发现，研发人员投入对高科技产业的促进作用更强（顾穗珊，2004）。冯文娜（2010）的研究表明，高新技术企业的研发人员投入能够促进企业的盈利能力，但过多的人员投入会出现边际递减效应，反而影响企业创新绩效和风险。技术创业企业既受到有限资源的限制又具有较大的投资需求，包括研发投资、组织建设、市场发展等。因此，有限资源如何分配到各项投资并发挥最大作用是企业管理人员重要的决定（Deeds，2001）。研发人员是企业产品或服务核心技术的提供者。技术创业企业的直接绩效和风险来源是其在市场上提供的技术产品或服务，而这些产品或服务的核心技术提供者是企业的研发人员。

总的来说，从资源基础观与知识管理角度来看，研发投入作为重要的输入性异质性资源，能够促进企业内新知识的产生，为新创企业带来研发能力的提升与持续的新产品输出。综上所述，提出以下假设：

H1：研发资金投入对风险控制能力有正向影响。

H2：研发人员投入对风险控制能力有正向影响。

4.1.2　研发强度与网络关系

社会网络是由不同类型社会关系集合而形成的网络，这种社会关系可能是交易关系、合作关系、友谊、会员资格等（张宝建等，2011）。随着社会网络理论的发展，不仅针对个体关系，还涵盖集体关系，如与经济组织和社会团体的关系等，而企业间的网络关系是用企业节点与个人节点的替换形成企业网络关系的概念。而企业战略决策、定价等不再单纯由市场均衡决定，而是社会规范与市场共同决定，这也拓展了古典经济学（Davern，1997）。资源基础理论强调有价值的、稀缺的、不可模仿的和不可替代的资源是企业取得竞争优势的基础。在高科技行业产品日益复杂、技术分工更加精准、采购趋于全球化，创新过程逐步由核心企业主导向网络协同创新演进。企业服务能力和产品市场竞争力可以依托网络中关系企业、上游供应商与下游客户的知识共创得以提升，同时知识可以通过网络节点间的应用性学习得到扩散（陈旭升和董和琴，2016）。技术不确定性会给企业带来更多的竞争压力，与核心企业增加沟通和合作能够有效利用互补性资源弥补新创企业自身技术劣势，降低产品开发中的不确定性因素（Wu等，2017）。然而，对于新企业来说，拥有的初始资源有限，同时需要研发人员和资金的源源不断投入，而新创企业资源短缺的特点无法保障企业有足够的资源可用，必须通过社会网络获取资源加以补充（董保宝等，2011）。在技术创业企业研发深入期，资源不足的先天劣势逐渐凸显，"新且小"的特性导致新创企业存在严重的资源瓶颈问题，而获得源源不断的资源是新创企业突破"新且小"不足的关键（董保宝，2014；蔡莉等，2019）。

网络中心度反映了企业能够独立联系到需要合作的网络中某一公司的速度，指本企业在合作网络中的地位、获取有效信息的丰富程度与流畅程度；而网络密度指本企业与主要合作伙伴联系的紧密程度、沟通的频繁性以及互相信任和相互支持的程度。当企业能够保持较高的中心度和密度、可以将行业内外信息有效结合时，通过准确判断市场的发展趋势更高效地识别信息不对称，从而更好地识别机会和风险，为企业带来竞争优势（Stam 和 Elfring，2008）。因此，如何建立网络关系是技术创业企业面临的重要问题。

研发资金投入对网络中心度的影响。根据网络结构洞理论，网络中的结构洞使网络节点出现间断，导致信息不对称甚至中断，而有些节点却可以通过结构洞来连接其他节点，获取信息优势。网络分支结构的产生主要基于两点原因：一是网络内部新联系的产生，二是网络外部新成员的加入（张宝建等，2011）。企业成立之初，与利益相关者建立的联系较少，甚至与一些利益相关者未建立任何联系，处于企业社会网络的边缘位置，连通度处于低水平。那么研发资金投入对网络中心度的作用可以从两个方面来解释。第一，从研发资金投入的使用途径来解释。研发资金的使用过程本身就伴随着与企业外部利益相关者产生联系的过程。在研发资金直接投入上，通过设备、材料与专利的购买与维护，与这些设备的上游供应商、专利技术的持有方产生联系；在合作研发资金投入上，通过与研究机构、高校的研发合作建立联系。随着研发资金投入的增长，企业与外部利益相关者建立联系增加，新创企业逐渐从企业社会网络边缘位置向中间过渡，因此，从研发资金投入的使用途径来看，对网络中心度有正向影响。第二，从研发资金投入的功能方面来解释。由于研发资金投入的主要目的是增强企业的研发能力，开发新产品或服务，新创企业高水平的研发能力与新产品产出水平可以增加市场接受度，吸引更多大客户与上游供应商，同时由研发资金投入带来的研发能力提升能够吸引更多融资机构的青睐。因此，随着研发资金投入的增多，新创企业与各利益相关者的交集增加，逐渐由网络边缘位置向中心位置转移，在企业网络中承担更多的功能，从信息的被动接受者、索取者逐渐成为信息的转送者，网络中心度得到提升。

研发资金投入对网络密度的影响。从交易成本视角分析，当交易频率与资产专用性处于较低水平时，交易双方通过市场治理的交易成本最低，没有建立长期联系的需要；当交易频率与资产专用性处于较高水平时，交易双方通过网络关系治理的交易成本最低，建立长期而稳固的合作关系有利于降低交易成本（Williamson，1998）。企业间网络形成与作用的微观基础是企业间的关系契约，这种契约因长期合作产生信任，双方互惠互利（刘仁军，2006）。研发资金投入对网络密度的影响可以基于交易成本理论从两个方面进行分析。第一，从网络组建的视角来分析。几个无交集的主体开始产生联系，是某一社会网络形成的原始阶段，这几个有交集主体联系增多，其中与其他主体交集最多的主体成为早期社会网络的中间人，其作用在于引旁观者进入网络，为网络内主体输送信息（Hansen，1999）。高科技新企业成立初期，以自身业务为中心展开各种活动，研发资金投入，使新创企业以自身技术研发需求为出发点寻求合作伙伴，包括研发设备购买时的供应商、专利购买时的专利持有方。同时随着研发资金投入，新创企业独特的技术诀窍得到巩固与更新，对市场上大客户、分销商、风险投资机构都能产生一定的吸引力。随着研发资金投入的增加，围绕技术创业企业核心业务而展开的各类合作更加频繁，新创企业与其他利益者构成的关系网络逐渐组建并得到巩固，各节点之间的交易与合作越来越密切和频繁。第二，从加入其他网络的视角分析。技术创业企业除围绕自身核心业务与其他利益相关者产生联系外，还会进一步对加入其他企业间网络进行选择。在加入之初，与网络间其他成员建立联系强度有限。研发资金的投入使企业在对所加入网络中的专用性关系资产增加，例如建立排他性的合作关系、投入专用性技术等，使企业与其他网络成员间的联系逐渐加强（张宝建等，2011）。因此，研发资金投入有利于网络密度的提升。

研发人员投入对网络中心度的影响。传统的资源基础观认为资源对企业保持竞争优势起着决定性的作用（Barney，1991）。尤其对于知识密集型的高科技行业面临激烈的市场竞争，独特资源的持有显得更为关键。对于新创企业来说，资源的丰富程度与开发过程直接影响着企业成功与否（Wu 等，2017）。各类资源类型中人力资源又是新创企业的重中之重，利益相关者评估新创企业发展潜力时，会非常重视人力资源质量与重要人员特质。依据资源基础观，企业社会网络形成的驱动因素是企业对其边界外部其他利益相关主体的资源依赖（马玉成等，2015）。根据以上理论，从以下两个方面论述研发人员投入对网络中心度的促进作用。第一，从人力资源的主观能动性来看，由于自有资源的匮乏，新创企业有增加与各方利益相关者联系的迫切愿望。但外部资源无法自主地投入有需求的企业中，需要具有主观能动性的人力资源在寻求和开发资源上做出主观努力。对于技术创业企业，对技术的依赖程度较高，研发人员主动或被动地与外部利益相关者互动，如参加技术发布会、展销会，加入会员企业俱乐部等，学习新的知识和技能，了解行业发展动态。在这些互动过程中，逐步建立与外部主体的联系。随着科研人员投入的增加，企业逐步从网络边缘位置向中心位置移动，能够更顺畅快捷地获取资源与信息。第二，从研发人员的特质来看。高科技企业中的研发人员承担着新产品或服务开发与技术诀窍更新等核心工作。单个企业难以掌握全部用于技术开发的全部知识，尤其新创企业更加面临资源束缚（Guo 等，2018）。研发人员本身的专业技能不但可以承担外来知识内部转化与应用的功能，也能承担知识与技术输出的任务。研发人员投入使得新创企业具备更强大的知识技能输出能力，对外部利益相关者有巨大的吸引力，使原本处于网络边缘弱势地位的企业更容易与占据核心地位的企业互动，逐步使企业中心化程度提升。因此，研发人员投入能够提高企业网络中心度。

研发人员投入对网络密度的影响。根据社会网络理论，网络密度的高低是网络节点间联系程度的体现，能够显示网络层级特征（Zhao 和 Aram，1995）。网络密度的增加，说明网络节点间的联系更为密切，本质上是弱联系向强联系的转换。处于网络中的主体越熟悉，那么网络越紧密（Gnyawali 和 Madhavan，2001）。显然，网络中企业间互动的增加，能够提高网络密度，而企业间的互动，归根到底是企业中人间人的互动。因此，可以从以下两个方面解释研发人员投入对网络密度的促进作用。第一，以技术交流为主要目的建立的联系具有长期性和紧密性。如前所述，高科技企业由于受到资源尤其是技术资源丰富程度的限制，有强烈的向外汲取知识的意愿。而技术交流的主体是各企业的研发人员，由于技术本身的复杂性、延展性和动态性，需要各企业的研发人员多次、深度的交流与学习，这样的联系具有持久性和依赖性，非单次交流能完成的。单标安等（2015）在对情境学习的过程中指出，创业学习并没有可供参照的"标准流程"，需要根据特定情境通过实践获取新的知识（Xie 等，2018），这一过程具有路径依赖性，在研发人员的互动下增进了企业间联系的紧密程度，原有的弱联系向强联系转化，有利于提高企业网络密度。第二，从新创企业网络导向的角度解释。新创企业的网络导向与成熟企业网络导向不同，成熟企业网络导向倾向于人员结构与合作关系，而新创企业的网络导向则倾向于网络建构方向和互惠的网络关系（董保宝，2015）。新创企业在技术知识的丰富程度上处于先天劣势的状态，以单向的内向型技术进行汲取知识的新企业与外部主体的连接十分脆弱，难以建立长期深度交流与合作（Khan 等，2015）。研发人员投入的增加，大大提高了企业向外输出技术资源的能力，激发了其他企业与本企业的交流动机，更容易建立起互惠型的网络关系。在研发人员与企业外部主体双向的交流与互动中，增加了交流频次、提高了相互依赖程度和彼此间信任，企业原有的弱联系逐步得到强化，增加了企业的网络密度。因此，从企业间交流内容与新创企业网络导向两个方面出发，研发人员投入能够增加企业网络密度。

总的来说，从社会网络理论与交易成本理论来分析，技术创业企业研发投入的增加，使企业有更多机会与网络中各节点企业甚至核心企业产生互动，同时与部分节点企业的互动更加频繁，促使新创企业的网络位置得到优化，网络密度水平得以提升。综上所述，提出以下假设：

H3：研发资金投入对网络中心度有正向影响。

H4：研发资金投入对网络密度有正向影响。

H5：研发人员投入对网络中心度有正向影响。

H6：研发人员投入对网络密度有正向影响。

4.1.3　网络关系与风险控制能力

从资源基础观与社会网络理论分析，网络关系对企业绩效和风险控制能力有显著的促进作用，尤其对于资源匮乏的新创企业，与利益相关者建立良好的网络关系尤为重要。社会网络理论和资源基础理论都指出网络关系是企业获取生存和成长所需要资源的关键途径，借助网络关系获取资源成为许多创业者的选择。企业绩效和风险控制能力的提升离不开社会网络的助推。根据社会网络理论可以得知，社会网络节点关系嵌入是企业在研发网络系统中各主体进行资源交换和信息传递所建立的社会关系总和，网络主体的行为会受到其所在位置与网络结构的影响（Kim，2014），由于嵌入产业的资源具有结构性，所以容易被具有学习能力的企业或组织进行学习或者获得。资源是新企业创业过程中的基本投入要素，但新企业自有资源少，获取外部资源的难度大，这是由新企业自身特点所决定的。新创企业面临高度的技术和市场不确定性，这是由于新创企业的新生性（Newness）导致的成长劣势（Liability）或缺陷（Weakness）（Elfring 和 Hulsink，2003；蔡莉和单标安，2013）。同时企业初入行业时，信息不对称等问题使新企业很难获得资源所有者的支持。网络能够为创业型企业提供起始资金，因此，获取外部资源成为新企业所面临的关键任务（Zane 和 DeCarolis，2016）。对于新创企业而言，由于建立时间不长，其内部通过网络整合获得的资源和能力较弱，而处于网络中心地位的企业会受到来自其他成员的信任与尊敬（Jansen 等，2006），可以通过与其建立良好的关系，结合自身企业的一些资源，争取外部的融资，投资于有吸引力的新产品，形成竞争优势（董保宝，2012）。同时，新创企业逐渐提升自身的网络中心地位来获取外部网络对它的信任，构建起其独特的优势保护机制，保证企业发展的持续优势和良性循环（董保宝，2013）。因此，利用网络关系来提高企业绩效和风险控制能力是技术创业企业的重要选择。

网络中心度对企业风险控制能力的影响。社会网络理论的观点指出，网络中心度与企业获取资源的难易程度紧密相关，是企业在网络中地位的体现，网络中心度高的企业，直接或间接与其他节点企业连接获取资源的能力更强（Jansen 等，2006；Siu 和 Bao，2008；蔡猷花和池香君，2019）；网络中心度也是企业战略地位的体现，网络中心度高，企业与网络中重要成员的联系更多，更容易接触与控制有价值资源（董保宝和周晓月，2015；Hossain 和 Zhu，2009）。Nyuur 等（2018）将网络中心度的研究拓展到小微企业上，网络中心度较高的小微企业捕捉市场趋势与相关信息的能力更强，有助于开发新产品或服务；同时网络位置优势赋予这些企业接近战略资源的优先性，使这些企业能够执行具有前瞻性与创造性的活动来适应复杂的竞争环境。从资源的紧缺性方面来看，新创企业与小微企业有相同的困境。为解释网络中心对对新创企业风险控制能力的影响，从以下两个方面推演。第一，基于弱联系获取的异质性资源是企业风险控制能力的保障。技术创业企业依靠其掌握的某些技术诀窍打造的新产品，需要有持续的异质性资源支撑其持续更新，以应对市场需求的迅速变化。发展弱关系可以快速接触到更多具有异质性资源的合作伙伴（Leyden 和 Link，2015）。如果没有这种异质性的信息流入补充，企业可能会仅仅关注内部技术，从而最终丧失竞争力。因此，网络中心度高的新创企业，拥有更多与其他节点企业的弱连接，有利于企业风险控制能力的提升。第二，从新产品开发的角度分析。技术创业企业的创造性对于开发新产品至关重要，网络中心度高的企业有更高的创造性与产品开发能力（Del-Corte-Lora 等，2017）。新创企业实施新产品或服务开发等创新活动时，网络中心度高的企业更易获取相关资源与技术知识，从而提高企业绩效和风险控制能力。新创企业需要收集和获取新颖性和多样性的资源和知识，由于处于网络中心地位的企业会受到其他网络节点企业的尊敬与信任（Jansen 等，2006），相比于没有构建任何直接合作关系的企业，网络中心度高的新创企业更易与具有资源优势的企业合作，一次获取相对较多的异质性知识（Fang 等，2017），这更加有利于其获得源于供应商、客户以及竞争者的可用于探索式创新的资讯与知识。即占据网络中心的企业因可接触与吸收新颖广泛的知识，所以更容易突破原有知识范畴进行创造性学习，以此激发其开发新产品的想法（Gnyawali 和 Madhavan，2001；王侃，2014），这使新创企业基于新机会开发的产品更容易获得成功（董保宝，2015）。综上所述，技术创业企业因其网络位置优势而增加了新产品开发的成功率，从而提高组织的绩效和风险管控能力。

网络密度对企业风险控制能力的影响。网络密度显示了网络中企业关系的密切程度，相较于网络中心度带来的信息多样性优势，这种企业间高频率交流与深度合作而形成的强关系有利于复杂知识的传递（Hansen，1999）。技术创业企业亟须由企业间的深度合作而带来的技术成长。有研究论证了密切关系有利于激发中小企业的创新性理念，密切的网络关系有利于构建包容性的空间来批判性地接纳新想法，同时在这种密切网络关系中能够通畅的信息流动达到知识共享的目的，培养企业任职能力。密切的网络关系还能驱动发散性思维，鼓励具有建设性的不同思维，因此有利于企业产生新的想法与思路（Perkins，2019）。对于技术创业企业来说，我们将从以下两个方面解释网络密度对提升企业风险管控能力的积极作用。第一，从隐性知识的吸收与利用角度分析。网络密度高的企业意味着与外部企业联系更加紧密，互动频繁，这有利于企业间共享隐性知识（Blumenberg 等，2009）。这种强关系带来的隐性知识转移有利于企业风险控制能力的提升。由于隐性知识无法像显性知识那样被编码，隐性知识的获取需要通过多次深度的交流和学习获得。Corsaro 等（2012）研究发现，新企业通过商业合作关系中的异质性，行动者展开积极的辩论，能够快速学习多样化的技术知识，再通过本企业情境进行转化，有利于对知识的有效获取和转移新创企业需要通过高频率的深度学习与网络中利益相关者的频繁互动获取隐性知识。当一个主体与同一网络中其他主体的关系越密切，越相互信任、相互尊重，发生的互惠行为越多时，越能够以更低的成本获取更可靠的信息和优质资源（Chen 等，2007），帮助企业快速成长，获取更高的利润。也就是说，网络密度越高，网络中的成员之间越容易产生相互信任的紧密互动关系，达到隐性知识转移的作用，从而提升企业风险控制能力。第二，从网络的排他性上分析。密切的关系网络具有封闭性和排他性（Srivastava 和 Gnyawali，2011）。密集网络的特点在于其会影响网络内成员的行为及结果，由于密集的网络具有封闭系统的功能，因此容易发展信任、共享规范以及共同的行为形态（邱伟年等，2011），由于密集网络的封闭效果，能够促进组织之间相互信任、互助互利、共同克服困难，促使成员之间形成高度的社会化，有助于知识整合与应用效率的提高。并且，这种封闭性与排他性可以抑制网络内部主体间的知识溢出，不易被竞争者模仿，形成战略隔绝机制，提高企业风险控制能力。因此，网络密度促进新创企业掌握隐性知识，完成隐性知识的内部化，同时由于强关系的排他性特征，除提高整体网络效率外，还形成了战略隔绝，避免了被竞争对手模仿，从而提高企业风险控制能力。

综上所述，提出以下假设：

H7：网络中心度对风险控制能力有正向影响。

H8：网络密度对风险控制能力有正向影响。

4.1.4　网络关系的中介作用

在技术更新换代异常迅速的环境中，技术创业企业均具有独特的竞争优势，这些优势一般不能被其他企业学习、模仿或者转移利用，但是新创企业处于发展初期，受到"新之不利""小之不利"的资源限制，往往不能获得核心企业拥有的资源。这种资源严重受限，但需求旺盛却无法得到满足的情况威胁了企业的生存与发展（李薇和龙勇，2010）。健康有序的网络关系能够极大地拓展企业在网络中进行组织学习、技术交流、风险共担、生产外包等方面的可能性，促使研发成果更有效地转化为企业自身的创新能力与竞争优势，同时通过和核心企业合作，巩固和提升了其在网络中的地位与机会（Taylor 和 Pandza，2003）。

4.1.4.1　网络中心度的中介作用

优越的网络位置为新创企业提高风险控制能力赢得了更多的可能性。处于不同网络位置的节点成员接触新知识的机会是不同的，这对新产品开发或创新思维的产生极为重要。因此，一个节点成员的网络位置本质上是其能接触到外部信息与知识的能力（Tsai，2001）。网络中心位置较高的企业通常拥有非正式权力和隐性的资源优势，例如引导网络内创新发展趋势的权力、对资源的获取和控制权。新创企业资源短缺时能够获得来自网络中心位置企业提供的机会和资源，缩短获取信息的路径长度和时间，有利于新创企业的持续研发创新，从而提升绩效和风险控制能力。在外部社会网络理论中，占据中心地位的企业能够更快地获取新颖的信息、技术以及资金等外部资源（董保宝等，2017；Tsai，2001），而这种资源优势能够促使其获得制定网络内某种运行机制的能力（例如战略隔绝机制）（董保宝，2013），从而进一步维护了其网络地位带来的优势。现有研究表明，企业开发新技术的倾向受到网络位置的影响。具体地，在网络中趋于中心地位的企业更倾向去开展新技术开发（Rowley，1997）。原因在于靠近中心位置的企业能够更加广泛地连接与吸纳新知识，这能使企业跳脱原有知识圈，更清晰地认知其所嵌入的环境特征，有利于企业的创造性学习。企业为了快速适应外部环境，需要时刻保持向外部获取知识并加以利用的态势。同时决策的准确性也有所提高，这对企业开发新产品时的风险控制能力是非常有利的。在企业间长期的沟通、合作中，企业与其他各个机构之间的联系需要不断地确认、不断地加强，从而导致其与上下游的纵向合作伙伴及横向的同业竞争者之间的联系趋于网络化，研究层次从双边关系上升为网络关系，占据中心地位的企业能够利用网络关系带来有价值的资源流动（Carpenter 等，2012）。

研发资金投入、网络中心度与风险控制能力的关系。研发资金投入除了对风险控制能力产生直接影响，还会通过网络中心度对风险控制能力产生间接影响。一方面，研发资金的投入推动了新创企业靠近网络中心。随着研发资金的投入加强，新创企业具有更多的资金去了解行业最前沿的技术或者参与研发。通过参加新产品发布会、技术交流会等活动可以让新创企业认识更多行业内有经验的企业家或技术开发人员。通过与行业内具有较高地位的企业建立联系，可以增强接收的信息的质量、改进产品的性能，识别自身技术水平、生产销售等环节在网络中的差距，矫正研发方向的同时介绍自己的产品，吸引更多认可自己产品的合作伙伴，拓展产品销售渠道。也能够通过争取合作研发等机会与具有较高中心地位的企业合作，快速提升在网络中的位置，快速获得行业前沿的丰富专业知识，把握更多适合研发成果转化的机会。研发资金投入推动企业网络位置优化，获取更多有利于产品开发的新想法。研发资金投入后，由于创新能力实际上是在企业研发活动进展到一定程度之后才能显现（Figueiredo，2002），因此，对于新创企业来说，可以通过与核心企业合作获得更多证明自身创新能力的机会。另一方面，研发资金投入依靠网络位置带来的优势可帮助企业提升其风险控制能力。王飞绒等（2008）指出趋于中心位势的企业能够利用信息获取与控制优势，统筹多渠道信息源，既能剔除失真信息、提高信息准确度，又能控制研发活动中的不确定性风险，从而提高产品研发的效率。对外部技术与信息的依赖，促使新创企业通过与其他网络主体的联结，获取异质性信息，提高绩效。伴随研发资金投入的增加，新创企业需要应对更大的研发风险，因此对信息的数量和质量有了更高的需求，而处于网络中心位置的企业作为网络管理的主体，具有能够快速获得优质信息的能力，因此新创企业会主动寻求与核心企业合作了解市场发展趋势，及时学习新知识和技能，应对未来可能出现的问题，并利用其在网络中的优势巩固其在网络中的地位，取得其他合作伙伴的信任从而提高其风险控制能力。汪欢吉等（2016）在对技术异质性和市场异质性的研究中发现，在企业与合作伙伴的互动中，当企业具备较高的技术差异性水平时，它能够从合作伙伴那里得到更多的异质性技术，这会促进企业与合作伙伴间的技术互补与协同，从而提升企业绩效和风险控制能力。

研发人员投入、网络中心度与风险控制能力的关系。研发资金投入除了对风险产生直接影响，还会通过提高网络中心度对风险产生间接影响。一方面，研发人员投入推动了新创企业靠近网络中心。研发人员投入增加伴随着研发合作与人才流动，这一过程中产生的知识溢出效应使新创企业获取难得的异质性创新资源，从而获得更多彼此深度沟通和学习的机会，提升企业的竞争优势。另一方面，研发人员投入依靠网络位置带来的优势，提高其风险控制能力。网络内节点主体的创新成果能够提升其在网络中的位置，节点主体的网络地位是"社会结构"的一个重要方面，可以增强节点主体创造新价值和实现经济目标的能力（Tsai 和 Ghoshal，1998）。社会网络关系可以为网络成员带来对新产品的警觉（Awareness），在个体交往中，当关系互动中的一方掌握某产品知识而另一方没有时，双方的社交型互动会强化这种警觉，当大量互动产生时，创造力水平就会被拉升（Eitan 和 Renana，2019）。那么，随着研发人员投入增加，通过网络中心度可以产生大量企业间科研人员的人际交流，此类社交互动强化了科研人员的警觉，有利于企业产品开发与技术发展，最终体现在风险控制能力上。企业在技术上的需求与突破、技术创新的具体路径、解决创新问题的方案等均可以在企业与不同主体的人员与信息流动中被挖掘出来，同时这种流动往往伴随研发合作等深入的互动，进而产生丰富新颖的组合方式促进研发成果的转化，提升企业的创新能力和风险控制能力。随着研发人员投入的增加，研发成果的转化速度要求加快，对于中心度低的新创企业来说，更有可能在交流中产生更多同质化的信息。这迫使其增加与核心企业的交流和互动意愿，激发网络内的活力，获得越来越多的有效信息（Bian 等，2015）。在研发过程中，企业随着技术水平的提高会面临更多的机会和选择，新企业拥有的客户群体和对市场的了解程度有限，所以更需要与占据核心地位的大公司合作，利用大公司的视角了解市场动态、调整自身的产品方向、降低研发风险，同时可以利用大公司的市场规模实现研发成果规模化，提升市场口碑。

处于网络中心地位的企业相比非核心企业率先获异质性知识，因此率先加强研发投入以开展创新活动（Jansen 等，2006），这对新创企业获取来自竞争者、供应商和客户的信息与知识十分有益，可以促进组织的绩效和风险控制能力。对新创企业而言，与更高网络地位的企业开展创新合作可以在提升自身的网络地位的同时更有利于创新活动的开展。

综上所述，提出以下假设：

H9：网络中心度在研发资金投入对风险控制能力的影响过程具有中介作用。

H10：网络中心度在研发人员投入对风险控制能力的影响过程中具有中介作用。

4.1.4.2　网络密度的中介作用

在高科技行业中实施积极技术战略的企业，即研发投入较大的企业，其收益会高于市场平均水平（Medcof 和 Lee，2017）。与成熟企业相比，新创高科技企业的内部知识与研发储备都较为稀缺，尽管它们有一定的创新投入，因此新创企业对外部知识以及合作研发的依赖程度较高（Ikeuchi 和 Okamuro，2013）。网络密度强调了与网络中其他节点组织联系的紧密程度。新创企业的网络密度越高，其对隐性知识的吸收程度越好，更有利于这种外部依赖型资源获取方式产生高风险控制能力（Blumenberg 等，2009；McEvily 和 Marcus，2005）。网络连接密度更大的企业能够更快地获得最新的信息，并且信息和资源的异质化程度较高，从而对所处的环境产生更加清晰的认识，能够帮助和提高其决策的准确性。当新企业的网络规模与密度提高时，会促使大量知识与信息流入，大量的信息与知识资源有利于企业决策。网络还具有一定的排他性，网络密度越高，节点组织间合作越紧密，这种排他性与封闭性就更为突出（Srivastava 和 Gnyawali，2011）。这种现象对于资源紧张的新创企业极为有利，由于这种排他性与封闭性，网络间主体的交流更为密切，使成员间的行为具有统一规范的特征（邱伟年等，2011），提高了其网络效率。这种封闭性的另一种好处就是可以形成战略隔绝，防止其他竞争者模仿，从而有利于新创企业维持更长远的竞争优势，提高绩效及风险控制能力水平。企业的竞争战略离不开企业内部知识基础与核心能力，而这些能够通过研发投入得到提升，最终反映到风险控制能力上。源于企业外部的资源与知识能够使其原有知识基础更加丰富多样，技术上的多方验证能够降低研发风险，并帮助其从市场中有效获取战略性资产（吴先明和苏志文，2014）。因此，具有一定数量的优质网络关系能够激发企业创新成果的转化，从而提升绩效及风险控制能力。

研发资金投入、网络密度与风险控制能力的关系。研发资金投入除了对风险控制能力产生直接影响，还会通过网络密度对绩效及风险控制能力产生间接影响。一方面，研发资金的投入增加了新创企业网络密度。企业研发资金投入增加，可以促进其与产业内上下游展开进一步的联系，因为关系的维护需要成本支持，影响成本高低的因素包含与潜在合作伙伴之间的关系紧密程度、以往合作经验等。随着企业在合作过程中研发投入的增加，企业在网络内知识的吸收能力加大，规范合作关系的成本越低，即研发活动不仅可以产生新的知识，而且可以提高公司在吸收能力方面向他人学习的能力（Correani 等，2014）。丰富的知识与技术基础刺激新技术与产品的发明（Powell 等，1996），由于高科技行业中竞争激烈，技术更迭迅速，企业很难拥有用于研发的全部知识与技能，这就迫使企业通过市场的途径来获取。然而市场上技术购买与转移有时并不可行，因此选择通过与外部伙伴建立合作关系来获得资源的策略被越来越多的企业接纳（赵文红和梁巧转，2010）。因此，研发资金投入推动新创企业与其他利益相关者的多次与频繁互动，有助于提高其网络密度。另一方面，研发资金投入依靠网络密度带来的优势，进一步提高了风险控制能力。Ikeuchi 和 Okamaro（2013）将新创企业与成熟企业进行了对比研究，结论显示：与成熟企业相比，新创企业更需要通过与高校、合作者等展开研发合作，这种方式更有利于提高新创企业的创新与生产效率，研究者同时建议政府部门推进促进新创企业合作研发的政策。这一研究从侧面说明了新创企业的研发资金投入可能通过优质的网络关系发挥作用而提高风险控制能力。企业随着研发的深入，研发资金投入加大，对于新技术的开发依赖程度较高的高科技行业来说，采用新技术的合作研发、产品升级、实现规模经济和范围经济能够保证运营收益的提升，促进研发成果的转化进程、持续开展新产品的研发。风险控制能力的持续提升主要来自推出新产品（R&D 资源互补）、进入新市场（营销资源互补）、价格控制能力的增强（企业整体规模扩大）等。新创企业由于合作经验较少，应加入协作研发相对更加密集的网络以积累与中型、大型企业合作的经验。因为频繁地沟通协作可以增强彼此的配合度，与合作企业间在研发、生产、营销等多个部门开展资源分享、资源转移和资源剥离的过程中展开可以通过优势互补减少资源浪费。与不同类别的主体合作能够获得不同的资源，在供应商合作方面，可以获得材料使用、产品质量等有关产品设计和关键技术的资源；在客户合作方面，可以获得有利于提高服务质量的市场需求信息；与大学、科研院所合作方面，可以获得促进技术领先的前沿性技术知识；在同业中的竞争企业合作方面，能够获得降低部分运营成本和促进资金回流的互补性技术资源，有利于企业将有限的资金投入在可以提升企业核心竞争力的产品上。

研发人员投入、网络密度与风险控制能力的关系。研发人员投入除了对绩效及风险控制能力产生直接影响，还会通过网络密度对绩效及风险控制能力产生间接影响。一方面，研发人员投入增加了新创企业网络密度。创新活动需要投入大量的人力、物力和财力，例如华为常年保持研发投入在 14% 以上，才能保证研发创新的活力。并且随着企业研发实力的增加，研发人员的数量和占比增加，在企业内流动的信息丰富性和流动的速度会随着研发人员的关系网络的复杂化而增加。合作研发概念在 1993 年由 Williams 和 Lilley 提出，在这一时期前后，西方国家的企业为提高创新能力常采取组织间合作研发的模式。随着研发人员数量的增加，在网络内形成的网络连接逐渐增加，企业与网络内其他成员联系的频次也随之增加。另一方面，研发人员投入依靠网络密度带来的优势，提高了企业绩效及风险控制能力。高的网络密度意味着网络中间节点成员之间的互动频繁，联系繁多，信息的传递高效，网络运作效率高。低的网络密度则意味着成员之间的互动频率小，节点企业间的联系少，不利于网络整体的运作。企业内部的研发人员与外部网络成员之间的交流和互动越频繁，越了解商业规律和企业情况，越能够促进网络成员之间良好的信任关系（Zaheer 等，1998）。双方信任程度的增加很可能因为后期信任程度的提高和管理成本的降低，增加合作的可能性。网络成员在这种高黏性的互动过程中，会受到"规范性压力"（normative pressure）的影响，换言之，在新产品增长的情境下，社交互动中的一方使用并认可了某一新产品价值，另一方会因为没有这样的体验而感到沮丧（Eitan 和 Renana，2019）。那么，企业间的研发人员会在高频率的关系互动中，受到此类规范性压力的影响，推动其对新产品与技术的学习。随着研发人员投入增加，高密度的网络关系可以加速研发人员之间的有效沟通，提升信息传递的效率。技术的发展不会自动提高组织的表现（Kogut 和 Zander，1992），挖掘未被发现的市场机会、解决企业创新问题可以通过多元化的网络连接来进行，高质量的网络联系能够为企业赢得市场竞争优势，帮助企业成长并取得创新突破，能够拥有在网络内与各个层级的企业间展开频繁互动能力的企业，可以大大提升研发和创新的效率。与此同时，网络密度的高低决定了企业在网络中拥有的异质性有效资源的质量，融合了高质量异质化产业链的企业更加能够获得优势和掌握平衡，从而影响创新的质量。因此，合作双方之间开展充分、深入的沟通，可以实现运营效率的提升，促进并转化为运营收益。

综上所述，提出以下假设：

H11：网络密度在研发资金投入对风险控制能力的影响过程中具有中介作用。

H12：网络密度在研发人员投入对风险控制能力的影响过程中具有中介作用。

4.1.5　创新倾向一致性的调节作用

在广义的概念理解中，一致性表达了社会、集体（企业）或个人意识的某种状态，在这种状态下，属于不同社会群体、层次和阶层的个体（这种意识的载体）倾向于同一种社会伙伴战略或其他交际行为策略（Tereshkina，2019）。创新倾向一致性是指创新网络中创新伙伴对核心企业创新战略目标的理解、思维倾向以及在实现战略目标过程中所采取的路径和方式在多大程度上能够达成一致。较高的创新倾向一致性表明了创新主体之间对创新战略目标的理解和观念思维上一致性较高，并通过一致性的创新战略行动形成创新主体间的协同，提高创新效率。在实施创业的过程中，企业通常会建立和利用社会网络中的信息和资源。董保宝和周晓月（2015）在对网络导向的研究中提出了网络合作性概念，即强调组织内、外部资源的结合，而创新倾向一致性较强的企业能够在网络关系中加强网络密度带来的信息优势，减弱网络地位较低的劣势，提高创新技术转化的效率，从而提升风险控制能力。Giovannetti 和 Piga（2017）在研究主动合作与被动合作对创新活动影响时指出，与本地网络中的供应商、顾客的主动合作以及在企业创新活动中通过被动合作也就是知识溢出获得的资源，有利于企业的创新活动与提高生产效率。而这种自由开放的信息交流中，各方具备较高的一致性时，能够提升决策质量，提升创新效率，带来更高的组织承诺与组织绩效及风险控制能力。因此，本节将创新倾向一致性纳入研究范围，考虑网络关系与创新倾向一致性对新创企业风险控制能力的共同作用。

我们在以上的论述中提出网络中心度和网络密度对风险控制能力正向影响。企业如果能够有意识地扩充自身的网络边界，能够更好地理解不同的市场需求，企业间的目标冲突会随着市场异质性的提升有所减少，企业间的知识流动也会随着防备的降低和新活动、新机遇的增加而加强，有利于企业间良性竞争的展开和面向新技术、新领域的创新协同创新活动的增加。因此，技术创业企业的创新倾向一致性越强，那么会进一步强化网络关系以促进创新活动的展开，提高企业获利能力，从而保持竞争优势，提升绩效及风险控制能力。

创新倾向一致性在网络中心度与风险控制能力之间的调节作用。网络中心度主要通过提供丰富的异质性信息为风险控制助力，创新倾向一致性能够提高新创企业对异质性信息的利用效率。一方面，创新倾向一致性较高时，企业间的业务类型、战略目标等较为接近或互补，更容易对某些关乎企业生产与创新等问题达成一致，摩擦与冲突更小，更容易形成合力；另一方面，创新倾向一致性较高时，筛选与利用异质性资源的效率更高。在网络中心度相对较低时，企业能够收集到的最新市场动态和来自客户潜在需求的信息数量和质量都不高，此时，其专业水平和声誉并没有获得业内的认可，这时更需要具有战略一致的合作伙伴帮助其产品进入市场。当企业能够在合作伙伴中选择与自己创新倾向一致性较强的伙伴展开合作，能够快速地弥补信息不足带来的损失，同时获取的有限异质性资源能够得到更高效率的配用。例如，进行合作研发可能产生的突破式创新能够引领行业技术发展的方向，也就是说，当合作伙伴间能够实现技术融合，可以开发出影响行业的新产品，而不局限于现有产品的升级更新。同时，由于新创企业具有"新进入缺陷"和"小规模缺陷"，因此资源短缺的问题制约着新创企业的发展（Siu 和 Bao，2008）。由于处于网络边缘位置，新创企业获得异质性资源的能力较差，但创新倾向一致性较高时，合作伙伴间资源能够快速累加并应用于相近目标的生产活动中，大大提高了资源的配置与利用效率，弥补了网络位置劣势带来的不足。随着新创企业的发展，当新创企业的网络中心度有所提高时，其接收的异质性信息也随之增加。有研究发现异质性较高的网络相对于同质性相对较高的网络，在进行战略决策时会具有较低的内聚力和一致性行为（Ferrier，2001），达成一致性决策的可能性也会小很多（Watson等，1993）。因此，企业的决策速度以及调整战略变化的能力都会受到阻碍和制约（Hambrick等，1996），这种负面的影响使高异质性的合作伙伴在实施风险承担性和先动性战略时面临巨大困难，降低了网络中有效的异质性信息带来的积极影响，而具有一致性创新倾向的合作伙伴能够在决策时做出及时响应、共担风险，不断提高共同的学习能力和管理能力，实现共同的创新目标，从而提升风险控制能力。因此，高的创新倾向一致性能够强化网络中心度对风险控制能力的促进作用。

创新倾向一致性在网络密度与风险控制能力间的调节作用。网络密度主要通过提供丰富的高质量信息与隐性知识为风险管控助力，创新倾向一致性能够提高新创企业对隐性知识的吸收与利用。现有文献对战略一致性促进风险控制能力的研究中，采用的逻辑是组织决策过程视角，高的战略一致性能够在企业间协作时促成决策，使战略可以高效地实施，从而有利于提高组织绩效及风险控制能力。应用这一逻辑分析创新倾向一致性，高密度的网络意味着强关系的存在，企业间合作关系密切，当创新倾向一致性较高时，企业间的业务类型、战略目标等较为接近或互补，更容易在关乎企业生产与创新等问题上达成一致，企业获取的隐性知识的适用性更强，并且在与这些创新倾向一致性较高的合作伙伴互动时，使新创企业能更快地吸收与配用这些隐性知识，有助于提高风险控制能力。当新进入行业的新创企业关系网络密度较低时，与其他网络节点组织的合作密切程度较低，互动频次较小，信任程度不高，未形成默契而密切的合作关系。如若合作伙伴间创新倾向一致性较高，那么可以大大减少互动中的摩擦，在信任度较低时，降低交易成本，与相互认同的企业进行协同创新有助于提升技术创新的程度和效率。有关学者指出，增加创新风险控制能力的本质是与伙伴建立长期信任的知识体系连接，但是在创业初期，新企业在网络内的信誉度较低，有必要在关系建立初期筛选与企业核心价值观、战略目标基本一致的合作伙伴，容易通过相互认同提升信任程度，了解合作双方参与开放式创新的内在动力，增加进一步合作的意愿，提高合作伙伴关系的紧密程度。通过合作伙伴双方低频次、灵活性的相互配合，使信息能够在合作双方的各部门间迅速传递，避免目标理解偏差以及行动差异造成的创新资源浪费。因此，当创新倾向一致性较高时，尽管网络间节点组织互动频次较低，但信息传递会更加高效，减少行动偏差对网络运行的效率的影响，从而提升风险控制能力。随着网络密度的增加，网络内的隐性知识也随之增加，这对企业的机会识别和决策能力提出了更高的要求。高的创新倾向一致性程度更能强化对潜在客户需求与市场信息收集的速度与准确性。原因在于当合作伙伴间创新倾向一致性较高时，筛选信息的速度可以得到提升，反馈客户需求的速度会变得更加迅速。除此之外，随着客户需求的变化，具有创新倾向一致性的企业通过前期的合作和对相互技术水平的了解，企业间各部门合作及信息分享的效率也会有所提高，隐性知识与本企业匹配的效率同时也会有所提高，从而获得了更多识别市场机会的能力。因此，高的创新倾向一致性能够强化网络密度对风险管控的促进作用。

总的来说，技术创业企业对外部资源有更高的依赖性，当创新倾向一致性较高时，其通过网络关系获取的资源与自身生产和创新活动的匹配度更高，更易被企业吸收与利用，有助于提高企业的资源配置效率。同时，当创新倾向一致性较高时，意味着它们合作基础稳定、冲突摩擦更小，提高了合作绩效和风险控制能力。因此，创新倾向一致性能够加强网络关系对新创风险控制能力的促进作用。

综上所述，提出以下假设：

H13：创新倾向一致性在网络中心度对风险控制能力的影响过程中具有正向调节作用。

H14：创新倾向一致性在网络密度对风险控制能力的影响过程中具有正向调节作用。

创新倾向一致性对网络中心度中介效应的调节作用。我们在假设 H9 与假设 H10 中提出网络中心度在研发投入（研发资金投入与研发人员投入）与风险控制能力的正向关系中起到中介作用。我们在假设 H13 中提出创新倾向一致性能够正向调节网络中心度与风险控制能力的关系。基于这些假设，本节提出一个综合性的模型，即有调节的中介作用。基于共识性（Consensus）视角分析（Floyd 和 Wooldridge，1992；Kellermanns 等，2011；Walter 等，2013），当合作伙伴对创新战略有共同的理解和承诺时，就会存在强共识性（Strong Consensus），因网络位置优势获得的创新机会和资源（知识、信息、资本、人才等）便会得到充分的开发和利用，处于网络中心位置较高的焦点企业则会实现预期的风险控制能力水平。基于适配性（Fit）视角分析（Venkatraman 和 Camillus，1984），当合作伙伴对技术创业企业的创新文化（价值观、理念、制度等）高度认同时，且合作伙伴的创新能力（含资源）与其所要承担的创新性研发任务高度匹配时，就会存在强适配性，新创企业能够更加高效地利用因网络位置优势获取的异质性信息，创新倾向一致性在研发强度经由网络中心度对风险控制能力的影响过程中具有积极的调节作用。

创新倾向一致性在研发资金投入通过网络中心度对风险控制能力的影响过程中的正向调节作用。有优势的网络位置能够为企业提供丰富的异质性信息（董保宝等，2017；Tsai，2001），网络中心度通过异质性信息的提供使新创企业研发资金的配用更为合理，有利于提高风险控制能力。较高的创新倾向一致性表明了创新主体之间对创新战略目标的理解和观念思维上能够达成一致，并通过一致性的创新战略行动形成创新主体间的协同。并且较强的创新倾向一致性可以使信息和资源在组织间进行更高效的组合和匹配，提升企业的核心竞争力，从而提升企业在网络中的中心地位，获得资源合作和盈利机会也会提高，有利于企业市场份额的增长。与此同时，技术创业企业通过对其创新的传播能够吸引更多具有相同研发目标和文化价值观的合作伙伴，提升了合作伙伴间知识的流动和扩散的效率，使合作伙伴间的技术融合难度降低，也使研发资金投入通过网络中心度获取的异质性信息更易被应用，更容易有利于实现产品创新，从而促进风险控制能力的提升。相反，当创新倾向一致性较低时，即新创企业与合作伙伴的战略思维、观念目标等不一致甚至背道而驰，大大增加了合作伙伴合作时的摩擦，决策的达成等也处于低效率状态，新创企业通过网络中心度带来的异质性信息的优势被合作伙伴间不够统一的创新目标与思想限制，新创企业对这种异质性信息的利用效率降低。在这种情况下，尽管研发资金投入增加了新创企业趋向网络中心位置的可能性，但由此带来的异质性信息由于伙伴间研发目标、战略思路等差异，有用知识的利用效度大幅下降，研发资金投入对风险管控的促进作用受到一定限制。

创新倾向一致性在研发人员投入通过网络中心度对风险控制能力的影响过程中的正向调节作用。建立长期有效的伙伴关系需要在合作初期筛选与自身创新倾向一致的伙伴建立共同的目标，再经过对双方管理理念及企业文化的了解形成高效的合作运营机制，实现知识和技能的共同发展。在较高的创新倾向一致性水平下，合作伙伴的凝聚力和信任度较高，可以减少沟通中不必要的冲突，对实施战略联盟和长期合作起到了正向影响，而与核心企业的管理理念保持一致能够降低合作的阻碍，并且通过情绪传染，使组织间将更多的精力关注工作内容本身，促进企业风险控制能力的提升。技术创业企业的研发人员在利用网络位置获取异质性信息时，除了新创企业内部团队的协作，还须与外部合作伙伴进行互动。这种互动会产生知识溢出效应，使新创企业对其他创新企业的研发活动进行模仿。当创新倾向一致性提高时，与合作伙伴间的互动更加顺畅，组织间的研发人员因出于对共同创新目标的推进，更容易达成共识，对异质性信息的利用效率更高，对调整研发方向、降低研发风险更有利。相反，当创新倾向一致性低时，合作伙伴间的研发人员在研发决策等方面会出现摩擦，这种摩擦在组织间的科研人员合作中甚至会导致恶劣的人际关系进而中断合作。有研究发现异质性较高的网络相对于同质性相对较高的网络，在进行战略决策时会具有较低的内聚力和一致性行为（Ferrier，2001），达成一致性决策的可能性也会小很多（Watson 等，1993）。因此，低的创新倾向一致性不利于网络中心度中介效应的发挥。

创新倾向一致性对网络密度中介效应的调节作用。我们在假设 H11 与假设 H12 中提出，网络密度在研发投入（研发资金投入与研发人员投入）与风险控制能力的正向关系中起到中介作用。我们在假设 H14 中提出创新倾向一致性能够正向调节网络密度与风险控制能力的关系。基于这些假设，本节提出一个综合性的模型，即有调节的中介作用。基于共识性（Consensus）视角分析（Floyd 和 Wooldridge，1992；Kellermanns 等，2011；Walter 等，2013），在强共识性条件下，焦点企业通过加大研发力度重构的网络密度不仅会得到提高，而且网络关系和结构也会得到优化，网络中的机会和资源才会得到有效开发和利用，隐性知识得到最大程度的吸收，得以实现预期的风险控制能力目标。因此，在强共识性条件下，为技术创业企业开发网络资源和机会创造了有利条件。基于适配性（Fit）视角分析（Venkatraman 和 Camillus，1984），在强适配性条件下，技术创业企业通过加大研发力度重构的网络密度不仅会得到提高，而且网络关系和结构也会得到优化，高密度网络中增加的机会和资源质量也高，也会得到有效开发和利用，实现预期的风险控制能力目标。即创新倾向一致性在研发强度经由网络密度对风险管控的影响过程中具有积极的调节作用。

创新倾向一致性在研发资金投入通过网络密度对风险控制能力的影响过程中的正向调节作用。网络密度强调了与网络中其他节点组织联系的紧密程度。新创企业的网络密度越高，其对隐性知识的吸收程度越好，更有利于这种外部依赖型资源获取方式产生高风险控制能力。网络还具有一定的排他性，网络密度越高，节点组织间合作越紧密，这种排他性与封闭性就更为突出（Srivastava 和 Gnyawali，2011）。也就是说，网络密度通过为高科技企业提供隐性知识与战略隔绝机制两种途径，使得研发资金投入间接地提高了风险控制能力。那么，这种隐性知识的利用，势必会受到企业创新倾向一致性的影响。随着新创企业研发资金的增加，合作者能够获得更多来自不同领域、不同地区和不同产业的信息，由于合作伙伴之间具有认知水平的一致性和对创新方向的兼容性，使得来自不同领域的技术和资源更容易建立有效的联系，共同的创新目标使得合作双方或多方会使隐性知识的相关程度更高。但是在网络关系相对复杂的创新过程中，企业之间有着不同的价值需求和目标导向，可能由于组织规范的缺失而引发决策冲突，因此有必要在关系建立初期筛选与企业核心价值观、战略目标基本一致的合作伙伴，了解双方参与创新的内在动力，并通过合作研发和市场拓展等协作活动建立相互信任的关系，充分发挥连接多边主体发展过程中获得的独特竞争优势（Gawer 和 Cusumano，2014），并通过基础架构的稳定共享激发网络效应，提升网络资源对风险管控产生积极影响。从知识管理的角度来说，在企业发展到一定时间后，具有一定网络地位的公司所拥有的关系网络通常较为复杂，管理者必须确保知识以连贯的方式被解释和使用，一些关键信息没有得到企业的重视和深度分析的主要原因与企业间的知识技能水平和对信息的认识程度有关，因此需要选择与企业自身研发实力相当且创新目标一致的企业合作，能够促进对彼此专业领域的了解，从而在网络密度带来的机会出现时能够迅速地达成共识并采取行动，促进风险控制能力的提升。相反，创新倾向一致性水平较低时，目标的不一致和决策时产生的冲突不利于隐性知识的传播与应用，研发资金投入通过网络密度带来的风险控制能力受到限制。

创新倾向一致性在研发人员投入通过网络密度对风险控制能力的影响过程中的正向调节作用。具有一致性文化的合作伙伴间具有较高的包容性，会在沟通中更愿意分享信息和共同解决问题，促使研发人员间的关系更加紧密，同样也有利于提升成员的心理安全氛围，更加愿意分享经验和隐性知识，提升风险控制能力。组织之间愉快、和谐的学习氛围，更有利于合作伙伴间建立的互惠关系，增加和促进互补性技术合作的推进，以利于新产品与服务的产生（Fleming 等，2007）。在与合作成员频繁地互动和交流中，在参与决策时更容易达成共识，即使当合伙人说出与众不同或者存在漏洞的观点时，也会源于成员之间的相互尊重和信任不会令其感到尴尬或者自信心受损，使成员能够很舒服地各行其是，从而促进了信息的频繁交换。同时，在企业遇到困难需要帮助时也不必担心对方利用其弱点来获得不正当收益。企业内部的研发人员与外部网络成员之间的交流和互动越来越频繁，对企业和商业规律的理解越深入，越能够促进网络成员之间形成良好的信任关系（Zaheer 等，1998）。双方信任程度的增加和管理成本的降低，很可能增加进一步深入合作的可能性。如果创新倾向一致性较低时，研发与创新决策导致的意见不合，甚至会损伤高网络密度带来的信任基础，不利于合作关系的加深和网络协同作用的发挥，阻碍新创企业发展。

创新倾向一致性对技术创业企业来说尤为重要。合作伙伴间对战略的相近布局能够带来更为高效的战略实施（Kellermanns 等，2011），同时由于一致性可以防止自私主义行为和组织官僚政治行为（Kellermanns 和 Floyd，2005），一些不被网络间企业认可的行为（如信息隐瞒和"拖后腿"）也能受到限制（Guth 和 MacMillan，1986）。从知识管理的视角来看，与企业内部近似度高、互补性强的知识更易被企业吸收与利用。由于产品升级和耐用性的需要，技术的研发需要保持其连贯性，为了确保知识库的更新和积累，通过合作伙伴间一致性的创新目标对合作网络中的信息进行适配性的选择和利用，能够高效地进行信息、知识的整合和内化。从管理成本来看，由于相互认同的管理理念和企业文化而形成的一种互助互利的机制，更有利于技术创业企业提升在网络中的信誉度，其价值观、理念等容易得到利益相关者的认同，更易获得外部利益相关者对其行为、物质和情感等方面的支持，更有利于新创企业的生存与发展。因此，从这个角度来看，当企业研发投入加大时，伴随着不断巩固的社会关系网络，在创新倾向一致性的催化下更加强化了网络关系的中介效应，促进了研发强度增加通过网络关系的作用对风险管控带来的影响。

综上所述，提出以下假设：

H15：创新倾向一致性在研发资金投入通过网络中心度对风险控制能力的影响过程中具有正向调节作用（有调节的中介作用）。

H16：创新倾向一致性在研发人员投入通过网络中心度对风险控制能力的影响过程中具有正向调节作用（有调节的中介作用）。

H17：创新倾向一致性在研发资金投入通过网络密度对风险控制能力的影响过程中具有正向调节作用（有调节的中介作用）。

H18：创新倾向一致性在研发人员投入通过网络密度对风险控制能力的影响过程中具有正向调节作用（有调节的中介作用）。

4.2　理论模型构建与假设总结

通过对上述变量间的关系进行分析并提出假设，我们得出了变量间的关系框架，如图4-1所示。

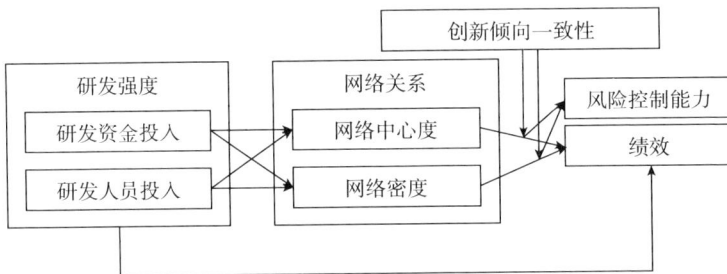

图4-1　各变量间关系的理论模型

假设：

H1：研发资金投入对风险控制能力有正向影响。

H2：研发人员投入对风险控制能力有正向影响。

　　H3：研发资金投入对网络中心度有正向影响。

　　H4：研发资金投入对网络密度有正向影响。

　　H5：研发人员投入对网络中心度有正向影响。

　　H6：研发人员投入对网络密度有正向影响。

　　H7：网络中心度对风险控制能力有正向影响。

　　H8：网络密度对风险控制能力有正向影响。

　　H9：网络中心度在研发资金投入对风险控制能力的影响过程中具有中介作用。

　　H10：网络中心度在研发人员投入对风险控制能力的影响过程中具有中介作用。

　　H11：网络密度在研发资金投入对风险控制能力的影响过程中具有中介作用。

　　H12：网络密度在研发人员投入对风险控制能力的影响过程中具有中介作用。

　　H13：创新倾向一致性在网络中心度对风险控制能力的影响过程中具有正向调节作用。

　　H14：创新倾向一致性在网络密度对风险控制能力的影响过程中具有正向调节作用。

　　H15：创新倾向一致性在研发资金投入通过网络中心度对风险控制能力的影响过程中具有正向调节作用（有调节的中介作用）。

　　H16：创新倾向一致性在研发人员投入通过网络中心度对风险控制能力的影响过程中具有正向调节作用（有调节的中介作用）。

　　H17：创新倾向一致性在研发资金投入通对网络密度对风险控制能力的影响过程中具有正向调节作用（有调节的中介作用）。

　　H18：创新倾向一致性在研发人员投入通过网络密度对风险控制能力的影响过程中具有正向调节作用（有调节的中介作用）。

4.3　本章小结

　　本章对我们所依据的理论基础结合第 3 章案例研究提出的概念模型，系统分析了模型中各变量之间的关系，重点分析了以下内容：①研发（R&D）强度对高科技企业风险控制能力的影响；研发（R&D）强度对网络关系的影响。②网络关系中的网络中心度和网络密度两个变量在研发强度对新企业影响过程中的中介作用。③创新倾向一致性的调节作用。在对各变量进行维度划分的基础上，提出了研究假设，从理论层面阐述了技术创业企业研发强度影响风险控制能力的内在机理。

第二部分

技术创业风险评价

本部分主要包括技术创业风险研究现状、存在的主要问题、相关概念和理论、技术创业风险分析与评价方法等。

第5章 技术创业风险研究现状及基本分析

5.1 技术创业风险研究现状

由于研究技术创业的风险性涉及风险分析、技术创业、技术创业风险分析一系列知识和范畴，并且本书研究内容要以这些领域的研究成果为基础，所以，现状研究包括以下三个方面。

5.1.1 风险研究现状

有关经济风险的研究早已成为市场经济条件下的专家学者和企业界人士关注的专门内容。这表现在国外某些大学专门设有风险研究中心，在相关专业（如工商管理、金融、投资等）开设风险管理课程。目前已有跨越多个领域的风险研究刊物问世，典型的刊物如英文杂志 *Risk Analysis*（双月刊，由美国风险分析学会主办，该刊物进入多种索引，如 EI）。从概念发展来看，已从项目风险管理过渡到全面风险管理（TRM），如同质量管理由统计质量管理演变为全面质量管理（TQM）一样，即将风险管理与计划管理、质量管理等已有的管理主题并列。由此可以看出风险管理在市场经济条件下的重要性。从我们检索到的文献资料来看，国外专家在大型项目风险分析（Risk Analysis for Large Projec）、风险和效益的比较研究、可靠性方法在风险评价中的应用等方面研究较系统深入。比较完善的风险分析方法有概率分析、方差分析、关键路线分析（VERT、GERT）等。国内有些学者根据我国经济改革形势的变化，早在20世纪80年代初开始探索经济风险和风险分析问题。开展风险研究较早的人员有吴鸣（1989）、郭仲伟（1987）。吴鸣在《经济研究》（1985年前后）刊物上发表了数篇有关经济风险的论文，受到经济学界老同志的重视后，潜心研究数年，出版了其专著。郭仲伟的研究是由中国科学院青年基金的支持完成的。吴鸣的研究侧重于经济发展和风险的关系（即风险的经济理论），主要的研究包括经济风险与商品生产、经济风险在社会主义经济理论中的地位、经济风险与经济效率，经济风险与经济创新的关系、企业经济活动中的经济风险、国民经济运行中的经济风险等内容。该项研究理论性强，但方法论内容较少。郭仲伟的研究恰好与吴鸣相反，主要就风险分析和决策的方法进行了归纳整理。此外，李建华（1991）发展并完善了风险分析理论及方法，在同类研究中具有代表性。在工程项目评价中，风险分析是构成项目评价的一个组成部分，如项目的敏感性分析、盈亏平衡分析、期望值及方差分析等。但从全面风险管理的角度来看，这是远远不够的。为了弥补上述不足，国内研究人员结合专业特点进行了分类研究。从已有资料来看，较有代表性的著作是罗高荣（1989）编写的《水利水电工程经济评价风险分析方法》。该书共由 10章组成，较系统地总结了水利水电工程经济评价风险分析一般方法，用 4 章的篇幅阐述了风险率的计算方法，继而对风险变量的相关分析及分布特点展开了讨论。除上述若作外，关于风险分析和评价文章也有相当数量。从英文期刊来看，主要集中在工程经济、项目管理与评价、系统工程、R&D 管理等刊物，许多文章是就事论事，即案例研究报告多；部分文章以模糊数学、图论为基础开发了用于风险分析的数学模型。在中文期刊中，关于金融风险和投资风险的定性论述文章较多，但说理透彻、系统性强的文章少；某些学者就项目的风险分析方法开展了研究，主要是以模糊数学、熵函数及灰色系统等综合评价方法为基瑞，开发新的风险分析方法，各有特点，自成体系。

5.1.2　技术创业研究现状

围绕技术创业的研究成果也有助于本书的研究。从产业经济学角度来看，产业化各阶段投资风险分析、评价和决策的内容归属于产业经济学范畴。在国内，关于技术创业，实质上就是高技术产业发展的研究成果集中反映在高技术产业发展研讨会上，部分发表在相关报纸和杂志上，如《科技导报》《科技日报》《科学学研究》《科学与科学技术管理》《科研管理》《研究与开发管理》《数量经济技术经济研究》等。较有代表性的论文被收集在中国人民大学编辑出版的复印资料《新技术革命及高技术产业》专辑中。较早开展相关研究的单位有中国科技促进发展研究中心、国务院发展研究中心、中央办公厅调研室、中国科学院管理科学与系统工程研究所、中国国防科技信息中心、国家教委科技管理中心等。在众多的研究者中，吉林大学蔡莉老师的研究工作较系统、深入，有代表性，尤其在理论研究上有特色。笔者近几年的科研工作也主要是围绕高技术这一主题进行的。概括来讲，国内外学者已就下述方面开展了研究工作：①国外发展高技术产业的经验与启示。②我国高技术产业的发展道路。③高技术产业优先发展领域选择。④高新技术成果商品化案例研究。⑤高技术产业发展规律研究。⑥高技术企业的创业、运行机制及管理制度。⑦高技术产业发展所需的环境、政策与支撑结构。⑧政府、研究所、高等学校和企业在高技术产业发展中的作用。⑨高技术与传统产业改造。⑩市场经济与高新技术产业发展。⑪高技术产业开发区研究等。

上述研究工作为本书研究奠定了基础。随着形势的发展，高技术产业发展的一系列相关领域被列为近几年我国科研基金（如自然科学基金、社会科学基金、地方基金等）重点支持的研究领域之一，这种宏观大背景为进一步深入研究高技术产业发展问题提供了机会。

5.1.3　技术创业风险研究现状

技术创业的突出特征之一是高风险，在国外，将产业化问题与技术创新问题合在一起研究。鉴于创新的高风险性，国外学者对于 R&D 项目的风险分析是比较重视的。如美国学者在调查了创新项目的成功因素后指出，在 100 项创新项目中，最后能经受市场检验，即实现产业化生产的只有 1 项，即成功率只有 1%。多数项目在产业化过程中由于不确定性因素的作用（如技术风险、工程风险、生产风险、市场风险等）中途夭折。发达国家的经济大背景，如完善的市场经济体制、竞争激烈、需求多样、追求经济利益、鼓励创新等，使这些国家的企业界、金融界和学术界的人士对产业发展的风险性认识更深刻、研究也较系统、完善。可以说，风险意识是伴随其决策全过程的。从风险角度来看，项目可行性研究和项目评价都是为风险评价、决策和防范服务的。从查阅到的国外资料分析，有代表性的研究如：美国学者对美国、澳大利亚、英国和比利时各公司的产品创新进行了统计分析，指出新产品研制的层次越多（产业化阶段划分得越细），项目成功的概率越高，在 69% 的场合，公司的组织结构有利于产品创新。还有意大利学者 Napovitano Giovanni（1991）在调查了 8220 家职工人数小于 20 人的小公司后指出，影响小企业创新的量大因素（按影响大小排序）有设备采购、设计制造工作、员工建设、订货人要求、人员培训、科研开发等。此外，瑞典研究人员调查分析了 1945~1980 年间瑞典最重要的 100 项技术创新项目，指出创新与 R&D 投入正相关。同样，在评价研究开发风险及效益方面，系统地概括出决定论评价法、经济论评价法和运筹学评价法（如 VERT，GERT 法）等。从专业刊物来看，如前所述，具有国际影响的刊物有 *Risk Analysis*、*Management Science*、*Engineering Economist*、*R&D Management* 等。在国内，近年来一些专业工作者开始探索相关问题，许庆瑞等学者对技术创新及其风险开展了研究。吉林大学的部分教师在国家自然科学基金的支持下，对技术创新的风险分析与决策问题进行了专题研究。对技术创业风险问题的研究，国内刚刚开始，尚无人系统研究。由此，也可以看出国内在该方面的研究基本空白，研究该问题确实必要。从我们到高科技企业和政府部门调研的结果看，企业界和政界的同志也认为尽早研究该项目十分必要，从而进一步说明了开展这方面研究是非常及时且适应高技术产业发展需要的。

5.2 技术创业风险研究现状的基本分析

如前文所述，目前人们已对一般风险问题及个别领域的风险问题、技术创业条件和政策开展了研究，取得了许多研究成果，对促进高技术产业发展起到了积极作用，然而，从风险角度并结合国情，系统、深入研究技术创业问题的研究成果尚不多见。具体原因及存在的问题如下：

5.2.1 风险研究方面存在的问题及基本分析

第一，"风险"这一课题本身有其特殊性，且研究历史较短，特殊性反映在：风险分析和评价中所用数据主要是概率，且通常是主观概率。风险分析和评价本身的似然性很强，再加上主观概率的准确性常常令人生疑，由此得出的结论也被认为是不可靠的。所以国内很少有人系统深入地研究这个实际上对决策十分有益的问题。

第二，由于传统计划经济模式的惯性作用，人们还不习惯风险分析和决策，风险意识未贯彻到实际决策中，许多项目的投资效果差与决策者的风险意识差、风险决策的水平低有关。然而，目前不仅在具体的管理工作中有关人员尚未认识到风险管理的重要性，而且研究工作也未跟上形势的变化。这种大背景影响了风险问题的研究。

第三，概念不确切。如对风险的定义，有的以概率为主，有的以后果为主。

第四，方法适用性差。目前，在有关教材、著作和论文中经常被专家学者们引用的方法有概率分析、蒙特卡罗方法、贝叶斯决策、效用函数法等，运用这些方法需要使用人员掌握数理统计、概率论、数字仿真、效用理论等许多方面的知识，使具体应用人员望而生畏。并且学术界人士总是在不断地开发出越来越复杂的风险分析方法，有的人故意使问题复杂化，从而使理论越来越脱离实践。

第五，评价缺乏系统性。对风险的认识片面导致评价指标多以概率为主。对具体项目的评价，有的省略了风险评价，有的以敏感性分析和盈亏平衡分析代替。但是风险评价不仅要评价各事件发生的概率及最终事件概率，而且要分析损失额、损失率等后果性指标，还要分析不可控性指标，并且要考虑投资者的经济承受力和决策者的意愿或偏好等其他方面。只有这样，才能对风险做出全面评价。

第六，决策依据单一。多以风险评价结果或效益评价结果作为决策的依据，没有将风险、效益和决策者意愿三者综合起来考虑。

5.2.2　技术创业风险研究方面存在的问题及基本分析

技术创业风险研究包括技术创业风险辨识和风险评价两个方面的内容。目前，从风险角度系统研究技术创业问题的论著尚不多见。

第一，从风险辨识角度来看，技术创业风险辨识应回答：技术创业风险因素，因素主次、风险机理和风险特征等问题。目前，许多人就影响技术创业的因素进行了研究，成果也较多，但多数不是从风险角度提出的，且缺乏系统性，如重实证研究，轻理论分析，对风险因素的主次关系和产业化风险机理尚无深入研究。反映了人们的风险意识比较淡薄。

第二，从风险评价角度来看，尚未开发出适用于技术创业风险评价的方法体系，反映在实践上，就是仍沿用可行性研究的一般做法对技术创业项目进行分析评价，并依此进行决策。反映出研究的落后性。

总之，关于技术创业风险问题，国内外尚未有人开展系统深入的研究。本书的研究将弥补此方面之不足，从而为有关人员制订规划、做出决策、开展管理提供科学依据。

第6章 研究技术创业风险评价的必要性和内容

本章主要论证研究技术创业风险的必要性，并根据研究的目标和范围，确定研究的基本内容。

6.1 研究的必要性

技术创业是发展当代世界科技经济的必然选择。早期，关于发展高技术产业的必要性和紧迫性，我国的许多专家学者和领导都有较深刻的论述，发展高科技，实现产业化是邓小平同志对发展我国高技术和高技术产业的重要题词。他还指出，任何时候，中国必须发展自己的高科技，在世界高科技领域占有一席之地。著名科学家、中国科学院老院长周光召也认为以最新科学技术为基础建立起来的具有国际市场竞争能力的高技术产业，是将来中国经济起飞、摆脱贫困、进入现代化社会的希望所在。已故著名经济学家、俄罗斯科学院院士李京文指出，我国生产力发展的总思路应当是"科技兴国"，这是中华民族自立于世界民族之林的必由之路。领导及专家学者的深刻论述证明了技术创业的必要性和迫切性，从而也为我们研究技术创业问题，自然也包括技术创业风险问题，提供了佐证。具体来看，研究本书内容的必要性有以下几点：

第一，技术创业的高风险性使研究本课题成为必要。技术创业是指通过研究、开发、应用、扩散而不断形成商品和产业的过程。当前，在典型的技术创业过程中，高技术研究、高技术开发和高技术应用扩散相互联系、相互依存，构成一个依次递进的路线，使高技术不断由产业点向产业链进而向产业群延伸和扩展。由于技术创业是一项投入资源比较多，涉及技术、经济、社会等各种因素与多个环节的高度复杂的创新性技术经济活动，因此，技术创业具有很大的风险性，既有成功的希望又有失败的可能，并且失败的概率高于成功的概率。技术创业的这种高风险性使本书的研究内容显得非常必要。如果技术创业的风险很小，那么本书的研究内容的意义就不大了。

第二，本书的研究内容有助于技术创业相关部门及人员从多个侧面系统、深入地认识技术创业的风险因素；有助于决策者掌握科学的风险分析及评价方法，为风险决策提供科学依据；有助于人们制定适用的风险防范策略和措施，从而降低技术创业风险，使产业化资源得到合理利用。

第三，本书的研究内容可填补风险分析和风险评价在技术创业领域的空白，并有助于人们从风险角度认识技术创业问题，丰富产业化理论。

第四，本书的研究也可为分析、评价技术创业企业投资风险，为其科学决策及防范风险提供依据。

第五，本书的研究内容对丰富技术经济学、技术创新经济学、产业经济学、投资经济学、风险管理等学科的知识和内容，具有学术价值和理论意义。

6.2　研究内容

根据本书的研究目的和研究范围，笔者主要研究技术创业风险分析和评价的理论、方法，在此基础上，对技术创业的风险性进行理论分析和实证研究。

本部分由三个模块构成，详细的内容如下：

模块一：分析了技术创业风险研究现状及存在的主要问题、研究的必要性和主要内容，明确了与我们密切相关的几个基本概念。

模块二：理论和方法部分。系统论述了技术创业风险分析的基本理论和方法，构造了技术创业风险分析模型（FFTAM）和技术创业风险评价模型（ICER-EM），并以此为基础，分析了技术创业的风险性。

模块三：用案例进一步说明了技术创业风险分析过程、具体方法及模型的运用和技术创业的风险性。

最后总结主要观点，从风险角度提出了促进我国技术创业的对策建议，并展望了进一步研究的方向和内容。

第7章　相关概念研究

研究技术创业风险问题，涉及高技术、高技术产业、技术创业、风险、风险分析、风险评价一系列概念，规范这些概念对后续研究工作是必要的。

7.1　高技术与高技术产业

对现代技术群，一些国家给出了不同的定义，主要可以归纳为三种：第一种称为"新技术"，这一定义突出了"新"的含义，强调了技术发展的动态性。我国大部分技术经济工作者和有关专家普遍把第二次世界大战以后出现的新的技术群体称为"新技术"。第二种称为"尖端技术"；从文字所表述的意义来看，这种定义强调了技术的层次结构，日本等国家的专家学者用这一定义来描述新的技术领域。第三种称为"高技术"，这个定义体现了人的智能的高度集中，反映了R&D 在这些新的技术领域发展中的作用，美国等国家普遍采用这一名称。目前，"高技术"的概念已逐步为许多人所接受，目前，我国的专家学者也广泛使用"高技术"这种提法。

那么，什么是高技术呢？目前关于什么是高技术，国内外尚无统一的定义。该概念产生于美国，英文是"High-Technology"。美国对高技术的定义主要表现在产品和产业两个方面，从产品角度来看，美国人认为高技术产品体现了科学和工程人才的高度集中性。美国全国科学基金会认为，高技术产品是指每100 名职工中有25 名科学家和工程师，并把企业净销售收入的 3.5% 以上用于研究试制工作的公司所生产的产品。从产业角度来看，美国劳工统计局将衡量高技术产业的尺度定为：研究试制费和科技人员占职工总数的比例，比整个制造业的平均数高出一倍以上的产业。在法国，则认为高技术是以尖端技术建立起来的技术群。在国内，也有一种说法，有的同志认为，高技术就是尖端技术，高技术就是高附加价值的新技术，高技术就是以尖端技术建立起来的技术群等。可见，众说纷纭。为了加深对这一概念的理解，不妨归纳一下它的实质内容。

第一，技术含量高。高技术是相对于中技术及低技术来说的。那么如何定量地确定产品的技术含量呢？OECD 组织提出了一个研究开发强度的概念，来代表产品技术含量。研究开发虽然等于研究开发投入与全产业产出之比，宇航、计算机及办公室自动化设备、电子机械等产业研究开发强度最低为 4.4%，最高达22.7%，属于高技术产业。陶瓷、粮食、造纸、皮革等产业，研究开发强度小于1%，属于低技术产业。汽车、化学、塑料等产业在两者之间，属于中技术产业。从这一点来看，高技术的含义和先前人们使用过的新技术、先进技术、尖端技术的含义不同，新技术是相对于旧技术来说的，先进技术是相对于落后的技术来说的，尖端技术则是相对于一般的（或传统的）技术来说的。毫无疑问，高技术里边包含有大量的新技术、先进技术和尖端技术。这些概念定义的角度各不相同，但不是并列的关系。

第二，高技术是一个技术群。对此，人们大体上取得了共识。一般认为高技术专项领域包括微电子技术、数字信息技术、计算机控制制造技术、新材料技术、生物技术、新能源技术，航天技术、海洋技术等。这些技术都是"二战"后发展起来的，并且形成了一系列新兴的产业部门，许多工业发达国家对于什么是高技术产业部门、什么是高技术企业、什么是高技术产品都有具体规定。如美国商务部规定，导弹及航天器、电子及电信、办公室自动化等 10 个部门是高技术产业，其产品即是高技术产品。日本规定集成电路、工业机器人、电脑、信息网络系统等 9 个部门是高技术产业部门。欧洲共同体则规定了核反应堆、自动资料处理机及其辅助设备、电视接收机、航空器及零件等 28 种产品属于高技术产品。美国科学基金会则规定，凡是一个企业，科学家和工程师占职工总数 25%以上、研究发展费用占销售额 3.5%以上者就是高技术企业，这样的企业生产的产品，就是高技术产品。一般认为，高新技术范围包括：①微电子科学和电子信息技术。②空间科学和航空航天技术。③光电子科学和光机电一体化技术。④生命科学和生物工程技术。⑤材料科学和新材料技术。⑥能源科学和新能源、高效节能技术。⑦生态科学和环境保护技术。⑧地球科学和海洋工程技术。⑨基本物质科学和辐射技术。⑩医药科学和生物医学工程。⑪其他的传统产业基础上应用的新工艺、新技术。高新技术企业应具备一些条件，如具有大专以上学历的科技人员占企业职工总数的比例要高；用于高新技术及其产品研究、开发经费应占本企业每年总收入的比例较高；高新技术企业的技术性收入与高新技术产品产值的总和应占本企业当年总收入的比例在 50%以上；等等。

第三，高技术具有系统性的特征，它是由硬技术系统和软技术系统组成的。

硬技术系统包括基础研究、应用研究、开发研究和中间试验、商业化、产业化技术等在内。此系统改变的不仅仅是物质的形态和性质，而且系统地创造着知识。有时人们为了形象地形容这一技术系统，把基础研究和应用研究称为上中游技术，把商业化和产业化技术称为下游技术。毫无疑问，只有把上游、中游、下游连接起来，作为高技术才能形成一个整体。或者说才能严格地称为某种高技术，才能形成物流、信息流、资金流的良性循环。通俗地讲，这样发展的高技术才能有后劲、有竞争力。软技术系统包括信息及决策、预测、管理、服务与反馈控制等技术，没有一个强大的软技术系统，高技术就不可能顺利地发展。这也是中、低技术群所没有或不及的。

第四，高技术具有高效益和高风险性。高效益性反映在技术创业过程，一旦成功，则研究开发者及投资者可获得10倍、100倍甚至更高的收益额；所谓高风险性，是指技术创业风险大。据统计，闻名于世的美国高技术产业开发区——硅谷，每年都新建不少高技术企业，但生存下来的企业仅占20%，其余80%都倒闭了。若考虑产业化产品，则真正进入产业领域的比重更低，不到10%。我们所要研究的重点就是分析技术创业的这种高风险性及与之相适应的风险分析理论和方法。

第五，高技术具有极强的影响力。表现为高技术在发展生产力、促进社会文明、增强国防实力等方面，在当代影响巨大，具有决定性作用。如产业结构高级化、传统产业改造、国防现代化、生活方式现代化等都离不开高技术。

综上所述，所谓高技术就是指处于当代科学技术前沿的，在技术、经济、社会发展中起先导作用的，具有高技术含量、高风险、高效益及较强系统性的新技术群。它的基本特征是知识密集和技术密集。

高技术产业和高技术密不可分。高技术是从技术群的角度出发的，而高技术产业则是从产业的角度来讲的。它是指以高技术成果为主要资源和技术投入的创造高附加价值的产业，是知识和技术密集型产业，它同样具有高技术的特征，包括的范围也相同。

随着时间和空间的变化，高技术和高技术产业的内容会有所不同，即具有相对性和动态性。

7.2　技术创业

技术创业是本书的核心概念之一。在此将其看作一个前后有序的过程。按这一过程包括的环节，技术创业概念有广义与狭义之分。广义的技术创业包括技术发明、技术创新和技术扩散三个阶段；狭义的技术创业只包括技术创新阶段和技术扩散阶段，或者包括中试、商品化和规模生产阶段。

考虑到技术创业前期的研究和开发阶段的技术风险大，表现为失败率高，所以带有营利性的投资一般不在此阶段介入，该阶段的资金支撑主要来源于国家投资或各种支持 R&D 的专门基金支持，并且允许失败，此阶段投入资金的主体一般不直接追求经济利益，非营利性、无偿性是其主要特点；该阶段的成果形式是专利、实验室样机、研究报告、论著等，它的输出是科学发现和技术发明。关于 R&D 项目的选择，有评估问题也有风险问题，但它不属于本书研究的重点，不同类型的项目有相应的遴选程序和方法，如国家自然科学基金项目、"973" 项目等的选择，都有各自的评选方法。因此，我们重点研究狭义的技术创业过程的风险性及与之相对应的风险分析理论和方法。

关于狭义的技术创业过程，是指以技术科研成果为起点，以市场为终点，经过技术开发、商品化和规模化生产三个阶段，使知识形态的科技成果转化为使用价值和价值。过程的运行阶段如图 7-1 所示。

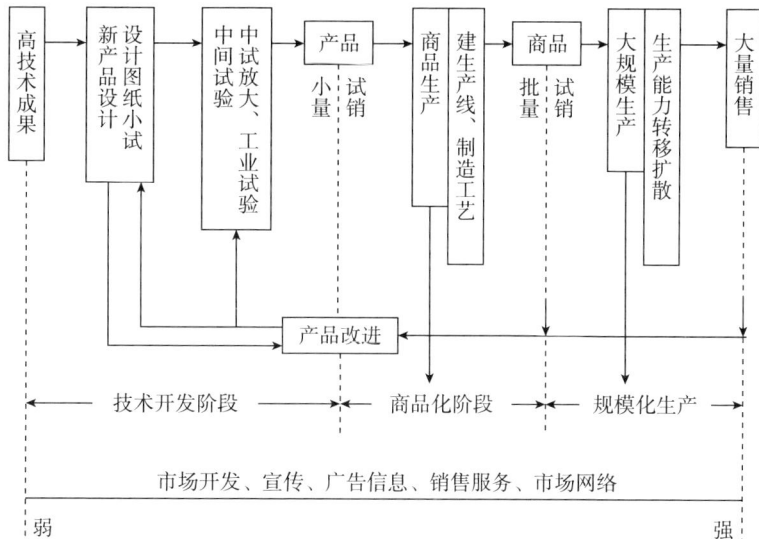

图 7-1 技术创业过程

应该指出的是，技术创业不是一个自发的过程，必须依靠相应条件的支撑。以高技术创业为例，这些支撑环境包括国家环境支撑、R&D 支撑、技术基础支撑、投资环境支撑、智力环境支撑、基础结构支撑、辅助工业支撑及专业服务支撑等。这些支撑条件的详细情况见图7-2。

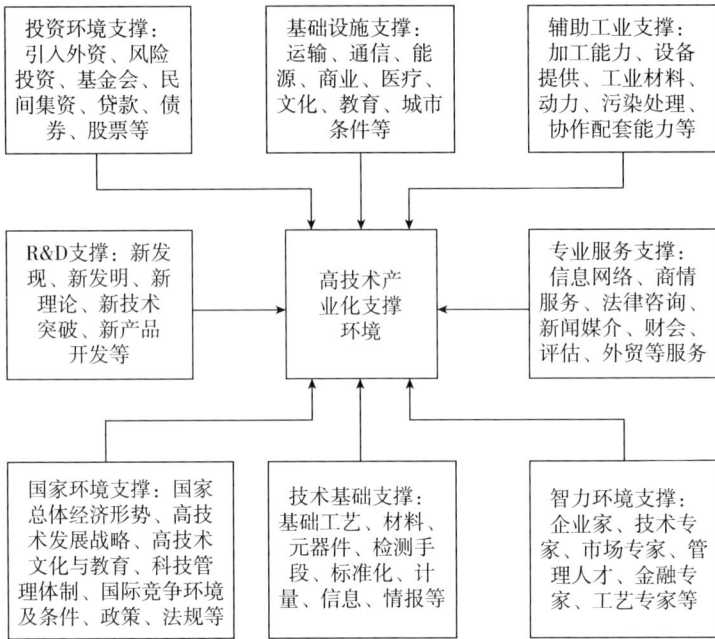

图7-2　技术创业的八大支撑环境

7.3　风险的内涵及特征

风险问题在社会生活中的各个领域是普遍存在的。无论是个人、组织、国家，还是国际性的联合体，如今都不可能恐怕也永远不可能完全准确地把握世间一切事物的运动规律。对未来之事，谁也没有绝对的把握，如：自然力的不规则运动或外力作用引起的风暴、雷电、地震、海啸、洪水、干旱、飓风等，还有近年来的新冠肺炎疫情，使人们处于一种不确定的自然环境中；由于各种原因，人与人之间、团体之间、国家之间的冲突，使人们处于一种不确定的社会环境中；银行贷款发放后，可能会因各种社会经济活动的不确定因素的影响而无法按期收回，或无法收回，从而使银行有蒙受损失的可能。总之，风险无处不在，风险无时不有，那么，风险的内涵是什么呢？目前有两种定义，一种观点认为，风险就是发生不幸事件的概率；另一种观点认为，风险是某一种事件预期后果估计中的较为不利的一面。这里"较为不利"是相对于人们预期达到的目标而言的。我们认为上述两种观点都有合理成分，但都不能完整准确地反映风险的内涵。

完整的风险概念应是：人们未来行为，在不确定性因素作用下，未达到预期目标的可能性以及因此而造成的损失程度。

该定义包括这样几层含义：①风险主体和对象是人及人们的未来行为。②产生风险的原因是与人们追求的目标相关的因素的不确定性。③反映风险大小的标准是未达到预期目标的可能性。④反映风险后果的标准是损失程度。

由风险定义，可引出绝对风险和相对风险两个概念。当不考虑投资主体的承受力和决策主体的意愿时，风险可以表示为：

$$R_1 = f(p, c) \tag{7-1}$$

其中，R_1 表示在不考虑投资主体的承受力和决策者意愿的条件下的风险，即为绝对风险；p 代表概率；c 代表后果。

而在考虑投资主体的承受力和决策主体的意愿时，风险的表达式为：

$$R_2 = z(R_1, S) \tag{7-2}$$

其中，R_2 表示在考虑投资主体的承受力和决策者意愿的条件下的风险，即为相对风险；S 表示投资主体的承受力和决策者意愿或偏好的综合水平。

上述定义为后续的风险评价奠定了基础，更加具体的表达式在风险评价部分还将深入研究。

风险不仅与事件发生的概率分布及其影响结果有关，而且还与风险主体自身条件（如资本和技术实力、经营管理能力、风险偏好、伙伴关系）有关。

为了更全面地理解风险，有必要对风险的特性进一步分析。概括来看，风险具有客观性和必然性、偶然性和不定性、可变性和相对性、主体性和未来性等特点。

风险的客观性和必然性是指风险的发生是客观的、必然的，它引起的损失后果与人们的良好愿望总是矛盾的。风险的发生是由事物的种种内在要素决定的，不以人们的主观意志为转移。如某地的地震等灾害性事件，它们总会以各自独特的方式表现自身的存在从而对风险主体产生影响，即具有规律性。人们收集有关风险的资料越多，对风险的认识越深，风险的规律性就越容易被发现或接近于被发现。因此，如果不是孤立地、片面地考察，而是长期地以大量风险事件为基础进行整体考察，则能发现风险的客观性和必然性。如风险变量的分布规律。

风险的偶然性和不定性具有两层含义：一是风险存在的可能性，二是风险存在的不定性。风险存在的可能性是指风险的存在作为一种随机现象，具有发生或不发生这两种可能，它表明风险的存在的趋向性。风险存在的不定性是指风险的存在受各种因素包括不定因素的影响，在一定的条件下，这种风险不但存在而且肯定会发生，在另外一些条件下虽然风险存在但不一定发生。所以，风险存在的偶然性和不定性决定风险发生的可能性或不可能性。

风险的可变性是指风险在一定条件下是可以转化的。表现为：一方面，由于人们对风险自身规律性的认识的加深和抗御风险能力的增强，人们能在一定程度上降低风险带来的损失的范围和程度，减少风险的不确定性，降低风险存在与发生的可能性，从而使某些风险不再存在，或者即使存在也能为人们所控制。另一方面，时空的变化，给人们带来了新的风险和新的损失机会，新的风险事件和风险因素也会增加。这些新的风险可能导致的损失往往比自然灾害和意外事故所引起的风险损失大得多。如核能的应用，出现了核污染及核爆炸的风险，这些风险可能导致对人类的严重伤害。

风险的相对性，是指风险的大小，对不同主体是不同的，它与风险承担主体的承受力和偏好有关。如对一个高技术小企业而言，较小的经济损失，如几十万元，对它而言也可能是较大的风险；但对一个高技术企业集团来讲，几乎无风险可言。

风险的主体性，是指风险仅对具体的人或群体所追求的具体目标或行为产生影响，离开了人和其追求的目标，风险无从谈起。

风险的未来性，是指风险仅对人们的未来活动产生不利影响，且只与未来的不确定性相关，而与过去和现在发生的事件无关。

7.4　风险分析与风险评价

风险分析就是有关人员对影响人们的某项具体活动的风险因素及风险的大小做出的定性及定量的综合性分析。同时，风险分析也是人们对其所追求目标的相关事物的未来状态的负面认识，就这一点而言，它又是预测领域的重要组成部分。事实上，风险分析既是一种行为观点，又是一种行为方法。即用考虑到各种可能性的系统观点来观察、研究与风险主体追求目标密切相关的事物，而不是用完全确定的不变的观点认识事物。风险意识可以使人们考虑问题更全面、周密，决策更合理。风险分析包括风险辨识、风险估计和风险评价，也可用图7-3表示。

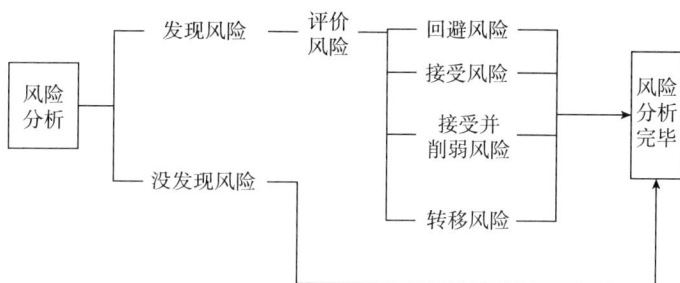

图 7-3　风险分析的内容

　　风险评价则是在风险辨识的基础上，采用特定的方法对风险的大小及后果进行评价的过程。它需要有相应的评价指标和评价方法或模型的支持。

　　研究技术创业风险问题，就是在深入研究技术创业风险分析的理论和方法的基础上，揭示技术创业的风险性和风险机理。

第8章 技术创业风险分析的基本理论

技术创业必须具备一定的条件，这些条件主要指技术、经济和社会条件；技术、经济、社会各要素的相互作用和协调发展才能促进技术创业进程，实现高技术的产业化。产业发展中的结构理论、联系理论、组织理论、规模经济理论、均衡理论和技术创新理论为全面地分析技术创业风险因素提供了线索、奠定了理论基础，可以运用这些理论，揭示技术创业过程中所存在的各种风险因素。

8.1 产业结构理论与技术创业风险分析

"产业"概念是居于微观经济的细胞与宏观经济的单位（国民经济）之间的一个"集合概念"。产业是指具有某种同一属性的企业的集合，也是指国民经济以某一标准划分的部门。产业分类服务于产业结构的研究。由于研究产业结构的角度和目的是多种多样的，因此，就形成了产业分类方法上的多样性。比较重要的产业分类方法有三次产业分类法、标准产业分类法、生产结构分类法、工业结构分类法及按资源的密集度进行的产业分类方法。我们所采用的产业分类方法是按资源的密集度进行分类的方法。这也是基于分析技术创业风险因素这一目的而选择的。这里所谓的"资源"指的是投入生产活动的"生产要素"的总和。如资本、劳动力、技术、自然资源等都可称为资源。根据不同的产业在生产过程中对资源依赖程度的差异，将现有产业划分为诸如资本密集型产业、劳动密集型产业和技术密集型产业等。这种产业之间对资源依赖程度的差异，是由各个产业使用的工艺技术上的特征所决定的。由于在不同的国度和地区，资源的拥有状况不尽相同，因此，研究这种差异，对制定产业发展战略具有重大意义。

技术创业过程中，高技术产业的主要标志是技术密集程度远远超过一般产业。其特点是资本—技术—智力密集。因此，技术创业面临的主要风险因素如下：

第一，是否有足够的资本投入技术创业过程中？包括 R&D 费用、中试、小规模生产、商业化生产及大规模工业化生产和经营的各阶段的资本规模。

第二，技术创业过程中的关键技术是否得以解决？包括试验设备、材料，中试设备、商业化生产的工艺技术、大规模生产的手段、技术诀窍等。

第三，技术创业过程中所需的高智力人才是否拥有？包括基础研究、应用研究、开发研究、设计、制造、生产、管理、销售等各方面的人才。

匹配的资本、技术和高智力的人才是技术创业的必备条件。缺乏任何一个因素都将给技术创业带来极大风险。

产业结构理论还指出，在经济发展的过程中，产业结构往往是由劳动密集型产业为主的结构向资本密集型、技术密集型产业为主的方向发展。对某一个产业而言，也往往是由劳动密集型向资本密集型、技术密集型方向发展。就中国的现状而言，产业结构的变动也是由劳动密集型产业为主向资本密集型、技术密集型产业为主的方向发展。必须承认，产业结构的高级化不会自发形成，应该有与之匹配的资本、技术和人才投入这种转变中，否则，资本密集型和技术密集型产业不会健康发展。此外，技术创业过程中，对高技术产业而言，也是从无到有、从小到大的过程，任何盲目的"跃进"都将违背产业发展的渐进规律性。因此，不按技术创业规律发展高技术，是技术创业的又一个风险因素。

在产业结构理论里有关决定和影响产业结构的因素分析也有助于我们探寻影响技术创业的风险因素。

产业结构理论认为决定和影响产业结构的因素主要有下述几项：①最终需求和中间需求结构。②个人消费结构。③消费和投资的比例。④投资结构。⑤劳动力和资本的拥有状况和它们之间的相对价格。⑥生产技术体系。⑦一国的自然资源的拥有状况。⑧进出口贸易。⑨产业政策。

此外，一个国家历史的、政治的、文化的、社会的各种情况和传统也会影响产业结构。

在上述9个因素中，前4个为一个国家的需求结构，⑤~⑦为资源的供给结构，⑧为国际经济关系，⑨为主观因素。既然高技术产业是构成现有产业结构的元素之一，那么，影响产业结构的因素同样也会影响到高技术产业的发展。现就以上三类要素进行分析。

第一，从一个国家的需求结构来看，对高技术产品的需求是推动技术创业的最重要动因之一。有效需求不足是技术创业的主要风险因素之一。

第二，从资源的供给结构来看，能不能向高技术产业源源不断地输入适应的资源（如劳动力、资本、技术、自然资源）是技术创业的重要条件。具体来看，高素质劳动力缺乏将阻碍高技术产业的发展。要使劳动力由传统产业（在我国主要是劳动密集型和资本密集型产业）向高技术产业转移，不仅要有量的保证，而且要有质的保证，即教育和训练的水平、掌握高度技术和技能的能力也是至关重要的。随着现代化技术的发展和生产设备日益大规模化，特别是在发展高技术产业上，没有雄厚资金就寸步难行。因此，一个国家的资本积累程度又是制约高技术产业的一个重要因素。

现代企业中以股份公司这种形式存在的法人，它所运用的资金必须以付出股息和利息为代价。所谓"资本的价格"就是使用资本时付出的这种代价，这种"价格"和劳动力价格——工资水平之间的比较关系也会影响产业结构高级化。工资水平较低有利于发展劳动密集型产业，资本价格较高则阻碍高技术产业这类资本有机构成相对较高的产业部门的发展。从这种角度来看，在中国这个劳动力价格低廉且充裕的国家比较适合发展劳动密集型产业，而发展高技术产业不具有比较优势，因此，从资源相对优势分析，在中国发展高技术产业具有一定的风险性。

生产技术体系是构成供给结构的重要组成部分，它决定了资源在各产业的分布状态及技术创业的程度。现有的生产技术水平落后是造成众多高技术不能实现产业化的主要因素之一。

自然资源的拥有状况有时会成为制约技术创业的又一重要因素。比如，要使某种依赖稀有金属的新材料高技术实现产业化，必须拥有这种金属；再比如，以石油作为基本材料的高技术化工产品，在一个贫油地区是不容易实现产业化的。如果技术创业主体不考虑自然资源的可得性，则会加大技术创业的风险。

第三，国际经济关系也会影响到技术创业的进程。实际上国际经济关系如进出口贸易，会直接影响到与技术创业密切相关的需求和供给（如芯片）的各个方面。从需求方面来看，有些国家尤其是发达国家，其高技术产业的发展要依赖国际市场才能求得生存和发展。从供给结构来看，国外高技术产品的进口可以弥补本国生产某种高技术产品的产业发展之不足，进口某些国外高技术新产品具有借以开拓本国市场、为本国发展同类产业创造条件的作用。当然，某些高技术产品的进口还可能产生压抑本国某些产业发展的作用，如中国改革开放后，某些高技术产业面临国外高技术产品的冲击。因此，开放市场、扩大贸易尤其是高技术产品贸易，对我们这样的发展中国家而言，利弊并存。一方面，利用高技术商品、资本、技术、人才和劳动力等在国际间的移动，抓住机遇，利用国外的资本、技术、人才来发展本国高技术产业，缩小与国外先进水平的差距；另一方面，放开市场使国外高技术产品占据了国内的大部分市场，从而限制了国内相应幼小产业的生存和发展。

第四，一个国家历史的、政治的、军事的、文化的、社会的各种情况也会影响到其高技术产业的发展。比如，在一个长期缺乏竞争机制和环境的国度，要发展高技术产业，使高技术成果商品化、产业化、国际化，至少人们的思维习惯还不适应其发展；再比如，当一个国家的国防地位较突出时，政府的倾斜政策会使该国的国防高技术产业迅速壮大，这已被许多国家的实际情况证实，像美国的政府投资和采购政策，支持了美国军工高技术产业的发展。

这些因素可互相促进也可互相制约以至互相抵触，综合影响和决定着高技术产业的发展，也构成了技术创业的风险源。

第五，产业政策对技术创业的影响。"产业政策"或"产业结构政策"起源于日本。其含义是：确定产业结构发展的方向，同时为实现这一目的确立必要的政策和经济机制。1955年，按当时的汇率计算，日本的人均国民收入仅为220美元，还是一个很穷的国家。人均国民收入的低下，是劳动生产率低下的表现，当时，已有一种见解认为，劳动生产率的低下，不仅是工艺、技术和管理水平不高的结果，而且也是产业结构的后进性所致。这就是说，在日本，高附加价值的部门没有得到足够的发展。1957年的《产业合理化白皮书》明确地表达了这种见解。这种见解认为，经济增长不仅依赖于经济规模的绝对扩张，而且还必须依赖产业结构向发达国家的类型接近，实现产业结构的高度化。产业结构演进的过程也就是经济发展的过程。从推动产业结构的演进中求经济发展的速度和效益。而产业结构的演进或转换，非常关键的一环是要有适时适宜地推动产业结构演进的能力，有人称这种能力为"产业结构的转换能力"。毫无疑问，这种能力的高低是和产业政策的有无、是否正确和强有力密不可分的。没有国家对经济的有效干预，没有国家对"幼小产业"的扶植和保护，产业结构的转换只能放任自流，难以迅速实现。日本政府经济企划厅文件《中长期经济计划》（1965年）中曾直言不讳地承认，没有国家的干预，没有产业结构政策，单靠市场机制实现产业结构的高度化是难以做到的。日本政府曾采取财政、税收措施，通过国民收入的再分配去促进战略产业的资本积累和获得利益；甚至采取立法措施促进企业合并，扩大规模，直到强行推进技术改造和设备更新。此外，还实施了种种保护贸易措施，这些都是对价格机制和自由贸易主义的挑战，是违背亚当·斯密所倡导的资本主义自由经济秩序的教义的。

对发展中国家来说，要实现产业结构由传统产业为主转向以高技术产业为主，困难更大，因此其发展高技术产业的政策不仅要有，而且要正确、要强有力。实践证明，对于后进国家，在产业化过程中政府的得力规划和控制是其获得成功的关键因素。在中国，高层决策者和许多有识之士都认为大力发展高技术产业是必要的迫切的，也制订了相应的计划（如火炬计划）和政策（如金融、税收、分配政策），建立了众多的高技术产业开发区和中试基地。

8.2 产业联系理论与技术创业风险分析

产业联系理论认为各产业之间存在着依存关系，任何产业都不可能孤立地发展。能够全面、深入地反映这种思想的方法就是由美国经济学家瓦西里·列昂节夫（Wassily Leontief）开拓的投入产出分析法。该方法借助产业联系表对产业之间在生产、交换、分配上发生的关联进行研究，能够较好地反映各产业之间的制约关系。所以，受到世界各国的普遍重视。

从国民经济体系考虑，高技术产业也是构成产业间联系的一个要素，它也不可能脱离现实的国民经济中的其他产业而独立发展，即其他产业对其发展有制约作用，分析和研究这种制约关系，有助于我们发现技术创业的风险所在。

为了较具体地展开我们的分析，有必要对现有的产业进行简单分类。参照三次产业分类法，我们不妨将所有产业划分为农业、传统工业、服务业和高技术产业。根据投入产出分析原理，产业联系如表8-1所示。

表8-1 高技术产业与其他产业联系

卖出产业＼买进产业	农业	传统工业	服务业	高技术产业	最终需求	总产出
农业	X_{11}	X_{12}	X_{13}	X_{14}	B_1	X_1
传统工业	X_{21}	X_{22}	X_{23}	X_{24}	B_2	X_2
服务业	X_{31}	X_{32}	X_{33}	X_{34}	B_3	X_3
高技术产业	X_{41}	X_{42}	X_{43}	X_{44}	B_4	X_4
最终供给	C_1	C_2	C_3	C_4		
总投入	X_1	X_2	X_3	X_4		

由表8-1可知，要生产价值量为X_4的高技术产品，必须具备下述条件：

第一，农业部门必须提供至少价值量为X_{14}的农副产品。

第二，传统工业（如能源、原材料、机械工业等）部门必须提供至少价值量为X_{24}的工业产品。

第三，服务业（如金融、咨询、教育等）必须提供至少价值量为X_{34}的服务。

第四，高技术产业本身也应为其自身发展创造条件，在此，最低的内部交易量为 X_{44}。

第五，农业、传统工业、服务业、高技术产业等中间需求和最终需求（X_{41} + X_{42} + X_{43} + X_{44} + B_4）的总和应为高技术产业的总产出 X_4。

以上分析可用下式表达：

$$\begin{cases} \Delta X_{14} \geqslant X_{14} \\ \Delta X_{24} \geqslant X_{24} \\ \Delta X_{34} \geqslant X_{34} \\ \Delta X_{44} \geqslant X_{44} \\ X_{41} + X_{42} + X_{43} + X_{44} + B_4 \geqslant X_4 \end{cases} \tag{8-1}$$

其中，ΔX_{i4} 表示第 i 个部门可为技术创业提供的产品或服务的价值量。

上述需求和供给应为有效需求和有效供给。即不仅要求价值量均衡，而且还要求实物量（品种、质量、数量）也均衡。只有这样，技术创业的条件才能得以满足。

由产业间的联系，我们可以得到下述技术创业的风险因素，用公式表达如下：

$$\begin{cases} \Delta X_{14} < X_{14} \\ \Delta X_{24} < X_{24} \\ \Delta X_{34} < X_{34} \\ \Delta X_{44} < X_{44} \\ X_{41} + X_{42} + X_{43} + X_{44} + B_4 < X_4 \end{cases} \tag{8-2}$$

即供给不足或需求不足都将导致技术创业失败。上述分析还可以进一步细化。

当然，不同的高技术产业由于它同其他产业联系的紧密性不同，因此，产业化的风险大小会有差异。

关于评价某一产业同其他产业联系紧密性的指标有感应度系数和影响力系数。

所谓感应度系数是指某一产业受其他产业影响的程度；而影响力系数是指一个产业影响其他产业的程度。具体计算公式如下：

$$IS_i = \frac{x_i}{\bar{x}} \tag{8-3}$$

$$IE_i = \frac{y_i}{\bar{y}} \qquad\qquad (8-4)$$

其中，IS_i 表示第 i 产业的感应度系数。

x_i 表示第 i 产业横行逆阵系数的平均值 $\left[x_i = \frac{1}{n} \sum_{j=1}^{n} b_{ij} ,\ b_{ij}$ 为投入产出表中的

矩阵 $B = (E-A)^{-1}$ 中的系数，A 为投入产出表中的初始系数矩阵$\right]$。

$\bar{x}$ 表示全部产业横行逆阵系数的平均值 $\left(\bar{x} = \frac{1}{n} \sum_{i=1}^{n} x_i \right)$。

y_i 表示第 i 产业纵列逆阵系数的平均值 $\left(y_i = \frac{1}{n} \sum_{z=1}^{n} b_{ji} \right)$。

$\bar{y}$ 表示全部产业纵列逆阵系数的平均值 $\left(\bar{y} = \frac{1}{n} \sum_{i=1}^{n} y_i \right)$。

就某一技术创业的风险而言，当其感应度系数（IS）较大时，意味着市场需求强度大，需求拉力足，从而产业化风险（市场风险）就小；反之，市场风险就大。

而当其影响力系数（IE）较大时，意味着该技术创业在很大程度上依赖其他产业的发展，当其他产业不能为其提供产品或服务时，产业化目标便不能实现，所以，其产业化风险大。这类风险属于供给不足产生的风险。

评价某产业的 IS_i 和 IE_i 的临界值是 1。如果它们大于 1，就意味着该产业同其他产业间的联系紧密。

在分析技术创业风险时，投入产出表中的数值是预测值而非实际值。

同样，上述分析也适用于不同的技术创业项目的风险大小比较。

若将 IS_i 和 IE_i 综合起来分析，则会为我们选择技术创业项目提供新思路。综合分析可依表 8-2 进行。

表 8-2　IS_i 和 IE_i 综合分析矩阵

		IS_i 的大小	
		≥1	<1
IS_i	≥1	I	II
	<1	III	IV

由表 8-2 可知，可将技术创业项目划分为四种类型。

第一种类型为感应度系数（IS_i）大、影响力系数（IE_i）也大的技术创业项目，如微电子产业、"光—机—电"一体化产业等多属此类。开发这类产品，其

影响范围广，一旦产业化成功，则其投资乘数效应显著。供给和需求同时增长，是经济增长新的生长点。这类产业化项目风险大、效益（包括社会效益）也大。

第二种类型为感应度系数（IS_i）小，但影响力系数（IE_i）大的技术创业项目，如高档消费类电子产品、超前期很大的技术创业项目，此时中间需求不足，但对其他产业又有依赖性。这类产业化项目风险较大，因为它面临着供求两方面的风险。尖端技术、产业化前期的基础性研究和应用研究具有这种特征。

第三种类型为感应度系数大，但影响力系数小的技术创业项目，如新材料产业化项目、生物技术产业化项目等，这类项目风险小（需求和供给风险都小），应积极发展。

第四种类型为感应度系数小，影响力系数也小的产业化项目。此类项目的特征是市场范围窄，需求规模不大，工艺技术又不复杂的产业化项目。典型的如治疗某种疑难杂症（病人少）的药品的产业化，这类项目的产业化规模不宜过大，否则，需求风险较大。

不能仅从 IS_i 和 IE_i 的大小来衡量产业化风险，因为两者只是反映了高技术产业同其他产业间的中间需求关系，而未考虑最终需求，如消费、出口和投资对高技术产品的需求情况。

反映消费、出口和投资与产业之间关系的测量方法是计算产业的生产对最终需求项目的依赖度系数。其计算公式如下：

$$消费依赖度系数 = \frac{消费的生产诱发额}{消费、出口及投资的生产诱发额合计}$$

$$出口依赖度系数 = \frac{出口的生产诱发额}{消费、出口及投资的生产诱发额合计}$$

$$投资依赖度系数 = \frac{投资的生产诱发额}{消费、出口及投资的生产诱发额}$$

最终需求依赖度系数使各类高技术产业的发展最终依赖消费还是出口，或是依赖投资而产业化的问题一清二楚，从而为风险辨识指明了方向。如"依赖消费型"的高技术产业，应重点分析消费市场的特点包括市场范围，当前需求及潜在需求、需求结构、增长速度、购买力等。"依赖出口型"的高技术产业，应主要考虑国际市场、国际环境及国家出口政策的变化情况；"依赖投资型"高技术产业，应主要考虑相关投资部门的发展计划、投资政策（如是否收缩）等因素的变化。

此外，还应考虑中间需求和最终需求的有效需求成分及供给能力的大小。需求强度，如新型高档家用电器、新型轿车等人们是需要的，但购买力弱或不会使用，则有效需求不足，风险同样较高；影响力系数大，但供给能力有余，则风险同样较小。所以，分析技术创业风险时，不仅要从技术创业项目自身角度，而且要从相关产业及相关需求的角度进行多侧面分析，只有这样才能避免得出错误的结论。

8.3 产业组织理论与技术创业风险分析

产业组织理论（Theory of Industrial Organiztion）是研究产业内企业之间竞争与垄断关系的应用经济理论。从它的理论渊源来看，可追溯到 A. 马歇尔出版于 1890 年的名著《经济学原理》。马歇尔在其中阐述了微观经济学——价格理论的基石之一"局部均衡理论"。马歇尔在他的《经济学原理》一书中，当论及生产要素问题时，在萨伊的生产三要素（劳动、资本和土地）学说基础上，提出了第四生产要素，即组织。在当时马歇尔使用的组织概念里，既包括企业内的组织形态，也包括产业内企业之间的组织形态，还包括了产业之间的组织形态，甚至包括国家组织等。而后来的所谓产业组织理论，正是从研究其中的第二个组织形态，即产业内企业之间的关系形态发展起来的。把产业内的企业间关系结构从马歇尔相当混杂的"组织"概念中分离出来的工作，最后是由梅森（E. S. Masom）和贝恩（J. S. Bain）完成的。其成果集中反映贝恩在 1959 年出版的《产业组织》一书中。现代产业组织理论包括三个基本范畴（市场结构、市场行为和市场成果）及产业组织政策等内容，既然组织是构成生产的第四要素，那么技术创业也应将其考虑之中，当然风险分析也应探寻产业化在这方面的风险因素。

从市场结构和市场行为角度考虑，技术创业的风险因素有：①市场集中程度。②产品的差别化程度。③新企业的进入壁垒。④企业确定价格的政策。⑤决定产品质量的政策。⑥克制竞争对手的政策。前 3 个因素为市场结构因素，后 3 个因素为市场行为因素。

8.3.1 市场集中程度对技术创业的影响。

市场集中反映着市场垄断程度的高低。影响市场集中的因素有规模经济、企业趋向垄断意向、企业的推销活动、金融上的原因、市场的扩大及维护企业主权等。

就技术创业风险而言，处于不同层次的人员对于产业化的不同阶段，用市场集中程度来分析产业化的风险会得出不同的结论。

在中国，许多高技术成果的产业化是与其产品的国产化结合在一起的，如微电子技术的产业化。所以，从宏观管理部门的角度考虑，在产业化的初期阶段或幼稚阶段，市场集中程度高有利于技术创业，也有利于资源的相对集中使用；当技术创业达到相当高的水平时，如出现了数个具有较强竞争力的大企业，为了保护竞争，宏观管理部门将反对市场集中，即克服垄断，以便促进技术进步、迫使企业改善产品质量、降低成本等，但此时从单个企业角度考虑，市场集中，即垄断有利于降低企业投资及经营风险。由于中国是一个发展中国家，技术创业较落后，加之这方面的技术、人才及资本短缺，因此，研究、开发、生产、销售的集中是有利于技术创业的。从民族高技术产业稳定发展的角度讲，坚持市场集中将有益于增强本国高技术产品的竞争力，扩大出口、抑制进口，降低宏、微观风险。

8.3.2　产品的差别化程度对技术创业的影响

产品差别化是指企业在形成该企业提供的产品实体的要素上，或在提供产品过程的诸条件上，同其他同类产品造成足以引诱买者的特殊性，以便买者将它同其他经营同类产品的企业相区别，并以此在争夺市场的竞争中占据有利地位。如前所述，我国的技术创业几乎等同于国产化，要提高国内高技术产品的竞争力，实现产业化，不仅要重视引进，更应重视创新，用组织创新、销售服务创新弥补技术水平之不足，以造成同外国同类产品的明显差别，占据国内市场，实现进口替代。造成产品差别化的方法主要有：①改变产品的质量和外观。②大力开展研究与开发。③利用广告。④改善售前售后服务。⑤使产品地区化、民族化（更适合地区及民族特点）。从我国对外开放的总趋势来看，技术创业的实现离不开产品差别化，它是国内产品同国外产品竞争的主要优势所在。如果只进行模仿，那么势必加大技术创业的风险。

8.3.3　进入壁垒对技术创业的影响

所谓"进入壁垒"是指新企业在和已有企业的竞争上有若干不利因素，这些不利因素会阻止企业的进入。这种阻止新企业进入的因素就叫作"进入壁垒"。形成进入壁垒的因素大体有：①由规模经济造成的进入壁垒。②由费用造成的进入壁垒。③由法律和制度造成的进入整垒。

从规模经济角度分析，当某产业的企业的最小最佳规模（即一个企业单位产品成本最低时的最小生产批量）同市场规模（产业的需求量）相比占有很大的比重时，该产业的进入壁垒就高。原因在于这样的产业只能允许少数企业存在，新企业很难进入；若要进入，不仅需要大量投资，而且也难以站住脚。所以，技术创业主体应评价这类进入壁垒的高低。如果产业发展的目标是打入国际市场或者本国政府对该类产业缺乏有效的关税及非关税保护，那么分析范围应包括全球该产业的所有有竞争力的生产经营企业，以准确评价由规模经济造成的进入壁垒。同时也要分析产业的规模经济特性及市场规模的大小，以分析该产业的潜在发展余地，对最终全面认识进入壁垒具有重要意义。进入壁垒高，技术创业的风险大，对于无替代产品的新型高技术产品的产业化，不存在进入壁垒问题，但这种情况在中国的企业中较少出现。反之，国家的贸易壁垒高，风险小。

从费用方面考虑，第一，新企业无疑要比已有企业花费更多的推销及服务费用，特别是如计算机及其他电子产品等产业，老企业均建立了世界性的推销、服务网，新企业要建立与之相匹敌的系统非一朝一夕所能办到；第二，新企业往往需要花较大的代价购进技术专利和诀窍（这一点我国高技术企业在发展过程中多数要面对此问题），这笔费用对新企业也是很大的负担；第三，新企业即使进入了投产阶段，在获得资源上所花费用往往也要比老企业高；第四，新企业建厂时需要巨额资金，并要为使用这些资金支付费用，这往往形成难以逾越的障碍。因此，费用壁垒加大了技术创业的风险，因为产业化失败后可能的损失增大了。

由法律和制度造成的壁垒，应从两方面分析。如果这种壁垒是在国内或企业内形成的，如国家的保护民族工业的贸易壁垒（关税及非关税壁垒），有利于本国高技术产业的发展，企业的技术壁垒，如已拥有专利权，则有利于企业将高技术成果产业化。若壁垒是在国外或其他企业形成的，则对后起的产业化主体不利，即加大了其产业化风险。

8.3.4　企业的价格政策对技术创业的影响

企业的价格政策会影响其高技术产品的竞争力及企业获利水平。就国内新型高技术产品而言，如果目前的市场上不存在替代产品，则在考虑需求允许的情况下，利润率可偏高，从而价格也可高定；但在有替代产品或进口的同类产品的条件下，这种高技术产品的价格应在参照替代产品或进口产品价格的基础上确定，若该产品同已有产品的性能差异很小，则应以偏低的价格出售产品，以增强企业产品的竞争力，降低其市场风险。此外，企业间是否存在价格协定或合谋或国内保护价格，也会对技术创业产生影响。如为了共同抵制进口品的冲击，国内同行业的企业间协调价格政策，如一起降价，则会降低国内企业的风险。反之，如果竞争对手采取了相应的价格政策，如降价倾销，则会加大技术创业的风险。

8.3.5　产品政策对技术创业的影响

产品政策就是使产品差别化的竞争方法。这种竞争是非价格竞争，比较激烈。就某一特定的市场而言，产品差别化主要体现在产业化主体开发的产品是否比其他企业开发的产品更具个性，具体指产品是否在质量、外观、包装、适用性等方面具有优势。如要开发面向国内市场的微电子产品，如 CAM 类设备，则应在产品的"中国化"上下功夫，至少在配套软件方面应"本地化"，而不应继续使用"洋化"的东西。这样比较适合中国的国情。所以，许多有识之士认为，发展高技术，不但要引进，而且要重视创新、重视"中国化"。技术创业的产品若要顺利打入某一市场，就要使产品适应该市场特征，否则会加大产业化的市场风险。

8.3.6　克制竞争对手的策略对技术创业的影响

克服技术创业风险还应考虑是否具有有效的克制竞争对手的策略。克制竞争对手的策略包括两个方面：一方面是压制、削弱、消灭现存的竞争对手；另一方面是通过加强进入壁垒克制潜在的竞争对手。对技术创业后期，即大规模生产阶段而言，小规模生产某种高技术产品的企业多数情况下不止一家，所以存在竞争问题。若该类产品市场容量很有限，则市场风险对任何产业化投资主体而言，都是存在的。此时，风险的大小与相关企业的克制竞争对手的政策密切相关，谁的策略措施得利，谁的风险就小，否则风险就大。这类策略包括上述的价格政策，如降价倾销、品种策略、宣传策略，如广告和进入壁垒等措施。

8.4　规模经济理论与技术创业风险分析

所谓规模经济就是大规模生产带来的好处。用经济学的概念来表述，规模经济就是规模的"收益递增现象"。具体表现在"长期平均费用曲线"向下倾斜。长期平均费用曲线如图 8-1 所示。

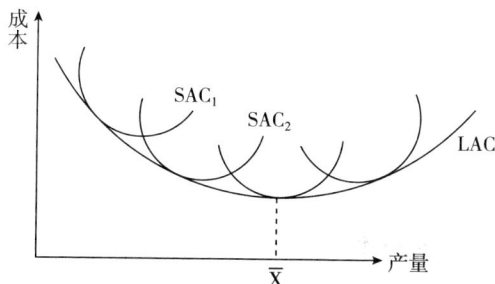

图 8-1　长期平均费用曲线示意

图 8-1 中，LAC 为长期平均费用曲线，SAC 为短期平均费用曲线。$\overline{X}$ 为单位成本最小时的最佳规模。

规模经济存在的原因，从概念上讲是从生产角度提出来的。所以，一般所说的规模经济大都指的是工厂规模经济。工厂规模经济形成的具体原因，有以下四个方面：①大批量生产可使用更大型、高效率和专用设备。②大量生产方式有利于实现标准化、专业化和简单化。③大量生产方式有利于原材料的节约和充分利用。④大量销售可以节省推销费用和流通费用。技术创业的最终目标就是实现这种大规模生产和经营，可以说，某项技术创业活动成功与否的最后标志是看其是否已实现了规模经济。但规模经济的形成要有相应的社会技术经济条件，分析技术创业风险就是要看这些条件是否具备。这些条件是市场、金融、交通运输、通信、原材料、零部件、水、电供应等外部条件和资金、技术、劳动力等内部条件，此外，并不是在所有行业都存在规模经济性。一方面受市场需求限制外，另一方面受行业特点的约束。有些行业固定费用在总费用中所占比重高，有的行业可变费用在总费用中所占比重高：对前者而言，如果按规模经济组织生产，则经济效益显著，而对后者，效果则不显著，一般来讲，资本密集的行业，如化工、计算机、通信等行业适于大规模，甚至超大规模生产。

8.5 均衡理论与技术创业风险分析

技术、经济发展中的相关要素必须均衡，如供求均衡、投入—产出均衡、投入结构均衡、产出结构（产业结构）均衡等，反映在技术创业方面，就是要求技术创业各阶段的投入要素均衡、供求均衡、风险与效益均衡等。这种均衡性是保证产业化顺利、有序进行的充分必要条件。

一个产业发展所经历的生命周期可以分为三个阶段：成长阶段、成熟阶段和衰退阶段。对于创新型产业，如高技术产业发展，要经历孕育期、成长期、成熟期和衰退期。分析技术创业的风险性，重点应放在前三个阶段，尤其是前两个阶段，不确定性因素复杂，风险较大，应作为辨识的重点。

8.5.1 孕育期阶段的不均衡因素

高技术产业一般有较长的孕育期，且多数技术创业企业在该阶段便夭折了（美国约 60%）。技术创业过程中的第一次创业就是要走出这个孕育期。但要走出这个阶段，需要均衡的配套条件。在该阶段可能出现的不均衡因素有市场机制不完善、投资环境不理想、人才资源缺乏、硬支撑条件跟不上、软支撑结构薄弱、宏观管理水平不适应等。任何因素均可使技术创业过程中止，技术创业企业"死"于孕育期。这里的所谓均衡，即是指各支撑要素要相互协调、适应，而不是参差不齐。

8.5.1.1　市场机制不完善

这实质上是指有效需求不足，需求与供给不均衡。高技术产业的发展是与市场机制息息相关的。一方面，市场需求是刺激高技术发展的原动力；另一方面，由于高技术产品的特点是创新，社会对高技术产品的需求要靠高技术本身来创造。这样在高技术与市场之间便形成了市场需求推动及高技术创造市场需求的双向关联作用。但这与市场机制的完善程度相关，不完善的市场，如与高技术产业密切相关的信息、资金、技术、劳动力生产资料市场等市场体系如果不完善，则技术创业的需求"拉力"和供给"推力"远不能实现各自的均衡和彼此的均衡，很难在孕育期阶段形成质的飞跃而进入成长期。

8.5.1.2　资金不足

即是指孕育期的资金供给和需求不均衡。在孕育期，虽然资金需求总额并不大，但相对于筹资渠道和能力，要筹措到创业所需资金也非易事。因为该阶段的创业主体是技术专家居多，这些人经济基础薄弱，很难用自有资金开发产品，想要从银行获得贷款几乎不可能。若没有风险投资公司或大企业或大单位（如科研单位和高校等）的支持，孕育期所需资金很难筹足。

8.5.1.3　人才资源缺乏

即指孕育期阶段所需的人才结构不均衡，供求规模不均衡。国外最新研究结果表明，人力资源投资率与经济增长之间呈现出强烈的正相关关系。高技术产业是智力密集型产业，对人才资源要求更高。西方学者对高技术产业标准的定量化做了系统研究。经常用来描述高技术产业的指标是就业人员结构中科技人员的比例和投资使用构成方面的研究与发展资金等。这里所指的人才不仅指技术人才，而且还包括管理人才、熟练工人等。

8.5.1.4　硬件不匹配

主要指孕育期所需的基础条件（如中试基地、基础结构等）供需不均衡。高技术成果要从实验室走向市场，仍需要多次开发，这些开发离不开相关产业提供支撑条件，特别需要很强的基础工业支撑，如能源、交通、通信、机械、电子元器件、化工、建筑、供水等。许多高技术成果，在实验室培育、制作得很好（典型的如新材料），但要形成产业却困难较大，主要原因之一就是可以用来规模生产它的装备不行（如生产芯片的光刻机），这在很大程度上与这个国家或地区的现有工业基础有关。

8.5.1.5 软支撑结构薄弱

主要指高技术产业发展所需的知识性服务供不应求，国外许多高技术发展都是在良好的软支撑环境中进行的。典型的如美国 128 号公路地区，它拥有一个零星购物的金属部件和电子元器件网络，有上百家在硬件和软件方面非常精通的咨询公司。一般讲，软支撑结构通常包括：①知识产权。②专业化服务，包括技术信息服务、商情服务、零部件供应和承包服务、管理咨询、法律、财会咨询、项目评估服务。③提供风险资本。

8.5.1.6 宏观管理不适应

上述各要素的供求均衡要有宏观管理上的保证，我国高技术产业在 20 世纪 80 年代前发展缓慢而在近二十年发展迅速证明了这一点。因为宏观管理对技术创业各要素有限制作用，生产要素重组的规模、速度要受宏观管理制约。因此，宏观管理水平标志着技术创业过程中的"软"技术水平。我国国有大中型高技术企业缺乏活力及传统产业缺乏对高新技术吸收的"动力"，都与我国目前的管理体制欠佳相关。

8.5.2 成长期的不均衡因素

如果说孕育期的均衡要素主要是技术问题，那么，成长期的不均衡因素则是资金、市场和管理问题。

8.5.2.1 资金需求量较大，资金筹措困难

虽然进入成长期的技术创业企业基本解决了产品生产中的关键技术问题，产品基本打开了销路，且年增长率在 20% 以上，但要保证持续增长，必须追加投资，如果说在孕育期中只需投资 10 元，那么，在成长期就要投资 100 元，甚至更多，才能实现批量生产或规模经济。进入该阶段的技术创业企业虽然有了一定的经济基础，但要凭自有资金或企业信誉筹到所需资金来支持企业发展困难很大。只有少数技术创业企业（不足 1%）会获取风险投资者的帮助，渡过这个难关。在我国，由于许多高技术小企业都与国有单位，如国有企业、科研院所、大专院校、政府部门等有着千丝万缕的关系，有些就是技术创业企业的母体，所以当它们进入成长期需要资金时，多由其母体或其挂靠单位出面解决资金问题，如给予贷款担保或直接出资。但即使这样，要筹措到巨额资金也比较困难，尤其在银根紧缩条件下，母体也不容易筹集到大量资金。资金不足是该阶段的技术创业企业面临的主要风险。

8.5.2.2 市场需求及市场竞争尚不明确，追加投资风险较大

一方面，市场需求决定了成长期的产品生产规模、品种和质量，从而决定了

企业的投资所得（因为价格、成本等与规模、品种、质量密切相关），如果实际的生产能力超过了市场需求量，企业将蒙受降价或过多占用流动资金带来的损失。在具体情况下，即使市场容量很大，但这种需求是不是有效需求（比如高档轿车需求在国内市场上应该较大，但有效需求不足），是现实需求还是潜在需求，这些都应分析清楚，方可大规模投资，否则市场风险将使技术创业企业陷入困境甚至倒闭。另一方面，市场竞争态势如何也会直接影响技术创业企业发展。这主要应看：是否有同类产品进口，其数量、价格、质量、品种及销售策略等方面有哪些优势或弱点（在高技术产品方面，国外产品在上述各点一般具有较大优势）；技术创业企业开发的产品容不容易被其他企业模仿，技术是否处于垄断地位等也要进行分析；是否有替代或潜在的替代品即将面市，它在价格、功能、数量等方面有哪些特点，对本企业产品销售会产生哪些不利影响；等等。如果技术创业企业搞不清市场状况，便盲目投资，就会使企业发展遇到很大风险。

8.5.2.3 经营管理不适应企业成长的需要

处于孕育期的技术创业企业，其组织是比较松散的，这主要由该阶段的特点所决定；如以技术攻关为主，生产试制规模较小、人员少、关系易协调等，但技术创业企业进入成长期（或其产品进入成长期）后，不仅要有正式组织，而且要有专业化经营管理人员，如部门经理，组织也比较复杂。若技术创业企业在经营管理上不能及时适应这种变化，则企业发展受阻。从风险投资者选择其投资对象这一点也可得出经营管理对企业发展至关重要这一结论。风险投资者宁愿投资于二流技术、一流经营的公司，也不愿投资于具有一流技术、二流经营的公司，经营管理不善，同样会造成进入成长期的企业破产、倒闭或被兼并。

资金、市场及管理等因素不均衡，将导致进入成长期的企业不能成长，甚至萎缩、垮掉。国外情况是大约25%的技术创业企业没能熬过这个阶段，主要原因是这一阶段的风险仍然较大，不确定性因素复杂。

以产业经济学（或叫产业发展理论）为指导的技术创业风险辨识告诉我们：现有的产业结构状况、影响产业结构的因素、产业发展过程中的依存性与关联性、供求关系、市场结构和市场行为、政策法规、规模经济、供求要素均衡性等众多因素都影响着技术创业过程，构成了以产业发展为线索的技术创业风险因素系列。

8.6 创新理论与技术创业风险分析

大范围来看，技术创业是典型的产品创新过程，它是高技术产品的首次商业性转化。这种转化是几种行为综合的结果。这些行为包括发明的选择、资本投入保证、组织建立、制订计划、招用工人和开辟市场等。要保证创新链条不中断，必须克服各创新环节中的风险因素。

一个完整的技术创新过程包括：①发现/决策阶段，包括创新构思和决策。创新构思是指根据自身能力，努力发现市场和技术机会形成创新概念；开发决策是指对创新构思系统化，对创新方案正确评估，并做出决策。②准备/开发阶段，包括准备和试验开发。准备是对工程分解，并进行组织调整、创新分工和投入准备；试验开发是指小规模投入、试验性市场开发并进行反馈调整，使新问题尽早被发现与解决。③创新实现阶段，包括规模投入、创新实现与扩散。规模投入是指创新活动全面展开，大规模投入，并进行组织结构的进一步调整；创新实现与扩散，是指生产形成了规模，成功地进入了市场，建立了新的生产体系，创新开始扩散。

针对上述创新过程，可归纳出各阶段风险因素。

8.6.1 发现/决策阶段的风险因素

可从技术、经济和组织三个方面分析该阶段的风险因素。

首先，从技术因素分析，该阶段风险表现为：缺乏对创新预测与评估的技术能力，盲目乐观；对主要技术对象不明确，期望过高，创新构思不切实际，对技术潜力估计不足；技术方案不全面，对配套与辅助技术缺乏考虑。

其次，从经济因素分析，该阶段风险表现为：对风险及自身潜力评估不当，造成过度创新或创新不足，经济实力不强，难以达到最低有效规模。

最后，从组织因素分析，创新风险表现为：创新评估不充分，领导层缺乏创新意识和对中下层创新思想的了解与支持；创新决策水平较低；专门的组织机构不健全，组织间过于独立，缺乏协调性；信息来源渠道单一，信息处理能力不足；决策机制不合理，缺乏严格的决策程序与推测，长期发展规划变动过于频繁；等等。

8.6.2 准备/开发阶段的风险因素

从技术、经济和组织三个方面来考虑。

首先，从技术方面分析，风险因素包括：缺乏应有的技术储备与配套开发能力，技术管理水平低，难以协调创新中各种矛盾；技术选择不及时、不具体；技术选择调整不灵活；技术力量不足；等等。

其次，从经济因素分析，风险因素包括：预算不足，投入缺口增大，创新成本过高；对新问题的潜在影响估计不足；等等。

最后，从组织因素分析，风险因素包括：缺乏组织协调，缺乏应变能力；忽视信息外部反馈，缺少与用户的交流；创新策略往往过于僵化，不能及时应变调整；等等。

8.6.3　创新实现阶段的风险因素

创新实现阶段的风险来自以下几个方面：技术力量不集中，未能及时促进技术扩散；辅助配套技术或生产环节跟不上，影响技术创新效益；预算不准确，投资缺口较大；创业者仅满足于创新的初步实现，忽视创断扩散或滚动发展；对创新活动缺乏激励制度；创新活动中各类人员合作性差，组织调整严重滞后；缺乏必要的内部信息交流，创新效率低；等等。

8.6.4　高技术创新风险因素的分解

如果按照不同领域划分，高技术创新的风险可分为技术风险、经济风险、市场风险、资源风险、政治（或社会）风险及其他风险六个方面。

8.6.4.1　技术风险

包括研究开发结果的不确定性、生产制造能力的不确定性、技术效果的不确定性以及技术寿命的不确定性等。

（1）研究开发结果的不确定性。

一项技术能否按预期的目标研究开发出来并达到预期目标，在研制前和研究过程中是不能确定的，人们只能根据现有的研究开发条件预测其成功的可能性。在高技术创新中由于技术研究开发失败而中止创新的例子是很多的。

（2）生产制造能力的不确定性。

产品开发出来如果不能成功地进行生产，仍不能完成创新过程，设备供应能力、工艺制造能力、零部件配套能力等都会影响产品的生产。

（3）技术效果的不确定性。

一项技术成果在使用之前或使用初期往往难以确定其副作用，如对环境造成的污染、对生态环境的破坏等，这可能使创新受到限制而不能实施。

（4）技术寿命的不确定性。

当今社会，技术以其前所未有的速度向前发展，技术寿命周期不断缩短，对技术周期的时间往往难以确定，当更新的技术比预期提前出现，原有技术将蒙受提前被淘汰的损失，有些创新项目甚至没走完其全过程即被淘汰。

8.6.4.2　经济风险

主要包括资金筹措及价格变动等风险。

（1）资金筹措风险。

资金不足一直是困扰我国技术创业的一大障碍，能否及时筹措到产业化各阶段所需要的资金对创新成败影响很大，此外，由于技术创业风险大，不易从贷款、发行债券等渠道筹集资金。

（2）价格变动。

市场经济是以市场供求状况决定商品价格，这必然导致价格变动（包括利率、汇率、物价、工资等），但这种变动往往是难以准确预测的，这给技术创业带来较大风险。

8.6.4.3 市场风险

包括市场潜在需求的不确定性、市场竞争能力的不确定性。

（1）市场潜在需求的不确定性。

主要表现在：①难以确定市场的接受能力。高技术产品是全新的产品，顾客在产品推出后不易及时了解其性能而往往持观望态度或做出错误判断，从而对市场能否接受及有多大容量难以做出准确估计。②难以确定市场接受的时间。高技术产品的推出时间与诱导出需求的时间有一时滞，这一时滞过长将导致企业开发新产品的资金难以回收。例如，贝尔实验室在 20 世纪 50 年代就推出了图像电话，过了 20 年才实现了该技术的商品价值。③难以预测创新产品扩散的速度。例如，1959 年 IBM 公司预测施乐 914 复印机在 10 年内仅能销售 5000 台，从而拒绝了与研制该产品的哈德公司的技术合作，然而复印技术被迅速采用，10 年后改名为施乐公司的哈罗德公司已销售了 20 万台施乐 914，成了一个价值 10 亿美元的大公司。

（2）市场竞争能力的不确定性。

主要表现在：高技术产品常常面临着激烈的市场竞争，如果产品的成本过高、质量不过硬将影响其竞争力；生产高技术产品的企业往往是小企业，缺乏强大的销售系统，在竞争中能否占领市场、能占领多大份额，事先难以确定。

8.6.4.4 资源风险

包括自然资源条件变化和原材料、动力供应状况变化。这些资源供应的不确定性将给创新带来风险。

8.6.4.5 政治（或社会）风险

包括社会的稳定性，有关高技术产业发展的法律法规的健全程度，有关政策的连续性、稳定性。技术创新的理论及实践证明政府行为是技术创新的主要动力之一（对技术创业也相同），政府可以通过税收、法律、信贷等手段来促进和约束创新活动和行为，但政府行为有时也是不确定的。此外，政局的稳定性也很难准确把握。这些都为创新或技术创业带来风险。

8.6.4.6 其他风险

自然灾害、意外事故、环境污染等发生与否也是不确定的。

8.7 技术创业风险因素的理论模型

本章以产业结构理论、产业联系理论、产业组织理论、均衡理论和创新理论为基础，从理论上阐述了技术创业的风险因素，获得了许多有益的东西，本节在对上述理论研究成果总结的基础上，对技术创业风险因素进行了概括总结和分类，形成了技术创业风险因素的理论模型，该模型对分析技术创业的风险性具有理论意义和参考价值。

8.7.1 技术创业风险因素理论分析的基本结论

（1）高技术产业是资本—技术—智力密集型产业，资本、技术和人才构成其三大风险要素。

（2）技术创业是一个渐进的过程，它需要技术和资本积累，不按这一规律发展高技术，任何盲目的"跃进"，都会带来风险。

（3）一个国家的资源的相对优势，如劳动力密集还是技术、智力、资本密集，对该国的高技术发展有重要影响；不考虑这种相对优势，技术创业不可能顺利进行；这是比较优势理论的观念延伸。

（4）社会需求决定社会生产，有效需求不足会阻碍技术创业进程。

（5）现有的生产技术体系是技术创业的技术基础，生产技术体系落后则可使技术创业进程中断。

（6）与某种自然资源拥有条件相关的高技术产业，其产业化要考虑这种资源的可得性及其供给的稳定性。

（7）一个国家或地区的贸易状况对技术创业的影响可能是双重的，若市场开放，进口大量的高技术产品，则技术创业风险增大。

（8）产业结构高级化，即高技术产业所占比重增加，要求较强的结构转换能力，而这种能力的高低和产业政策的有无、是否正确和强有力密不可分。若没有这种政策、政策不正确、政策支持强度不够，都将使技术创业面临较大风险。

（9）贸易保护是一个国家或地区发展其"幼稚产业"的有效措施，欠发达国家要发展高技术，要有贸易壁垒，缺少保护措施会使其某些技术创业项目下马。

（10）对于后进国家，政府的得力规划和控制是其技术创业获得成功的关键因素。若规划、控制不得力，则技术创业风险可能增大。

（11）任何产业都不可能孤立地发展。从国民经济体系考虑，高技术产业也是构成产业间联系的一个环节，它也不能脱离现实的国民经济中的其他产业而独立发展。其他产业一方面可为其发展提供"拉力"，即需求；另一方面也为其发展创造条件，形成"推力"，即供给。若此"二力"不足，则技术创业过程很难实现。

（12）就某一技术创业过程而言，若其技术产品的感应度系数（IS）较大，则意味着其市场需求强度大，市场风险较小，反之风险较大。

（13）影响力系数较大的高技术产业，意味着该项技术的产业化在很大程度上依赖其他产业的发展，当其他产业（如传统产业）不能为其提供产品或服务时，技术创业目标难以实现，即风险较大。

（14）对于感应度系数（IS）大、影响力系数（IE）也大的技术创业项目，其效益与风险同在，即风险大，可能的效益也大。

（15）对于感应度系数（IS）较小但影响力系数（IE）较大的技术创业项目，具有双重风险，即需求和供给风险都高。

（16）感应度系数较大但影响力系数较小的技术创业项目，风险较小。

（17）对于感应度系数和影响力系数都小的技术创业项目，其风险主要来自市场需求水平较低。

（18）IS 和 IE 的大小只是反映了高技术产业同其他产业间的中间供需关系，全面衡量技术创业风险还要考虑最终需求，即消费、出口和投资与高技术产业发展的依赖关系。

（19）消费依赖度系数较高的高技术产业，技术创业风险很可能来源于消费市场的变化，如消费量减小、市场范围变窄、需求多样化、购买力下降等。故对这类产业应重视其消费市场的研究。

（20）出口依赖度系数大的高技术产业，分析技术创业风险应侧重于国际市场的变化和国家贸易政策法规的调整（如许可证、关税等因素）。

（21）投资依赖度系数大的高技术产业，其发展要以其相关投资部门的投资增长为基础，若相应部门的投资被压缩，则对技术创业不利。

（22）在考虑中间需求和最终需求对技术创业的影响时，要注意需求的有效性，有效需求不足是构成需求风险的根本因素。

（23）在考虑其他产业对高技术产业发展的支撑时，要注意实际的供给能力，当供给有余时，技术创业风险较小（此时可能影响力系数 IE 大），反之风险较大（此时可能影响力系数 IE 较小）。

（24）市场集中程度低（如分散投资），不利于技术创业资源的相对集中，因而风险较大，所以，在高技术产业发展初期，应强调适当集中。

（25）产品的差别化有利于高技术产品在竞争中处于优势地位，不重视这种差别化会加大技术创业风险。

（26）某项高技术成果的产业化，要分析其产品的进入壁垒（如是否存在进口品或替代品等），进入壁垒高，技术创业风险较大；形成进入壁垒的因素主要有规模经济、高额费用和法律法规等。

（27）不考虑价格策略将加大技术创业风险。这主要应考虑高技术产品的供需状况，替代产品或同类产品的价格水平、成本、利润情况，本企业高技术产品的生产成本及各项费用等。

（28）没有明确市场目标的高技术产品开发，风险较大；市场目标包括市场范围、市场占有率等。

（29）技术创业成功的主要标志是实现了从非规模经济向规模经济的转化。但这种转化需要市场、金融、交通运输、通信、原材料、零部件、能源等外部条件与资金、技术、人才和管理等内部条件。当不具备这些条件时，势必加大技术创业风险。

（30）从创新角度考虑，可将技术创业划分为三个阶段：发现/决策阶段，准备/开发阶段和创新实现阶段。第一阶段的风险主要是开发前风险，即调研不准，决策失误所造成的风险；第二阶段的风险主要表现为技术风险；第三阶段的风险主要表现为市场风险和工程风险（生产风险）。

（31）如果按照风险领域来划分，技术创业的风险包括技术风险、经济风险、市场风险、资源风险、政治（或社会）风险与其他风险。

（32）技术创业风险因素间并不是相互独立的，而是相互影响、相互制约的。当它们之间的关系不均衡时（相对于产业化要求），技术创业风险较大。

（33）若将技术创业过程划分为孕育期、成长期和成熟期、衰退期，则前两个阶段的风险较大，应作为风险分析的重点。

（34）高技术产业一般有较长的孕育期，孕育期的风险因素包括人才缺乏、基础结构不适应、软支撑环境不配套、宏观管理水平落后、要素市场不完善等，体现为技术风险。

（35）技术创业脱离孕育期进入成长期的风险表现为资金需求量较大、资金筹措困难，市场需求及竞争状况不确定，此时企业的经营管理若不适应企业成长的要求，则产业化活动可能不会达到预期效果，甚至亏本。

（36）技术创业的三阶段序列，即孕育期、成长期和成熟期的风险性趋于减少（主要指失败率），但资源投入量却趋于扩大；这是技术创业风险的阶段特征。

（37）在任何情况下，技术创业活动都需要政府的协调，这种协调对关键技术的开发尤为重要。

（38）高技术产品的结构特性及其成本的发展趋势表明，率先进入市场的企业在竞争方面往往具有决定性的优势；这意味着对后进企业来说，其进入壁垒加大，风险较大。

（39）高技术产品市场虽然与消费者的固有需求有关，但在很大程度上它要依赖高技术企业的开拓和引导，企业的不懈努力是其打开产品销路、克服市场风险的重要途径。

综上所述，从理论上讲技术创业风险反映在许多方面，这与技术发展规律、产业发展规律、经济发展规律、宏微观管理体制等密切相关；具体到某一技术创业过程，它所涉及的风险要素可从供给和需求、主观和客观、宏观和微观几个方面考虑，如供给条件包括资金、技术、人才、基础结构、软支撑环境、管理体制、政策等；需求条件包括规模、结构、水平、速度、范围、价格、服务等。供给不足或需求不足都会导致技术创业活动中止或撤销或达不到预期效果。

8.7.2 技术创业风险因素的理论模型

如何通过理论分析来揭示技术创业的风险性，怎样指导人们从多角度、多视觉，理性地、系统地分析技术创业风险，是本书研究的目的之一。为此，我们在上述理论分析的基础上，构造了技术创业风险因素的理论模型。它实际上是人们分析技术创业风险的指南（见图8-2）。

运用技术创业风险因素的理论模型，风险分析人员既可以全方位分析技术创业风险，也可以从某一方面分析技术创业风险。人们可从下述角度分析技术创业风险：①人们可依据产业结构理论分析技术创业风险。②人们可依据产业联系理论分析技术创业风险。③人们可依据产业组织理论分析技术创业风险。④人们可依据均衡理论分析技术创业风险。⑤人们可依据创新理论分析技术创业风险。⑥人们可依据规模经济理论分析技术创业风险。⑦人们可从供求角度分析技术创业风险。⑧人们可从宏、微观环境分析技术创业风险。⑨人们可从主、客观两方面分析技术创业风险。

该理论模型虽然具有系统性、灵活性等特点，但它只能作为人们分析技术创业风险因素的指南，它不能对各风险因素的相对重要性及更具体的内容做出说明。因为对不同领域、不同主体、不同模式、不同地区及不同产业化项目，技术创业风险因素及风险特征不同。这是理论模型的局限性。

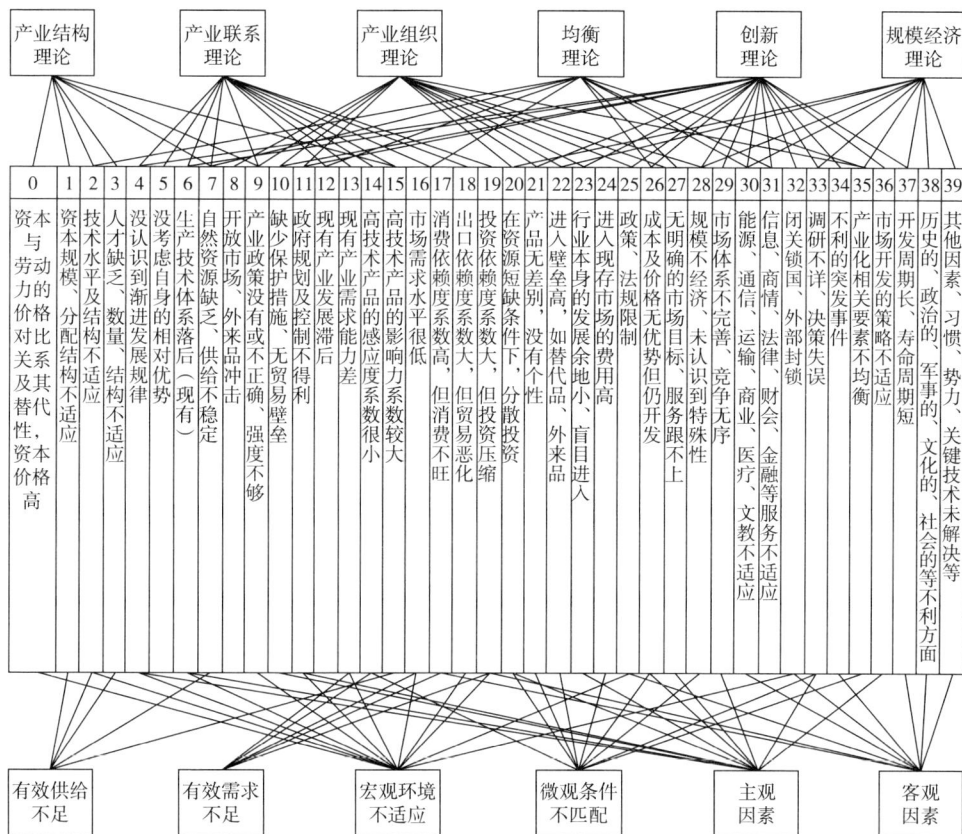

图8-2 技术创业风险因素的理论模型

第9章 技术创业风险分析的基本方法

技术创业风险分析要回答各风险因素及其在技术创业中的地位，明确哪些是致命因素、关键因素，哪些是次要因素。鉴于此，有必要研究技术创业风险分析的方法体系。

9.1 技术创业风险分析的方法论

技术创业的最大特征之一是它的高风险性。风险分析的任务就是认识和评价这种风险性或不确定性。而要认识和评价这种不确定性问题，传统的机械论和决定论方法是不适应的，即应将分析的立足点彻底地转移到系统科学——系统论、统计数学——概率论、模糊数学——模糊论、辩证唯物主义——辩证逻辑以及技术经济学——技术经济理论与方法的基础上来。

系统论使我们在分析技术创业风险性时，坚持全面地看问题，考虑所有的侧面和一切可变的因素，并且把问题的社会方面、经济方面和技术方面联系起来分析。基于此，我们将系统分析的最新方法——多重情景分析法（MSA）作为分析复杂产业化系统风险因素的方法。

概率论教会我们用或然的观点研究风险问题，在此不仅是说研究风险这类不确定性问题必须以概率论为基础，而且也意味着在分析各风险因素与风险主体之间的关系时，坚持或然性而不是完全的确定性。比如，政策环境对技术创业影响很大，但我们不能下这样的结论：政策环境不完善一定会导致技术创业失败，我们只能说政策环境不完善可能会导致技术创业失败。关于用概率论方法研究问题人们已取得共识。在经济研究领域，极力推崇用概率论方法研究经济现象的学者是 1989 年诺贝尔经济学奖得主哈维尔莫博士，他的代表作是《经济计量学的概率论方法》。

模糊论进一步证明了经典数学中的决定论具有客观的不完备性。这种不完备性体现在：对于人们所研究的现象，过于简单地提取特征（二元特征），从而在某种程度上歪曲了客观规律。即对于我们的研究对象，要么属于某个集合，要么不属于某个集合，两者必居其一。模糊论认为，就客观现象而言，大多数情况下并不具有经典集合论中的那种清晰性，也即研究的集合并没有一个明确的边界，似然性是事物发展的普遍规律。模糊论在决策分析中已得到广泛应用，如模糊综合评判方法在投资决策中的应用、在风险评价中的应用等。

近年来，以模糊论中模糊逻辑为基础的近似推理已被成功地运用于专家系统和人工智能领域。但尚未见有人将其用于风险分析。我们拟将其与故障树法结合，构造一种新的风险分析结构模型（FFTAM）。

辩证逻辑是被证明了的放之四海而皆准的分析问题和解决问题的思维方法。这种理论思维就是辩证逻辑思维，它由概念逻辑、研究逻辑、叙述逻辑和逻辑方法组成。

概念逻辑突出反映在概念具有流动性上，即概念在空间上和时间上均具有流动性。这在技术创业风险分析中对于我们科学地处理风险因素与技术创业的关系具有指导意义。如不同技术创业主体面临的风险不同，不同技术创业地区的风险不同及不同技术领域的风险也会不同等，就是概念流动性思想的具体运用。

研究逻辑即研究的程序。辩证逻辑告诉我们应按照下述"三步骤"进行：

第一，经过大体的调查研究，认识事物的大体轮廓，形成一般的、笼统的概念。

第二，系统地和周密地调查研究，深入事物的内部细节，形成分析的概念。

第三，用综合法对各部分的分析加以综合，得出整体的认识，形成综合的概念。

即提出问题、分析问题和解决问题。

叙述逻辑是指文章应包括起始范畴、中心范畴和终结范畴。应有"依据和根据"地进行分析。

逻辑方法是以分析和综合为核心的逻辑方法体系，它包括比较法、抽象法、归纳法、概括法、演绎法、分析法、综合法等，这些方法是研究技术创业的风险性所不可缺少的。

研究技术创业风险问题，实质上是研究技术与经济协调发展问题。因此，技术经济学中的技术经济预测、可行性分析、项目评价、方案比较、投入产出分析等构成了风险分析具体的方法体系。

9.2 技术创业风险分析模型——FFTAM 的开发

9.2.1 FFTAM 及其作用

9.2.1.1 FFTAM 的一般结构

模糊故障树模型（Fuzzy Fault Tree Analysis Model，FFTAM）是以模糊数学（Fuzzy Math.）和故障树（FT）为基础，结合技术创业风险分析的特点而开发出来的一种风险分析模型。它的一般结构如图 9-1 所示。该图由顶事件、中间事件、模糊逻辑门及底事件（或未展开事件）构成。图中符号含义如表 9-1 和表 9-2 所示。

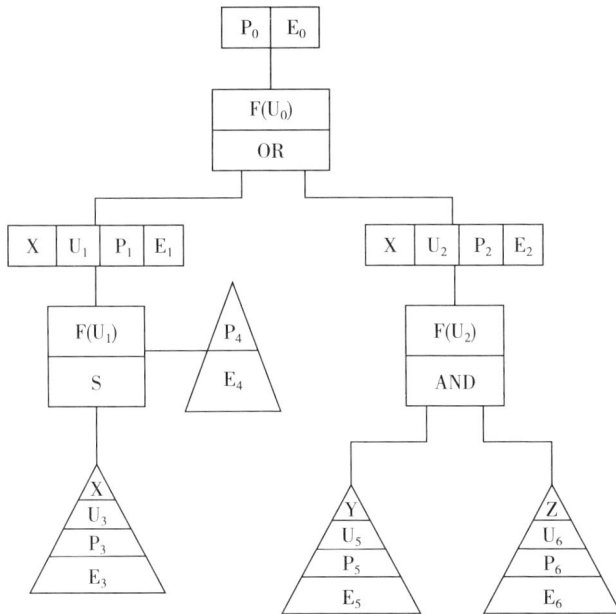

图 9-1　模糊故障树模型的一般结构

注：E_0 表示顶事件；P_0 表示顶事件发生概率；F（U）表示上、下级事件之间的作用强度；OR 表示或门；AND 表示与门；X 表示致命事件；Y 表示关键事件；Z 表示一般事件及次关键事件；P_i 表示第 i 个事件发生概率；U_i 表示第 i 个事件的重要度。

表9-1 FFTAM 中的事件符号及其含义

序号	符号	事件名称及含义
1		无差别结果事件：来自那些通过逻辑门入口的风险事件的合成，它包括除无差别的底事件之外的所有中间事件及顶事件。所谓无差别，指在同一级结果事件之间没有差别
2	X U P E$_i$	致命性结果事件：指这类中间事件，即它的发生必定引起输出事件发生的这类事件。U ∈［0.7，1］，P ∈［0.7，1］，（1-2）阶最小割集，（路集）事件
3	Y U P E$_i$	关键性结果事件：即它的发生对输出事件的发生有重大影响的中间事件。U ∈［0.3，0.7］or，P ∈［0.3，0.7］，等等
4	Z U P E$_i$	一般性结果事件（次关键事件）：即该类中间事件的发生对输出事件的发生影响不大
5	E$_i$	无差别的底事件：指重要性或作用程度相同的底事件
6	X U P E$_i$	致命性底事件：即对其中间事件或顶事件具有"否决权"的底事件
7	Y U P E$_i$	关键性底事件：指对其中间事件或顶事件具有重大影响的事件
8	Z U P E$_i$	一般性底事件（次关键底事件）：指对其上一级中间事件或顶事件无特大影响的底事件
9	E$_i$	可省略的事件：可以忽略不计的事件
10	E$_i$	未展开事件：无法展开或展开无意义的事件也有四种类型，即无差别、致命、关键、一般四类

表 9-2   FFTAM 中的事件符号含义

序号	符号	名称	含义
1	F(U) AND B₁ Bᵢ Bₙ	模糊与门	只有输入事件 B_1，B_2，…，B_2，…，B_n 各自以隶属度 U_1，U_2，…，U_2，…，U_n 发生时，输出事件 A 按 F（U）关系发生。U，F（U）$\in$ [0，1]，$F(u) = \prod_{i=1}^{n} U_i$
2	F(U) OR B₁ Bᵢ Bₙ	模糊或门	若任何一个或几个输入事件（B_i）以（U_i）发生，则输出事件 A 按 F（U）关系发生。U，F $\in$（u）[0，1]，$F(U) = 1 - \prod_{i=1}^{n}(1-U_i)$
3	F(U) AOS B P C	模糊禁门	当条件事件 C 以概率 P 发生时，则输入事件 B 以 U_B 引起输出事件 A 按 F（U）关系发生。P，U_B，F（U）$\in$ [0，1]
4	F(U) AND B₁ Bᵢ Bₙ	模糊优先与门	若所有的输入事件 B_i（i = 1，2，…，n）以隶属度 U_i（i，2，…，n）从左至右依次发生，则输出事件 A 以 F（U）关系发生
5	F(U) OR B₁ B₂	模糊异或门	若输入事件 B_1 和 B_2（隶属度为 U_1 和 U_2）中的任何一个发生，但不同时发生，则输出事件 A 以 F（U）关系发生
6	F(U) m B₁ Bᵢ Bₙ	模糊表决门	若 n 个输入事件中的 m 个发生（隶属度 U_1，U_2，…，U_m），则输出事件 A 按 F（U）关系发生

FFTAM 具有以下特征：

第一，可表明技术创业风险因素及其相互关系；

第二，可表明各事件发生的概率；

第三，可表明各事件的重要性。

9.2.1.2   FFTAM 的作用

FFTAM 具有下述作用：

第一，FFTAM 是一种图形演绎方法，是不利事件在一定条件下的模糊推理过程，它可以围绕特定的故障状态做层层深入的分析，在清晰的故障图形下表达了系统的内在联系，并指出各事件与系统失效之间的逻辑关系，从而可找出系统的全部故障谱及系统的薄弱环节。

第二，FFTAM 有助于分析人员和决策人员考虑到可能造成系统失效的各种因素，它不仅可用于分析"硬件"故障对系统的影响，而且更适用于环境和人

为等 "软件" 因素的影响。

第三，FFTAM 的知识表达方式所包含的信息量和知识比现有风险分析方法都要多，比如，不但提供了事件间的逻辑关系，还给出了事件间的作用强度、事件发生的概率及其重要性隶属度等。该模型对完善现有故障检测和诊断方法具有重要参考价值。

第四，由于 FFTAM 是一种由模糊逻辑门所构成的逻辑线，这为应用电子计算机进行分析计算奠定了基础。

第五，FFTAM 建成后，对不曾参与系统（在此为技术创业）规划的管理和执行人员来说相当于一个形象的管理执行指南，因此可用于培训开发系统和管理系统的有关人员。

第六，FFTAM 还可为设计技术创业风险评价指标体系，主要是顶事件概率、最小路集、最小割集、致命事件和关键事件等奠定基础。

9.2.1.3 开发 FFTAM 的必要性

在故障诊断、可靠性工程和风险分析中，故障树（FT）法被证明是一种常用的比较有效的方法。运用 FTA 分析法诊断故障的过程是从系统的某一故障开始的。通过不断提问 "为什么会出现这种现象" 而逐级构成一个递阶故障树。通过对此故障树的启发式搜索，会查到故障的最终原因。故障树法被定义为 "在系统设计过程中，通过对可能造成系统失效的各种因素（包括硬件、软件、环境、人为因素）进行分析，画出逻辑框图（即故障树），从而确定系统失效原因的各种可能组合方式及其发生概率，采取相应的纠正措施，以提高系统可靠性的一种设计分析方法"，目前 FTA 作为系统可靠性分析的有效方法不仅在许多工业领域内得到推广，而且也被用于经济管理方面，如风险分析。但由于以往的故障树分析法的应用对象多以硬件系统为主，如导弹的发射控制系统、复杂的自动化设备等，所以当将其用于软、硬件混合系统时，便会出现不适用的情况，典型的如在硬件系统中，故障间的前后因果关系多是确定的，即有 "因" 就会有 "果"，而在非完全硬件系统中，如技术创业过程便属于这类系统。在这类系统中，故障间的因果关系是不确定的，即有 "因" 不一定会有 "果"，如在技术创业过程中，政策不配套是风险因素之一，但它的存在不一定就会使某一技术创业失败；事实也证明了这种不确定性是普遍存在的。处理这种不确定性问题的方法论基础是概率论和模糊论。主要是模糊论中的模糊逻辑为解决此类问题提供了理论依据。

在经典的二元逻辑中，命题的真和假能够明确判定。分别用 1、0 表示真、假，则其真值集合是 $L_0 = \{0, 1\}$。在模糊逻辑中，只能谈论命题的真实程度，其真值集合 L 比 L_0 要复杂。最简单的情形是取 $L_0 = [0, 1]$，这时的模糊逻辑就是连续值逻辑。在多因素场合，常取 $L_n = [0, 1]^n$。模糊逻辑的研究重点是取 L 为语言值的集合 $L* = \{真、较真、较假、假、未知，……\}$，$L*$ 中的元素叫语言真值。这样的逻辑叫语言值逻辑。

以模糊逻辑为基础的还有近似推理。实际上，人们在日常生活中所进行的推理多是模糊推理。例如，"技术创业环境对技术创业有影响，某地创业环境较差，所以，其技术创业风险较大"。由于"环境较差""风险较大"等都是模糊概念，不能简单地用"真""假"二字去评定，因此推理过程是模糊的。但是这种推理仍然有很强的逻辑性，更接近于人类的实际社会生活。在技术创业风险分析中，存在许多这种模糊关系。

近似推理的思想已被成功地运用于专家系统、人工智能等领域。它比传统二值逻辑所使用的三段论法具有明显的优点是：三段论法中"因果"的匹配是僵死的，而近似推理则实现了一种软匹配，它更符合人的思维。

基于上述考虑，我们开发了 FFTAM。

9.2.2　FFTAM 的开发程序

第一，选择顶事件，即最终的不利事件。通常将最不希望发生的系统故障状态作为顶事件，如在技术创业活动中，最不期望的状态是技术创业过程中断或产业化项目失败（详见本章 9.3 部分）。

第二，将确定的顶事件作为第一行，用正推法（或倒推法）自下而上或自上而下地建造起故障树，即找出导致顶事件（或某一级中间事件）的所有可能的直接原因，作为中间事件（详见本章 9.3 部分）。

第三，以中间事件为基础，逐级向下发展，直到找出引起系统失效的全部基本事件，作为底事件（详见本章 9.3 部分）。

第四，以代号表示各事件，且进一步明确事件之间的关系，这样就可初步获得一棵能反映技术创业风险因素的故障树，如图 9-2 所示。

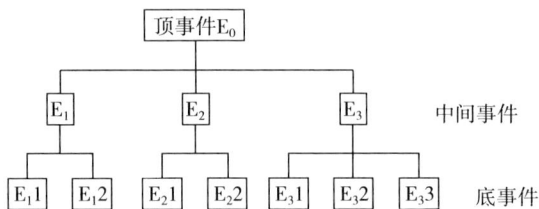

图 9-2　技术创业风险因素故障树

第五，明确上下级事件之间的逻辑关系，并用特定的模糊逻辑符号表示。

第六，根据图9-2的故障树，明确上下级事件的作用关系，确定下级事件对上级事件的隶属度，即 F（U）值（详见本章9.7部分）。

第七，确定底事件概率（详见本章9.4部分）。

第八，确定中间事件和顶事件概率（详见本章9.4部分）。

第九，求最小割集（详见本章9.5部分）。

第十，求最小路集（详见本章9.6部分）。

第十一，确定事件等级（详见本章9.8部分）。

到此便建立了一个完整的 FFTAM。

9.2.3 FFTAM 开发规则

在建立 FFTAM 时，要遵循一些规则，这些规则如下所述。

第一，在表示事件（Events）的符号内要简要写出事件的含义，若规模较大也可用字母表示，另外再标出各事件的含义，在简化和评价时用字母代替。

第二，对于某个逻辑单元的所有输入，在对它们展开或进一步分析之前，必须对它们给予完整的定义，避免无条理性和随意地简化。

第三，任何逻辑单元符号不能与其他逻辑单元符号相连。即不允许图9-3的情况出现。像图9-3那样表达事件间的逻辑关系，会使人们最终搞不清事件间的逻辑关系到底是什么。

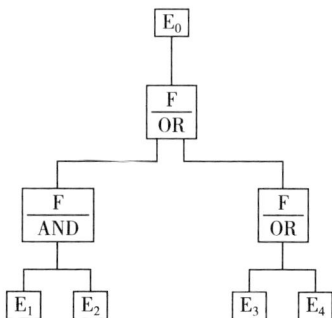

图9-3 事件间的逻辑关系

第四，用比较具体的事件代替比较抽象的事件，如买方市场可用市场饱和或市场需求量过小代替。

第五，在可能的情况下，尽量将事件的原因详细划分。

第六，要分清导致同一后果的几种不同情况。如供求不平衡要分别用供大于求和求大于供两种情况进行分析。

当然，这些规则都是在使用 FFTAM 的实践中总结出来的，在此借鉴应用。随着 FFTAM 在实践中的运用，可以总结出更多的实用性规则，以不断完善 FF-TAM。

9.3　FFTAM 中各事件的确定

FFTAM 中包含着顶事件、中间事件和底事件（未展开事件）。

9.3.1　顶事件的确定

9.3.1.1　顶事件的定义

所谓顶事件，从 FFTAM 来看，就是最后的不利事件；从系统状态角度来看，它是人们最不希望发生的系统故障状态。它是风险分析中人们所要分析和评价的对象或目标。

9.3.1.2　顶事件的特点

第一，从重要性来看，顶事件是 FFTAM 中最重要的事件，是相关人员关注的焦点，即核心性。

第二，从数量来看，一个 FFTAM 中只有一个顶事件，不存在两个以上顶事件，即唯一性。

第三，从可分性来看，顶事件必须是可以分解的，并且在 FFTAM 中其可分性最强，即可分解性强。

第四，从动态的观点看，在一个复杂的系统中，可能存在着若干个子系统，从而出现多个 FFTAM，那么，在某一 FFTAM 中，某一事件可能是顶事件，但在另外的 FFTAM 中，它可能是中间事件甚至是底事件，因此，顶事件是相对的、变化的。

9.3.1.3　顶事件的确定方法及规则

一个 FFTAM 能否真实地反映一个系统的风险，顶事件的定义是非常重要的，顶事件既要简明，又要能反映事物的本质。

在确定顶事件之前，必须对系统的全貌有比较透彻的了解，这样有利于正确确定顶事件。对于不同的系统、不同的分析对象、不同的目的要求，顶事件的表达形式也不一样，可繁可简，可定量描述也可定性描述。对一个简单的系统或对某一个指标的分析，其顶事件比较容易确定。如分析某一技术创业 R&D 阶段目标的风险性，顶事件可以定义为"没有开发出样品"，然后就可以展开进行分析。但对于大的复杂系统，不能凭经验或直觉直接定义顶事件。如对于某一投资规模很大的技术创业项目，如某一火炬计划项目在风险分析时，可能将项目未能达到预期要求作为顶事件。但在什么情况下未能达到预期要求不明确，所以，必须用具体的指标来描述，比如，用"净现值小于零"或"年利润额低于 X 万元"等来描述顶事件。

另外，还可以从子系统的角度去定义顶事件，即将大系统划分为若干个子系统，建立几个 FFTAM，每一个子系统对应的 FFTAM 都有一个比较具体的顶事件，这样做可使分析更透彻。如考虑到某一技术创业过程是一个复杂的大系统，该过程中断或失败主要反映在资金、市场、技术和政策等几个方面，为了对这几个因素进行深入分析，可围绕这些因素建立几个 FFTAM，那么各 FFTAM 的顶事件就可分别描述为：资金筹集困难、产品销售不畅、技术手段满足不了要求，不利于项目发展的政策等，然后对每一个不利方面展开。所以，我们可以看到，针对不同的情况，顶事件的定义是有差别的，分析人员可以抓住分析对象中的主要矛盾，灵活地运用 FFTAM，并准确地定义顶事件。

在风险分析中，顶事件代表了失败区间的某一点，即对某一系统不满意度的描述。只有正确地定义了顶事件，下一步的展开分析才是有意义的。定义顶事件的基本规则就是要坚持：唯一性，即只能定义一个顶事件；本质性，即要反映事物的本质；内涵丰富性，即要充分反映事物的外延；简捷性，即表达方式要简单明了。

9.3.2　中间事件的确定

9.3.2.1　中间事件的定义

所谓中间事件，从 FFTAM 来看，就是指除底事件和顶事件之外的所有事件，在风险分析中它起承上启下的作用。从局部来看，它是若干不利事件作用的结果，也可称为局部顶事件。

9.3.2.2　中间事件的特征

作为中间事件，它应具备以下特征：

第一，从数量来看，一个 FFTAM 中至少拥有两个中间事件，即具有不唯一性。

第二，必然可分，即有其自身的输入事件。

第三，不是最终的结果事件，即其本身仍是某一结果事件的输入事件。

9.3.2.3 中间事件的确定方法

正确确定中间事件是真实反映顶事件风险机理的保证。在确定中间事件时要认真分析其因果关系，正确反映各种作用关系。为了没有遗漏地全面准确地归纳出中间事件，应深入地调查研究，听取各方面的意见，尤其是专家的意见。在这一过程中也可以用头脑风暴法、演绎推理法获取有关中间事件方面的信息，明确中间事件与顶事件或中间事件之间的因果关系，这样将逻辑分析与专家意见相结合，就可以比较准确地确定出中间事件，具体方法有相关分析、Delphi 方法、倒推法、正推法、分解与综合法、头脑风暴法、多重情景分析法等。

确定中间事件的基本原则是要全面系统、没有遗漏，并力求使各中间事件（指同一层次）之间相互独立，没有交叉作用。

9.3.3 底事件的确定

9.3.3.1 底事件的定义

所谓底事件，就是根据系统边界，不能再继续展开的事件，它是 FFTAM 中的基本事件，是导致顶事件发生的根本原因。

9.3.3.2 底事件的特征

底事件的突出特征是不可分性，即它是 FFTAM 中的最后一级输入事件。

9.3.3.3 底事件的确定方法

能否正确确定底事件关系到风险分析工作的可靠性，最终会影响到风险评价结果的准确性和决策的正确性，也会使风险防范抓不住要害，结果导致顶事件发生。确定底事件的可靠方法是枚举法，即尽可能多地枚举底事件，然后再通过逻辑分析和专家意见相结合的方式，明确每个中间事件相对应的底事件。

是否将系统现存事件继续划分下去，是由系统的边界和研究工作所要达到的目的及所要分析的对象的特点所决定的。

确定底事件的基本原则是：避免遗漏，表达具体。

9.4　FFTAM 中各事件概率的确定

9.4.1　几个与概率估算相关的概念

9.4.1.1 客观概率与主观概率

一般关于概率的计算方法有两种：第一种是根据大量试验用统计的方法进行

计算；第二种是根据概率的古典定义，将事件集分解成基本事件，用分析的方法进行计算。用这两种方法得到的概率数值都是客观存在的，不以计算者或决策者的意志而转移，故称为客观概率。在计算客观概率时，常需要足够多的信息，例如需要足够多的试验数据或对事件本身的详细了解和分析。在科学试验及工程研究中常使用客观概率，如产品或零部件的可靠性试验等。但在技术创业风险分析时，我们所遇到的事件常不能做大量试验，因此，要获取客观概率是比较困难的，甚至是不可能的，这就使人们自然地想到能否用主观估计得出事件的发生概率，即主观概率，所谓主观概率就是指：根据对某事件是否发生的主观判断，用一个 0~1 的数来描述此事件发生的可能性，此数即为主观概率。主观概率是用较小信息量估计出来的。这种估计并不是不切实际的胡乱猜测，而是根据搜集到的信息及过去长期的经验和合理的判断进行的估计。一旦估计出概率值，即使它的科学依据不足，其数值也可当作客观概率来使用。人们不应轻视主观概率的作用，也不应认为它不可靠而拒绝使用，可以将主观概率看作客观概率的近似值加以使用，这总比完全不考虑概率值要好得多。

9.4.1.2　信息量与主观概率和客观概率的关系

解释主观概率和客观概率离不开知识曲线或信息曲线，即反映知识或信息量与人们意见范围关系的曲线，如图 9-4 所示。

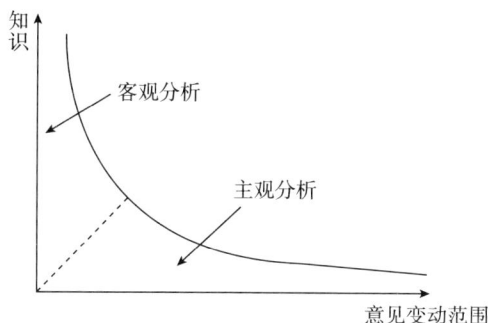

图 9-4　反映知识或信息量与人们意见范围关系曲线

由图 9-4 可知，知识或信息量越多，越能进行客观分析，此时人们便可利用客观概率。但若知识有限（事实很少），人们就必须依靠主观分析或者主观概率。

知识曲线还说明了主观概率的一个重要事实，即当知识很少时，意见范围或分歧很大。因此，在主观分析时，应进行一致性检验。

9.4.1.3 合成概率

关于事件的客观概率与主观概率，实际上是两种极端情况，更为大量的是中间情况。这些中间情况的概率不是直接由大量试验或分析得来的，但也不是完全由主观确定的，而是两者的"合成"，如有些是从类似的事件的客观概率外推而得到的。

9.4.2 底事件发生概率的估算方法

已有的测算底事件概率的方法包括外推方法和专家调查法。

9.4.2.1 外推方法（Extrapolation Method）

外推方法是合成估计概率的一种方法。在预测和信号处理等学科中已大量采用。外推方法可分为前推、后推和旁推方法。

前推就是根据历史的经验和数据推断出来事件发生的概率。

如果没有直接的历史经验数据可供使用，可以采用后推的方法，亦即把未知的想象的事件及后果与某一已知的事件联系起来，进行类比，在时间序列上也就是由前向后推算。

旁推法就是利用不同的但情况类似的其他产业化项目的数据对拟开发项目的底事件概率进行外推。

9.4.2.2 专家调查法

专家调查法是被证明用于解决类似风险分析等不确定性问题的一种有效方法，当人们缺乏足以做出正确决策的资料而又必须做出决策时，专家调查法就是首选和必选的方法。专家调查法有许多种，比较规范的有 Delphi 方法和 AHP 法。Delphi 方法近年来人们用得比较多，相比之下，AHP 法由于提出时间晚（20 世纪 70 年代初期），在国内，20 世纪 80 年代初才开始介绍，加之应用 AHP 需要掌握一些数学知识，因此限制了它的应用。至于 AHP 法在风险分析领域的运用几乎为空白，目前尚未见到公开发表的文章或论著介绍。我们重点阐述 AHP 法在风险分新中的应用（详见信息残缺条件的风险评价）。本部分主要结合模糊数学（FUZZY）研究 AHP 在确定底事件发生概率中的应用，简称 FAHP 法。

9.4.2.3 FAHP 法在底事件概率估计中的应用

（1）运用 FAHP 法的步骤。

第一，分析系统中各因素之间的关系，建立系统的递阶层次结构。对于求底事件概率，层次较简单，只要有两个层次就足够了。结构示意如图 9-5 所示。

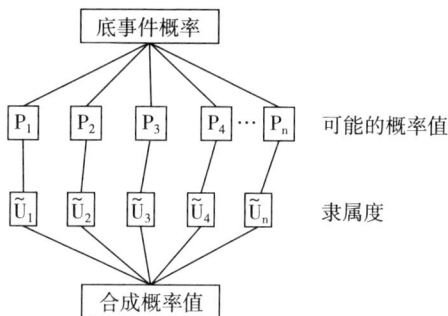

图 9-5 底事件结构示意

图 9-5 中的第一层次是由可能的概率值 P_1，P_2，P_3，$\cdots$，P_n 组成的；第二层次是由通过 AHP 法计算出的隶属度组成的（即 $\tilde{U}_1$，$\tilde{U}_2$，$\cdots$，$\tilde{U}_n$）。

当已知 P_1，P_2，$\cdots$，P_N 与 $\tilde{U}_1$，$\tilde{U}_2$，$\tilde{U}_3$，$\cdots$，$\tilde{U}_n$ 后，就可计算出底事件概率值。

第二，对同一层次的各因素（在此为可能的概率值层）关于上一层次中某一准则（在此为与底事件概率值的接近度）的重要性进行两两比较，构造判断矩阵。

第三，由判断矩阵计算被比较元素（P_1，P_2，$\cdots$，P_n）对于准则的相对权重或隶属度（$\tilde{U}_1$，$\tilde{U}_2$，$\cdots$，$\tilde{U}_n$）。

第四，计算底事件概率。公式为：

$$P_{Ri} = \sum_{k=1}^{n} P_k \cdot \tilde{U}_k (i = 1, 2, \cdots, m) \tag{9-1}$$

（2）运用 FAHP 法的关键。

第一，确定可能的概率值。根据数理统计中的数据分组规则，将概率值 [0，1] 分成 10 组，如表 9-3 所示。

表 9-3 概率值分组结果

组号	分组结果	均值（$\overline{P}$）	$\overline{P}$
1	[0.0，0.1)	0.05	
2	[0.1，0.2)	0.15	0.15
3	[0.2，0.3)	0.25	
4	[0.3，0.4)	0.35	0.35
5	[0.4，0.5)	0.45	

组号	分组结果	均值（$\overline{P}$）	$\overline{\overline{P}}$
6	[0.5, 0.6)	0.55	0.55
7	[0.6, 0.7)	0.65	
8	[0.7, 0.8)	0.75	0.75
9	[0.8, 0.9)	0.85	
10	[0.9, 1.0)	0.95	0.95

考虑到数据搜集和处理的工作量以及概率值的代表性，取 $\overline{\overline{P}}$ 为 0.15、0.35、0.55、0.75 和 0.95 五个值作为可能概率值推荐给专家。也可根据具体情况加以选择。

第二，建立判断矩阵。首先，在 AHP 法中通常选择 1~9 的整数及其倒数作为两个元素（在此为两个可能的概率值）相比时的比例标度。其次，选择一组专家按要求填写判断矩阵，在此，判断矩阵的形式如表 9-4 所示。

表 9-4 判断矩阵

可能概率值	P_1	P_2	P_3	P_4	P_5
P_1	a_{11}	a_{12}	a_{13}	a_{14}	a_{15}
P_2	a_{21}	a_{22}	a_{23}	a_{24}	a_{25}
P_3	a_{31}	a_{32}	a_{33}	a_{34}	a_{35}
P_4	a_{41}	a_{42}	a_{43}	a_{44}	a_{45}
P_5	a_{51}	a_{52}	a_{53}	a_{54}	a_{55}

其中 $a_{ii} = 1$（$i = 1, 2, 3, 4, 5$）。表中的 a_{ii} 值由专家根据其对底事件发生的可能性的理解来填写，$a_{ij} \in \left[\dfrac{1}{9}, \dfrac{1}{8}, \cdots, 1, 2, \cdots, 9 \right]$。

当将所有专家填写的判断矩阵收回后，（设有 S 个专家参与某项判断，他们的判断矩阵分别为 A_1, A_2, $\cdots$, A_S，其中 $A_k = (a_{ij})k$，（$k = 1, 2, \cdots, S$））就可以按某种办法来计算隶属度了，即 U [$U = (U_1, U_2, U_3, \cdots, U_n)$]。

（3）判断矩阵的合成——综合判断矩阵法。

已有的综合判断矩阵法包括加权几何平均综合判断法和加权算术平均综合判断矩阵法。前者涉及求矩阵特征向量，相对后者复杂一些，考虑到我们要处理的是难以给出准确测度的事件，对于一个难以测度的对象提供一个过于精确的分析方法显然是没有必要的。所以，我们选择加权算术平均综合判断矩阵法作为合成判断矩阵的方法。

所谓加权算术平均综合判断矩阵法，是将 S 个专家的判断矩阵用其权重系数合成。计算公式为：

$$A = \sum_{k=1}^{S} \lambda_k (a_{ij})_k, \quad \sum_{k=1}^{S} \lambda_k = 1 \tag{9-2}$$

当 $\lambda_1 = \lambda_2 = \cdots = \lambda_S$ 时，有：

$$A = \frac{1}{S} \sum_{k=1}^{S} (a_{ij})_k \tag{9-3}$$

为使专家的意见基本接近，可用总体标准差加以控制。总体标准差为：

$$\sigma = \sqrt{\frac{1}{S-1} \sum_{k=1}^{S} (a_{ijk} - a_{ij})^2} \quad (i, j = 1, 2, \cdots, n) \tag{9-4}$$

当 $\sigma \leqslant \varepsilon$ 时，该组判断认为是可以接受的。否则应将信息反馈给专家，供他们修改判断矩阵时参考，反复多次后可获得较一致的判断矩阵。一般可取 ε 在 $[0.5, 1]$，也可适当地放宽要求。

（4）可能概率值（P_1，P_2，P_3，P_4，P_5）的隶属度。

假设通过加权算术平均综合判断矩阵法得到的合成判断矩阵为 A，A 的表达式为：

$$A = \begin{bmatrix} a_{11}, & a_{12}, & \cdots, & a_{15} \\ a_{21}, & a_{22}, & \cdots, & a_{25} \\ a_{31}, & a_{32}, & \cdots, & a_{35} \\ a_{41}, & a_{42}, & \cdots, & a_{45} \\ a_{51}, & a_{52}, & \cdots, & a_{55} \end{bmatrix} \tag{9-5}$$

计算隶属度（U_1，U_2，U_3，U_4，U_5）的方法即是 AHP 法中单一准则下元素相对权重的计算方法，包括和法、根法、特征根法、对数最小二乘法和最小二乘法。本着简单适用的原则，我们推荐采用和法来计算可能概率值的重要性隶属度。其计算公式为：

$$u_i = \sum_{j=1}^{n} a_{ij} \Big/ \sum_{k=1}^{n} \sum_{j=1}^{n} a_{kj} \quad (i = 1, 2, \cdots, n) \tag{9-6}$$

若采用我们推荐的 5 种元素，则公式为：

$$u_i = \sum_{j=1}^{5} a_{ij} \Big/ \sum_{k=1}^{5} \sum_{j=1}^{5} a_{kj} \quad (i = 1, 2, 3, 4, 5) \tag{9-7}$$

（5）估算底事件发生概率的例子。

设通过专家调查和加权算术平均综合判断矩阵法得到合成判断矩阵如表 9-5

所示。

表 9-5　合成判断矩阵

	0.15	0.35	0.55	0.75	0.95	u_i
0.15	1	3	7	5	6	0.03
0.35	0.33	1	4	2	2	0.10
0.55	0.14	0.25	1	0.14	0.2	0.45
0.75	0.2	0.5	7	1	5	0.16
0.95	0.17	0.5	5	0.5	1	0.26
	1.84	5.25	24	8.64	14.2	53.93

由 $u_i = \sum_{j=1}^{n} a_{ij} / \sum_{k=1}^{n} \sum_{j=1}^{n} a_{kj}$ 得：

$$U = \left(\frac{1.84}{53.93}, \frac{5.25}{53.93}, \frac{24}{53.93}, \frac{8.64}{53.93}, \frac{14.2}{53.93} \right) = (0.03, 0.10, 0.45, 0.16, 0.26)$$

即 P_1，P_2，P_3，P_4，P_5 的重要性隶属度为：

$$\frac{P_1}{0.03}, \frac{P_2}{0.10}, \frac{P_3}{0.45}, \frac{P_4}{0.16}, \frac{P_5}{0.26}$$

由此可得底事件发生的概率值：

$$P_D = UP^T = (0.03, 0.10, 0.45, 0.16, 0.26) \cdot \begin{pmatrix} 0.15 \\ 0.35 \\ 0.55 \\ 0.75 \\ 0.95 \end{pmatrix}$$

$$= 0.0045 + 0.035 + 0.2475 + 0.12 + 0.2375$$

$$= 0.6445$$

即该不利底事件发生的概率约为 0.64。

不利底事件规模很大时，也可用比较简便的方法获取底事件概率，如三点估计法，此时，$P_D = \dfrac{P_a + 4P_b + P_c}{6}$（其中 P_a 为最小值，P_b 为最可能值，P_c 为最大值）。

9.4.3　中间事件概率的确定

中间事件概率的计算是由它与其下一级事件的逻辑关系、作用关系及下级事件的概率所决定的。

9.4.3.1　"模糊与"关系下中间事件概率的计算

设某中间事件的输入事件分别为 A_1，A_2，…，A_n，它们的概率值为 $P(A_1)$，$P(A_2)$，$P(A_3)$，…，$P(A_n)$。

则在"与"关系下的中间事件概率 $P(A)$ 为：$P(A) = P(A_1) \cdot P(A_2) \cdot P(A_3) \cdot \dots \cdot P(A_n)$

显然，在一般"与"关系下，中间事件上的概率决定于输入事件的概率；但在"模糊与"关系下，还应考虑每个输入事件相对于中间事件重要性或作用强度。设每个输入事件的隶属度为 U_i 则其综合概率值 $P(A_i)u = U_i P(A_i)$。

那么 $P(A)_U = [U_1 \cdot P(A_1)] \cdot [U_2 P(A_2)] \dots [U_n P(A_n)]$
$$= [U_1 U_2 U_3 \dots U_n][P(A_1) P(A_2) \dots P(A_n)]$$

定义 $F = U_1 U_2 \dots U_n$，则 $P(A)u = FP(A) [P(A) = P(A_1) P(A_2) P(A_3) \dots P(A_n)]$

$P(A)$ 是在一般"与"关系下，中间事件 A 的概率；$P(A)_u$ 是在"模糊与"关系下，中间事件 A 的概率。显然，由于 $U \leq 1(i=1,2,3,\dots,n)$，所以，$F \leq 1$，

从而有 $P(A)_u \leq P(A)$。当 $u_1 = u_2 = \dots = u_n = 1$ 时，$P(A)_u = P(A)$，这说明在"模糊与"关系下，中间事件 A 的概率小于在一般"与"关系下中间事件 A 的概率。这也反映了我们的意图和事件间实际的作用关系和结果，即如果输入事件 A_1，A_2，…，A_n 的概率值已知，则在"模糊与"关系下，中间事件概率比我们以往在一般"与"关系下计算出的概率要小，因为过去人们没有考虑事件间的作用关系及其强度。但慎重起见，可同时给出一般"与"关系下的中间事件的概率值 $P(A)$。

我们再考察一下 F 的含义。实际上，F 值代表了中间事件与其下一级事件的模糊关系，F 值大，说明输入事件与中间事件的关系紧密，否则说明其关系比较松散。

所以，在"模糊与"关系下，中间事件的概率按下式计算：

$$P(A)_u = FP(A) = F \cdot P(A_1) \cdot P(A_2) \cdot \dots \cdot P(A_n) \tag{9-8}$$

9.4.3.2　"模糊或"关系下中间事件概率的计算

在"或"关系下，中间事件 A 的概率值可用下式计算：

$$P(A) = 1 - P(\overline{A}) \tag{9-9}$$

$$P(\overline{A}) = P(\overline{A_1}) P(\overline{A_2}) \dots P(\overline{A_n}) \tag{9-10}$$

$P(\overline{A})$ 为所有不利事件都不发生的概率，$P(\overline{A_i})$ 为第 i 个不利事件不发生的概率。

但在"模糊或"关系下，仍需考虑输入事件 A_1，A_2，A_3，…，A_n 对于中间

事件 A 的作用强度。该作用强度可用模糊数学中的隶属度（如强、较强、弱）来表示，不妨设 U_i 代表第 i 个输入事件 A_i 的隶属度。则第 i 个事件 A_i 的综合概率为：$P(A_i)U=U_iP(A_i)$

设有两个输入事件，分别用 A_1 和 A_2 表示，则中间事件 A 发生的概率可用下式计算：

$$P(A)U=U_1P(A_1)+U_2P(A_2)-U_1U_2P(A_1)P(A_2) \tag{9-11}$$

9.4.3.3 "模糊异或"关系下中间事件概率的计算

"模糊异或"关系实质上是一种"模糊或"关系，但其中间事件发生概率不能用"模糊或"关系下计算中间事件概率的方法计算，因为"模糊异或"关系不包含两个以下事件同时发生的情况，所以，在计算时首先按"模糊或"关系下的算法计算一个概率值，再减去两个以上事件同时发生的概率。例如，当输入事件为 B_1、B_2，它们的隶属度分别为 U_1、U_2 时，中间事件 A 的概率可按下式计算：

$$P(A)_u=U_1P(B_1)+U_2P(B_2)-2U_1U_2P(B_1)P(B_2) \tag{9-12}$$

9.4.4 顶事件概率的确定

9.4.4.1 精确计算法

精确计算法就是从底事件开始，逐步按各模糊逻辑关系从下至上计算，直到得出顶事件概率时为止。下面利用精确计算法计算图 9-6 顶事件概率值。

计算过程如下：

$$
\begin{aligned}
P(E_6) &= U_7P(E_7)+U_8P(E_8)-2U_7U_8P(E_7)P(E_8) \\
&= 1\times0.3+1\times0.4-2\times1\times1\times0.3\times0.4 \\
&= 0.46
\end{aligned}
$$

$$
\begin{aligned}
P(E_2) &= U_5\cdot U_6\cdot P(E_5)\cdot P(E_6) \\
&= 0.8\times1\times0.4\times0.46 \\
&= 0.15
\end{aligned}
$$

$$
\begin{aligned}
P(E_1) &= P(E_4)\cdot U_3\cdot P(E_3) \\
&= 0.5\times1\times0.6 \\
&= 0.3
\end{aligned}
$$

$$
\begin{aligned}
P(E_0) &= U_1P(E_1)+U_2P(E_2)-U_1U_2P(E_1)P(E_2) \\
&= 0.37
\end{aligned}
$$

即顶事件发生的概率为 0.37。

9.4.4.2 近似计算方法

（1）第一种方法：最小割集计算方法。

　　最小割集表示的是导致顶事件发生的底事件的最小集合，割集中的全部事件发生即能导致顶事件发生。如果把最小割集作为输入事件，那么几个最小割集与顶事件之间的逻辑关系可表示为"模糊或"关系，这样我们就可以用"模糊或"关系下计算事件概率的方法来计算顶事件发生的概率。不妨设仅有两个最小割集（A，B）和（C，D）则有：

$$\begin{cases} P(E_0) = U_A U_B P(M_1) + U_C U_C D P(M_2) - U_A U_B U_C U_D P(M_1) P(M_2) \\ P(M_1) = P(A) P(B) \\ P(M_2) = P(C) P(D) \end{cases}$$

$$(9-13)$$

　　考虑到这样计算顶事件概率仍然很复杂，所以，不妨设 $U_1 = U_2 = U_3 = \cdots = U_n = 1$，即所有底事件都是致命性事件，此时，顶事件发生的概率被扩大了，但使顶事件概率的计算简化了，计算公式如下：

$$\begin{cases} P(E_0) = 1 - [1 - P(N_1)][1 - P(N_2)] \cdots [1 - P(N_n)] \\ P(N_i) = \prod_{i=1}^{M} P(A_{ij})(i = 1, 2, \cdots, n) \end{cases}$$

$$(9-14)$$

　　在具体计算时，还可省略阶数较高的最小割集，这样计算顶事件概率时会更简单。

　　对于图 9-6 的 FFTAM，其最小割集是（E_3，E_4）、（E_5，E_7）和（E_5，E_8）则用最小割集法计算其顶事件概率的步骤如下：

P（E_0）= 1 - [1-P（N_1）]·[1-P（N_2）]·[1-P（N_3）]

P（N_1）= P（E_3）P（E_4）= 0.5×0.6 = 0.3

P（N_2）= P（E_5）P（E_7）= 0.4×0.3 = 0.12

P（N_3）= P（E_5）P（E_8）= 0.4×0.4 = 0.16

P（E_0）= 1 - （1-0.3）（1-0.12）（1-0.16）

　　　　　= 1 - 0.7×0.88×0.84

　　　　　= 0.48

　　与精确计算法相差 0.10，这在高风险项目的风险分析中是允许的，且后者大于前者，这正是近似计算法的可取之处。

　　（2）第二种方法：最小路集法。

　　全部最小路集与顶事件之间的关系表现为：只要有一个最小路集不发生，则顶事件不发生。所以，若把全部最小路集作为输入事件，顶事件作为输出事件，则可以用"与"关系表示二者的关系（仍假设 $U_i = 1$，$i = 1, 2, \cdots, K$），从而可按下式近似计算顶事件概率。

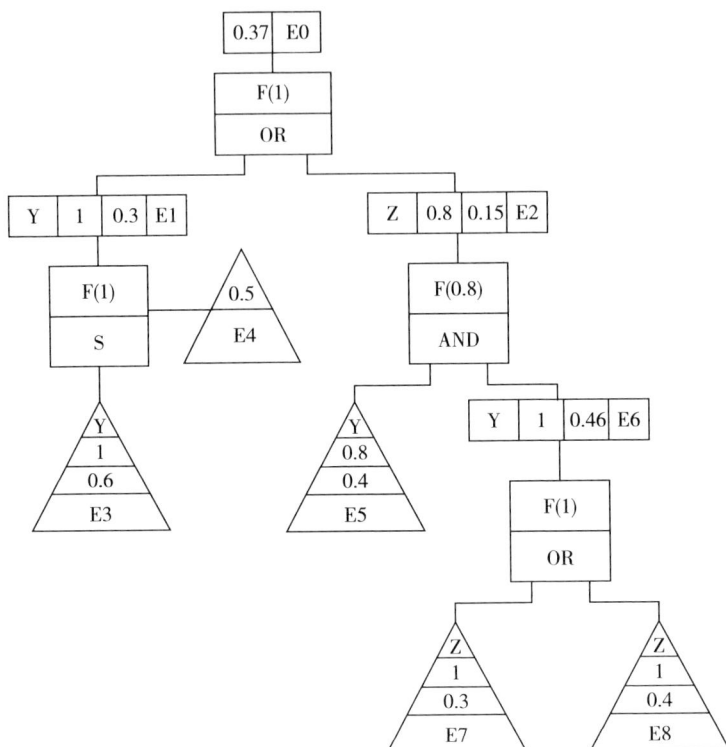

图 9-6　FFTAM 示意

$$P(E_0) = \prod_{j=1}^{n} \left\{ 1 - \prod_{i=1}^{m} \left[1 - P(A_j) \right] \right\} \tag{9-15}$$

m 为第 j 个最小路集中底事件的数量，n 为最小路集的数量。

仍以图 9-6 中的 FFTAM 为例，其最小路集有（E_3，E_5）、（E_4，E_5）、（E_3，E_7，E_8）和（E_4，E_7，E_8），根据最小路集法，可计算顶事件 E_0 发生的概率：

$$P(E_0) = \left[1-(1-0.6)(1-0.4) \right]\left[1-(1-0.5)(1-0.4) \right] \cdot$$
$$\left[1-(1-0.6)(1-0.3)(1-0.4) \right] \cdot \left[1-(1-0.5)(1-0.3)(1-0.4) \right]$$
$$P(E_0) = \left[1-0.4\times0.6 \right]\left[1-0.5\times0.6 \right]\left[1-0.4\times0.7\times0.6 \right]\left[1-0.5\times0.7\times0.6 \right]$$
$$= \left[1-0.24 \right]\left[1-0.3 \right]\left[1-0.168 \right]\left[1-0.21 \right]$$
$$= 0.76\times0.7\times0.832\times0.79$$
$$= 0.35$$

与精确计算法计算结果相比，相差 0.02。虽然两者差距不大，但这种方法存在这样一个问题，即认为"只要最小路集中的任一底事件发生则顶事件发生"这一假设并不成立，而计算时却认为是成立的。因此，笔者建议，在计算顶事件概率时尽可能用最小割集法而不用最小路集法。

在实际应用中，可根据 FFTAM 的规模和复杂程度，选择某一方法估算顶事件概率。

9.5　FFTAM 中最小割集的确定

割集是能使顶事件发生的一些底事件的集合，当这些底事件同时发生时，顶事件必然发生。如果割集中的任一底事件不发生时顶事件也不发生，这就是最小割集。因此，寻找 FFTAM 中的最小割集是确定关键性风险因素（事件）集合的重要手段，意义重大，对评价风险也具有重要作用。

求最小割集的方法有两种：一是根据定义直接判断，二是应用布尔代数运算规则（详见附录 1）。前者仅适用于事件较少、关系比较简单的 FFTAM 中；后者才是常用的可靠方法。

应用布尔代数求最小割集，必须把不是"与""或"关系的逻辑单元进行必要而又合理的转换，使之能够用布尔代数来表示。布尔代数中的"与逻辑"，又叫乘法，"或逻辑"又叫加法。但是，布尔代数是建立在经典数学理论基础上的，将其直接用于 FFTAM 分析是不适用的。所以在求最小割集时把所有事件间的关系仍视为确定性因果关系。这样假设简化了计算过程，且对分析问题没有影响，只是将各事件一视同仁，即各事件均为重要度相等的无差别事件，这将在事件的等级分析部分给予补充和修正。

这样对于条件逻辑（模糊禁门）可用"与"关系表示；对于异或逻辑（模糊异或门）可用"或"关系表示。

下面用具体例子说明用布尔代数求 FFTAM 中最小割集的过程（见图 9-7）。

其中 A，B，C 代表无差别底事件，E_0 顶事件，$E_1 \sim E_4$ 是中间事件，则求该 FFTAM 的最小割集的过程如下。

第一，用布尔方程表示顶事件及各中间事件的关系：

$E_0 = E_1 \cdot E_2$

$E_1 = A + E_3$

$E_3 = B + C$

$E_2 = C + E_4$

$E_4 = A \cdot B$

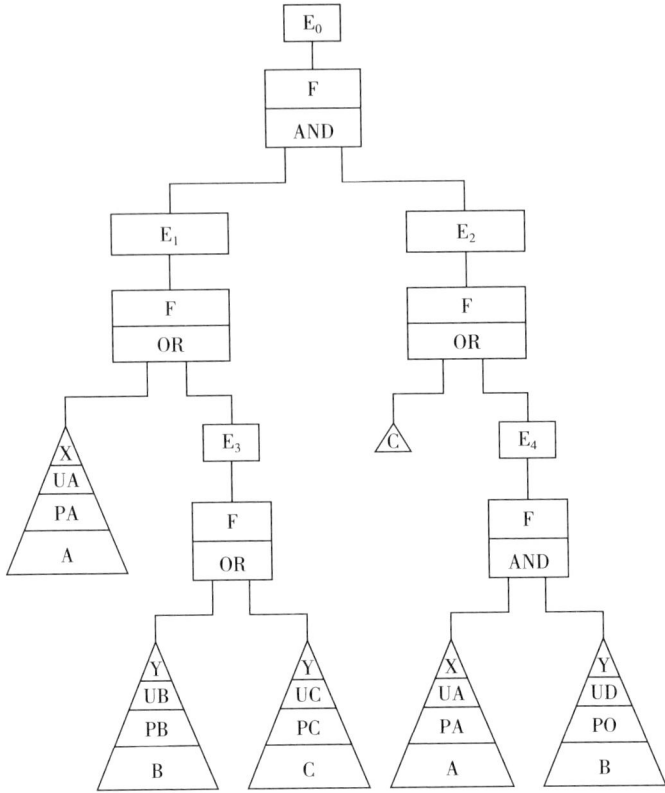

图9-7 用布尔代数求FFTAM中最小割集的过程

第二，自上而下代换，直到出现最小割集的形式，代换 E_1，E_2，并且有：

$E = E_1 \cdot E_2$

$\quad = (A+E_3) \cdot (C+E_4)$

$\quad = A \cdot C + E_3 \cdot C + E_4 \cdot A + E_4 \cdot E_3$

同理，代换 E_3，E_4 最后得：

$E = C + (A \cdot B) \cdot A + B \cdot (A \cdot B)$

$\quad = C + A \cdot B + A \cdot B$

$\quad = C + A \cdot B$（出现相同的 $A \cdot B$ 只取一个）

此时，再不能继续运算，它正是最小割集的形式。图9-7所示的FFTAM的最小割集有两个，即（C）和（A，B）。C是单事件最小割集，（A，B）是双事件最小割集。它们表示，只要C发生顶事件必然发生；A和B都发生则顶事件也必然发生，这可从FFTAM图上得到验证。

一般来讲，最小割集中所包含的事件越多即阶数越高（借用高等数学中的级数展开中的术语），其导致顶事件发生的可能性就越小。所以，如果某一 FFTAM 的规模较大，则其最小割集数目势必较多，这样就可以略去高阶最小割集。重要的是低阶最小割集，尤其是单事件最小割集。另外高阶与低阶也是相对的，规模越大，低阶最小割集的阶数也就越多，在该 FFTAM 中，由于规模较小，所以 A、B、C 都应作为被控重点。但 C 相对 A 和 B 而言更重要。另外，在对最小割集评价时，还要考虑到最小割集的数值概率及它们对顶事件的影响程度等几个方面。

9.6　FFTAM 中最小路集的确定

路集也是一些底事件的集合，当这些底事件同时不发生时，顶事件必然不发生，如果在路集中去掉任一底事件则不再成其为路集时，这就是最小路集。所以最小路集是指能保证顶事件不发生的底事件的集合。如果说最小割集代表了 FF-TAM 中的一种故障模式，那么最小路集就代表了 FFTAM 中的一种成功模式。就这一点而言，两者具有对偶关系。事实上，求最小路集可以利用求 FFTAM 对偶问题的最小割集的方法，即求可靠性问题的最小割集方法。

在求最小割集时，用布尔方程表示顶事件及其他不利事件，那么，它们的逆事件就是所期望的有利事件。若利用德·莫根定律对用布尔方程表示的不利事件求对偶，那么这个对偶方程也对应着一个用逻辑符号表示的树状图，这个树状图就是 FFTAM 的对偶图 FRTAM 图（模糊可常树分析模型）。若对这个对偶图求最小割集，那么，这些最小割集在 FRTAM 中的意义是：若使 FRTAM 中的顶事件发生，就必须使其最小割集中的底事件都发生，即不利事件都不发生的状态。所以，这个最小割集在 FFTAM 中的含义便是：若使顶事件不发生，就必须使割集中的所有底事件都不发生，这正符合原始 FFTAM 中最小路集的定义，即对偶图 FRTAM 中的最小割集就是 FFTAM 中的最小路集，反之亦然。因此，求 FFTAM 最小路集问题，就转化为求 FRTAM 的最小割集问题。用故障树和可靠性框图的对偶关系也能说明这一点。

仍以图 9-7 为例说明最小路集的求法。

第一，画出图 9-7FFTAM 的对偶图 FRTAM，如图 9-8 所示。

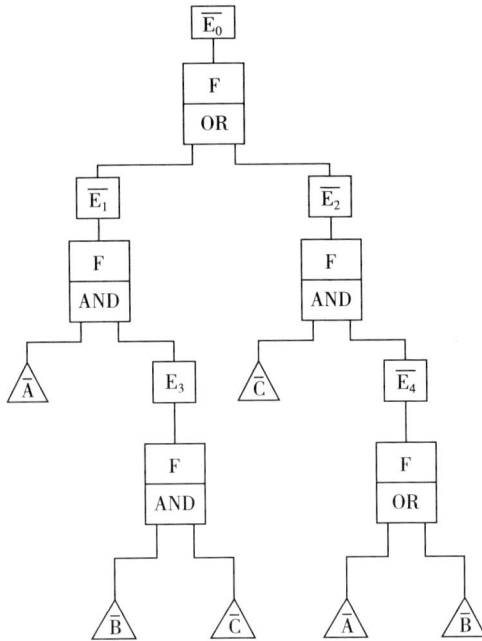

图 9-8　FFTAM 的对偶图 FRTAM

图 9-8 中各逻辑符号及底事件是由德·莫根定律得来的。如 $\overline{E_0}=\overline{E_1\cdot E_2}=\overline{E_1}+\overline{E_2}$，$\overline{E_2}=\overline{C+E_4}=\overline{C}\cdot\overline{E_4}$，即，FFTAM 中的"与"逻辑，在其对偶模型 FRTAM 中变成了"或"逻辑；反之亦然，FFTAM 中的不利事件变成了 FRTAM 中的有利事件。

第二，用布尔方程表示顶事件及中间事件，逐步代换，直到不能代换为止，则最后所求的 FRTAM 的最小割集，就是 FFTAM 的最小路集。

$$\overline{E_0}=\overline{E_1}+\overline{E_2}$$

$$\overline{E_1}=\overline{A}\cdot\overline{E_3}$$

$$\overline{E_3}=\overline{B}\cdot\overline{C}$$

$$\overline{E_2}=\overline{C}\cdot\overline{E_4}$$

$$\overline{E_4}=\overline{A}\cdot\overline{B}$$

逐步代换有：$\overline{E_0}=\overline{A}\cdot\overline{B}\cdot\overline{C}+\overline{C}\cdot\overline{A}+\overline{C}\cdot\overline{B}$

由于 $\overline{C}\cdot\overline{B}$ 和 $\overline{A}\cdot\overline{B}\cdot\overline{C}$ 同时含有 $\overline{B}$，所以，（$\overline{A}$，$\overline{B}$，$\overline{C}$）不是最小割集，最小割集为（$\overline{C}$，$\overline{A}$）和（$\overline{C}$，$\overline{B}$），这就意味着图 9-7 的 FFTAM 的最小路集是

（C，A）和（C，B）。其含义是，只要 C 和 A 同时不发生或 C 和 B 同时不发生，则顶事件就不会发生。

在求最小路集时，也可以不画对偶图 FRTAM，而是直接对最小割集求逆，即可得到最小路集。如图 9-7 中的最小割集表达式为：

$$E = C + A \cdot B$$

直接对其求逆：

$$\overline{E} = \overline{C + A \cdot B} = \overline{C} \ \overline{(A \cdot B)}$$

$$= \overline{C} \cdot (\overline{A} + \overline{B}) = \overline{C} \cdot \overline{A} + \overline{C} \cdot \overline{B}$$

所以，最小路集为（C，A）和（C，B），与对偶解法所得结果相同。所以，有时利用对最小割集表达式直接求逆的方法比较简单，但并不是在所有的情况下使用这种方法都是简单的。当 FFTAM 规模较大，且事件间的关系比较复杂时，用直接对 FFTAM 的最小割集求逆的办法求其最小路集就显得繁杂了。

应该强调的是，最小路集是保证顶事件不发生的最小集合，顶事件不发生的条件是该集合中的全部事件都不发生。但反过来讲是否有"在最小路集中只要有一个事件发生，顶事件就一定会发生"呢？回答是否定的，如在图 9-7 中，（C，B）是一个最小路集，只要保证 C 和 B 不发生，顶事件就不会发生，但是，只有 B 发生，但 C 不发生，顶事件并不一定会发生，这要取决于 A 是否发生。只有在最小路集中的所有事件都是单事件最小割集中的事件时，上述假设才成立。

同样，最小路集中各事件对顶事件的影响程度，还取决于它们与顶事件的作用关系及其发生概率。

9.7　FFTAM 中各事件重要度的确定

运用 FFTAM 需要估算底事件和中间事件的重要度，即 U 值。

9.7.1　底事件重要度的估算

所谓底事件重要度，是指某个底事件相对于顶事件的重要性系数。它可以通过模糊综合评价法、评分法及 AHP 法求得，由于 AHP 法相对规范，我们仍建议采用 AHP 法，比例标度采用 $\left[\dfrac{1}{9}, \dfrac{1}{8}, \dfrac{1}{7}, \cdots, \dfrac{1}{3}, \dfrac{1}{2}, 1, 2, \cdots, 9 \right]$。具体做法是以顶事件作为参照（即底事件对顶事件的影响程度）将底事件"两两"比较，最后得判断矩阵，通过判断矩阵就可计算出每个底事件的权重，计算方法与计算底事件概率的隶属度 $\tilde{U}_i$ 相同，在此用 U_i 表示第 i 个底事件的重要度。

9.7.2 中间事件重要度的估算

所谓中间事件重要度，是指某个中间事件相对于顶事件的重要性系数。它取决于其与其下一级事件的作用关系及其下一级事件的重要度。

9.7.2.1 在"模糊与"关系下中间事件重要度的估算

设中间事件为 E_K，其下一级事件包括 E_{K1}，E_{K2}，E_{K3}，$\cdots$，E_{Km}；它们的重要度分别为 U_{K1}，U_{K2}，$\cdots$，U_{Km}，则定义中间事件 E_K 的重要度 U_K 为：

$$U_K = U_{K1} \cdot U_{K2} \cdot U_{K3} \cdot \cdots \cdot U_{Km}$$

当 $U_{Ki} = 1$，$i = 1$，2，3，$\cdots$，m 时，$U_K = 1$，为确定性条件下事件重要度。

这种定义反映了事件 E_{K1}，E_{K2}，$\cdots$，E_{Km} 之间的依存关系，即其中一个事件不重要，则中间事件不重要。

9.7.2.2 在"模糊或"关系下中间事件重要度的估算

设中间事件为 E_e，其下一级率件包括 E_{e1}，E_{e2}，E_{e3}，$\cdots$，E_{en}，它们的重要度分别为 U_{e1}，U_{e2}，U_{e3}，$\cdots$，U_{en}，则定义中间事件 E_e 的重要度 U_L 为：

$$U_L = 1 - (1 - u_{e1})(1 - u_{e2}) \cdots (1 - u_{en})$$

当 $u_{ej} = 1$ 时，j 为 n 个事件之一则 $U_L = 1$。

这种定义反映了事件 E_{e1}，E_{e2}，E_{e3}，$\cdots$，E_{en} 的并列性，即其中一个事件重要，则中间事件重要。

9.8 FFTAM 中底事件等级确定

FFTAM 的最小割集和最小路集中的底事件都是比较关键的事件，但只求出最小割集和最小路集是不够的，要真正找出 FFTAM 中的最关键因素、关键因素及次关键因素等，还必须考虑其他方面。

第一，某一事件发生的概率对其关键性有影响，发生的概率越大，则重要性越突出，反之则重要性越小。

第二，某一事件与顶事件的模糊关系（由 U 值确定）对其关键性也有影响，它与顶事件间的关系越是确定的，即因果关系较强，则其重要性越突出，反之，重要性越小。

第三，单事件最小割集中的底事件（未展开事件）的重要度要高于双事件及多个事件最小割集中的底事件（概率乘法效应的结果）。

第四，在最小路集中出现次数较多的底事件，其重要性要高于在最小路集中出现次数较少的底事件。低阶最小路集中的事件其级别高于高阶最小路集中的事件。

综合上述各点，我们可对所有底事件进行等级分类。

第一，依据 U 值和 P 值的大小对底事件进行初步分类，分类方法为矩阵图法。如表9-6所示。

表9-6 依据 U，P 对底事件分类

P 值		U 值		
		大（0.7~1.0）	中（0.3~0.7）	小（0.3以下）
P 值	大 0.7~1.0	大大（Ⅰ） a_{11}	中大（Ⅱ） a_{12}	小大（Ⅲ） a_{13}
	中 0.3~0.7	大中（Ⅱ） a_{21}	中中（Ⅲ） a_{22}	小中（Ⅳ） a_{23}
	小 0.3以下	大小（Ⅲ） a_{31}	中小（Ⅳ） a_{32}	小小（Ⅴ） a_{33}

注：U 表示底事件重要度，P 表示底事件概率。

由表9-7可知，依据 F 值和 P 值的大小，可将所有底事件划分为五类：Ⅰ类事件为 a_{11}；Ⅱ类事件为 a_{12}，a_{21}；Ⅲ类事件为 a_{31}，a_{22}，a_{13}；Ⅳ类事件为 a_{32}，a_{23}；Ⅴ类事件为 a_{33}。

表9-7 五类底事件

n 的大小		（U，P）值的大小（分类结果）				
		Ⅰ	Ⅱ	Ⅲ	Ⅳ	Ⅴ
n 的大小	小 （1~2）	小Ⅰ （Ⅰ） b_{11}	小Ⅱ （Ⅱ） b_{12}	小Ⅲ （Ⅲ） b_{13}	小Ⅳ （Ⅳ） b_{14}	小Ⅴ （Ⅴ） b_{15}

		（U，P）值的大小（分类结果）				
n 的大小	中 （3~5）	中Ⅲ （Ⅲ） b_{21}	中Ⅳ （Ⅳ） b_{22}	中Ⅴ （Ⅴ） b_{23}	中Ⅵ （Ⅵ） b_{24}	中Ⅶ （Ⅶ） b_{25}
	大于 5 阶以上	大Ⅰ （Ⅴ） b_{31}	大Ⅱ （Ⅵ） b_{32}	大Ⅲ （Ⅶ） b_{33}	大Ⅳ （Ⅷ） b_{34}	大Ⅴ （Ⅸ） b_{35}

第二，依据分类结果和最小割集的阶数 n 对底事件进行分类，仍用矩阵图法。

由表 9-8 可知，根据（U，P）和底事件所在最小割集的除数 n，可将底事件划分为九类。

表 9-8　九类底事件

Ⅰ类事件：b_{11}	致命事件
Ⅱ类事件：b_{12}	关键事件
Ⅲ类事件：b_{13}，b_{21}	次关键事件
Ⅳ类事件：b_{14}，b_{22}	一般性事件
Ⅴ类事件：b_{15}，b_{23}，b_{31}	次一般事件
Ⅵ类事件：b_{24}，b_{32}	低级事件
Ⅶ类事件：b_{25}，b_{33}	次低级事件
Ⅷ类事件：b_{34}	最低级事件
Ⅸ类事件：b_{35}	可省略事件

运用最小割集的阶数（n＝构成最小割集的底事件数）对底事件进行分类，会遇到这样的情况，即同一底事件出现在多个最小割集中，谨慎起见，取该底事件的最小割集的最低阶数作为其分类阶数。如某一 FFTAM 中最小割集有（A，D）和（A，B，C），那么，对于底事件 A 而言，取分类阶数为 2 而不是 3。以免将 A 事件降级。

9.9 复杂技术创业系统的风险分析方法——MSA 法

9.9.1 问题的提出

技术创业的高风险主要源于技术创业过程的复杂性和不确定性。若将技术创业过程看作一个系统，在许多情况下，该系统是不确定性因素众多的复杂大系统。要对复杂大系统进行多角度、多侧面的风险分析，采用本章开发的 FFTAM 模型是不适用的。FFTA 模型的局限性在于：①反映的信息量较少。只能表示事件的一种状态和一种可能性，即"失败"的概率和不利事件的概率。若考虑到"失败"的对应状态"成功"在内，也只有两种状态和两种可能性。②只考虑普通事件（Ordinary Events），容易漏掉或忽视"稀少事件"（Rare Events）或"突发事件"，而在这些被漏掉或被忽视的"稀少事件"中，有些事件是"零—无穷大"（Zero-Infinity Dilemmas）事件，即其发生概率极小，但影响却是致命的，如核电站的堆芯熔化事故、地震等。③当不确定性因素众多，事件之间的关系复杂时，FFTAM 的优势发挥不出来。原因是因素多，关系复杂，要求出所有最小割集和最小路集是困难的。所以，FFTAM 一般适用于简单产业化系统的风险分析，比如用于分析某一产业化阶段的风险。

鉴于 FFTAM 的局限性，有必要选择或开发面向复杂技术创业系统的风险分析方法。MSA（Multiple-Scenarios-Analysis）法正是这样一种有效方法，中文叫作多重情景分析法。

MSA 法的前身是 SA（Scenarios Analysis）法。国内关于 SA 法介绍得比较多，但有关 MSA 法国内了解的人并不多。笔者曾结合科研工作，发表过有关 MSA 法的文章。MSA 法与 SA 法的基本思想相同，但 MSA 法相对于 SA 法条理性更强、更规范。本部分重点论述 MSA 法的内容和特点。

9.9.2 MSA 法的内容

MSA 法是从 20 世纪 70 年代中期起被广泛使用的一种预测方法。"Scenarios Analysis"（情景分析）一词是赫尔曼·凯恩 20 世纪 50 年代在兰德公司引入计划工作的。在兰德公司为政府提供的军事和战略研究报告之中，首先使用了这个术语。

MSA 法是一种认识问题、把握事物的方法。它将所要研究的问题分为主题和环境。通过对环境的研究，识别出影响主题发展的外部因素。从这些外部因素对主题发展所产生的种种影响来构造一组未来可能出现的多种情景。因此，多重情景分析的方法并不试图对未来进行预报，而是对未来可能出现的多种状态及导致该状态出现的发展过程进行描述，从而帮助决策者、管理人员和分析人员对事物发展的规律和较长时期后可能呈现出的状态有一个深入和全面的了解。

MSA 可以用构筑情景的七步法进行概括：

第一步，确定主题。

确定主题包括：①确定研究目标。②建立公用术语。③找出构成主题的重要内部参数。④定义主题的精确含义。

第二步，识别和构造影响领域。

该步包括：①识别影响主题的外部因素。②将影响因素归入几个影响领域。③挑选出最强烈的影响领域。④找出影响领域之间及影响领域与主题之间的联系。⑤检查上述系统覆盖的完备性。

第三步，指定临界描述子。

"描述子"是以定量形式（有时也以定性形式）来测度或描绘影响领域当前状态并预测未来的指标，临界描述子是指那些非稳定的描述子，即具有一个以上发展趋势的描述子，该步包括：①识别每个影响领域的典型描述子。②收集有关每个描述子的历史、现状及预测未来的信息。③挑选临界描述子。

第四步，构筑几组协调一致的趋势。

第五步，挑选和阐述环境情景。

该步包括：①在一致性、可能性和多重性的基础上，挑选 3~5 组第四步中的构筑的协调一致的趋势作为情景的框架，多重性对保证情景能够描述关于主题"未来空间"的多种不同观点是至关重要的。②定性和定量地描述每种情景的特征。

该步骤要明确：主题的未来状态、导致该状态出现的途径及与假设的不同趋势间的联系。

第六步，引入"突发事件"，并检验它们对情景的影响。

未来的状态很可能受到预料不到因素的影响，为了制订应变计划，该步包括：①识别"突发事件"。②选择一组最可能出现和最有影响的事件。③详述每个挑选出来的事件（可能发生的时间、特性及等级）。④研究突发事件对情景的影响。

实际上，此步提供了一种灵敏度分析的方法，即：如果突发事件的影响很小或者对它们的反应不灵敏，则意味着未来是稳定的；如果一个重大的突发事件导致情景发生重大的变化，则一种新的情景可能产生，原有的情景和新的情景同时被用于第七步。

第七步，阐述主题情景。

该步包括：①勾画主题情景。②比较对照不同的情景。③在主题领域进行预测和评价。

9.9.3 MSA 法的特点

第一，具有较大的灵活性。它能根据所研究课题的要求，选择不同的具体方法和研究深度，结合定性定量分析结果并引入"突发事件"的影响，提供多种未来的发展趋势。

第二，较其他方法所做的规划更具有适应性。它使规划人员真正认识到未来的不确定性，以及由此而做出的多重情景分析和规划，这种多重性决定了规划具有较强的适应性。

第三，可以作为观点不同的人们之间的一种交流手段并鼓励不同的想法互补和丰富。

第四，可作为将技术和非技术的因素结合起来进行规划的载体。

第五，可以明确突发事件及其影响，从而使决策部门会密切注意这些事件的发展，从而使企业能够抓住时机，避免突发事件的不良影响。

第六，可以为企业未来的重大决策提供依据，并使规划人员及时去获取有关的信息。

第七，提醒决策者注意某种措施或政策可能引起的风险或危机性的后果。

第八，明确需要进行监视的风险范围。

多重情景分析是扩展决策者的视野、增强其认识未来能力的一种有效的思维方法。在具体分析某一技术创业项目风险时，最好先用 MSA 法分析其风险因素，再用 FFTAM 详尽分析各因素间的关系。

第10章　技术创业风险评价

10.1　风险评价中存在的问题

技术创业风险评价就是要回答技术创业项目的风险水平、风险大小，使决策者了解技术创业活动所冒风险的程度，为决策提供科学依据。风险评价的核心问题是正确地对风险水平做出评价，而要做到这一点，必须研究风险评价指标和方法。因此，本章重点是设计风险评价指标，并根据不同情况选择或开发风险评价方法。

目前，风险评价中采用的主要指标是：①概率值，如"失败的概率""投资收益小于某一标准收益的概率""损失大于某一损失基准的概率"等。②方差或变异系数，即用某项投资收益指标（如 IRR）的波动情况来计量风险大小，采用的主要方法有：与评价指标相对应的方法，如概率分析、方差及变异系数分析等；多因素评价法，即将产业化风险因素分解后，再利用专家评分、模糊综合评判等方法进行综合，得出一个综合评价值，作为计量风险大小的尺度。

可以说，上述这些指标及评价方法都有可取之处，但将其用于评价技术创业风险时，又都存在缺点和不足。这一方面与这些方法和指标最初的应用对象或条件有关，如在一般项目的风险评价中，恐怕仅用概率指标或方差及变异系数指标也就能满足风险分析的要求了；另一方面也受人们知识水平和手段的限制，如理论工作者没能开发出更适用的分析方法或评价模型，软件开发人员也没能开发出方便适用的分析评价软件等。针对评价技术创业风险，这些方法（指标）的主要缺陷表现在：考虑的因素过于简单，如只考虑"失败率"、方差和变异系数等，不能反映技术创业风险的丰富内涵，况且在技术创业风险评价中，概率值、方差等的估计和计算往往带有很强的不确定性，因此，类似的定量评价对技术创业风险评价意义不大。同样，多因素评价方法，虽然对各风险因素进行了分解，但最后的综合使人们已看不到风险的真实情况，即信息损失量较大，它只给出一个本身没有实际意义的数值，在多方案比较中，尚可使用，但对单方案评价，由于风险等级不好确定，所以，对单方案风险评价，多因素评价方法是不适用的。

10.2 技术创业风险评价指标设计

技术创业风险评价指标应包括定性评价指标和定量评价指标。当评价产业化风险时，在信息残缺的条件下或决策者急于做出决定的情况下，可采用定性评价指标及相应方法做出评价，以满足决策的要求；但在信息比较充足的条件下或决策者不急于做出决定（如制定长期产业化规划）时，应采用定量评价指标及相应的方法做出评价，以更好地满足决策的要求。这样设计指标的依据是：并不存在适用于各类风险评价的指标和方法，即具体问题应具体分析。比如，在决策者急于做出决策时，评价人员不可能在很短的时间内获取用于风险评价的详细数据资料，此时用定量评价指标及相应方法是不现实的。对于技术创业而言，由于其高度的创新性，要获取比较可靠的定量数据是相当困难的，有时是根本不可能的。因此，设计两类评价指标是必要的。

10.2.1 技术创业风险定性评价指标

供给和需求是经济分析中的基本要素，也是高技术产业发展的根本力量，供给是推力，需求是拉力。推力不足或拉力不足或两者不均衡，都会导致技术创业过程中断。基于此，可将技术创业过程中常见的风险划分为供给风险和需求风险；供给风险又可划分为技术风险、中试风险、生产风险、资金风险等；需求风险又可划分为规模风险（需求不足、规模小）、价格风险（价格偏高）、品种风险（不适销对路）、使用风险、销售风险（如宣传不够、用户不了解、售后服务差等）。

当然，以上列举的风险并不完善。不同高技术领域的产业化、产业化的不同阶段、不同发展模式、不同地区，所遇到的风险类型及风险大小各不相同，评价者也可根据具体情况来确定。

10.2.2 技术创业风险定量评价指标体系

根据我们关于风险的定义，风险包括不考虑产业化相关主体承受力的绝对风险和考虑产业化相关主体承受力的相对风险。所以，定量评价指标也划分为绝对风险评价指标和相对风险评价指标。依两者的逻辑关系，首先设计评价绝对风险的指标，然后再设计评价相对风险的指标。

10.2.2.1 评价绝对风险的指标

评价技术创业的绝对风险，要从导致技术创业失败的可能性以及可能的失败损失两个大的方面来考虑。这也符合我们前述关于绝对风险的限定。这从我们开发的 FFTAM 模型中可以获取有益的东西。

（1）顶事件概率。

显然，顶事件发生的概率越大，技术创业失败的可能性也就越大。因此，顶事件概率可以作为评价产业化绝对风险的指标。

（2）最小割集。

第一，每一个最小割集实际上代表着导致产业化失败的一种故障模式，因此，最小割集数量越多，意味着产业化系统的可控性越差，稍一疏忽产业化就可能失败。第二，最小割集发生的概率（与其所含底事件发生的概率及数量有关）越大，技术创业失败的可能性也越大。第三，最小割集与顶事件的关系（由 U 值决定）越密切，产业化风险也越大。第四，单事件最小割集数量越多，其在最小割集及底事件总数中所占比重越大，则产业化风险越大。第五，低阶最小割集在全部最小割集中所占的比重。综合这几个方面，最小割集应作为评价绝对风险的一个综合指标。

（3）最小路集。

最小路集是保证顶事件不发生的最小集合，它实质上代表着保证产业化成功的多种模式。第一，最小路集多，表明控制不利顶事件发生的途径较多，即风险小。第二，低阶最小路集在全部最小路集中所占比重越大，表明越容易对顶事件施加控制。第三，与技术创业越相关的最小路集，它对顶事件的作用就越强烈，对其加强控制和管理，有利于降低产业化风险。因此，最小路集也应作为评价绝对风险的一个指标。

（4）致命事件和关键事件。

关于 FFTAM 中事件等级的划分，在前文已经解决了。如果在某项产业化过程中，致命事件和关键事件层出不穷，则产业化风险势必很大，因此，可将致命事件和关键事件的数量及其在全部底事件中所占比重作为评价绝对风险的一个方面。

（5）损失额。

如果风险仅意味着某项活动的失败可能性大，而不给相关主体造成损失，那么这样的风险多数人会愿意去承担。所谓的人们厌恶风险，其实是指人们害怕承担风险损失，因为这种损失往往对其产生很大的消极影响，而不只是几个钱的问题。彩票理论告诉我们，当人们承担的经济损失很小时，即使失败率很高，他也愿意去冒险，许多人不惜花上 1~10 元钱购买彩票以图中奖的现象很好地说明了这一点；但当人们可能承担的经济损失很大时，即使成功率很高，他也不愿意去冒险。因为万一失败，则可能意味着他倾家荡产，他的家庭、他所在的企业或单位，或相关单位也要受到牵连，即这种损失具有"乘数效应"。因此，损失额应作为重要的评价绝对风险的指标。

损失额应包括机会成本（即投资者将资金投向技术创业项目时所放弃的最大无风险收益额）和可能的风险损失。

例如某高技术小企业将 100 万元用于开发某种高技术产品，当时的年度最大无风险投资收益率 15%，则其机会损失为 15 万元/年；若开发周期为 2 年，则总的机会损失为 30 万元（单利制）。假设其产品开发失收了，投资 100 万元形成的资产残值为 50 万元，则其风险损失也为 50 万元，加上机会损失，总损失额为 80 万元（按静态方法计算）。

从理论上讲，技术创业失败的总损失额可按下式计算：

$$TS = [P(1+i)^n - P] + (P-L) = P(1+i)^n - L \tag{10-1}$$

其中，TS 表示总损失额；P 表示一次性投资额；

i 表示年最大无风险投资收益率；

L 表示投资后形成的资产残值，如房地产变卖价值，设备、材料等变卖价值等。

在实际的估算过程中，可考虑损失额的概率分布，如阶梯长方形分布、离散分布、梯形分布、三角形分布和正态分布等，根据所选择的分布特征即可计算出损失额。关于这些概率分布的知识，读者可以参考概率论书籍。

（6）损失率。

所谓损失率是指总损失额 TS 与投资总额之比，即

$$TSR = \frac{TS}{P} = (1+i)^n - \frac{L}{P} = [(1+i)^n - 1] + \left(1 - \frac{L}{P}\right) （符号意义同上） \tag{10-2}$$

即，损失率=机会损失率+风险损失率。显然，损失率越高，风险越大。所以，损失率也是评价绝对风险的一个主要指标。

（7）投资收益变异系数。

所谓投资收益变异系数 r 是指某一投资收益评价指标值（如 NPV、IRR）的

方差与其期望值的比值。计算公式如下：

$$r = \sigma(y)/E(y) \quad \sigma^2(y) = E(y^2) - [E(y)]^2 \tag{10-3}$$

$$E(y) = \sum_{i=1}^{n} P_i y_i \tag{10-4}$$

其中，y_i 表示 i 状态下投资收益指标值；P_i 表示 i 状态的概率。

（8）周期类指标。

周期类指标包括产品寿命周期和产品开发周期。产品寿命周期越短，产业化风险越大；产品开发周期越长，产业化风险也越大。

上述八大类指标便构成了评价绝对风险的指标体系，如图10-1所示。

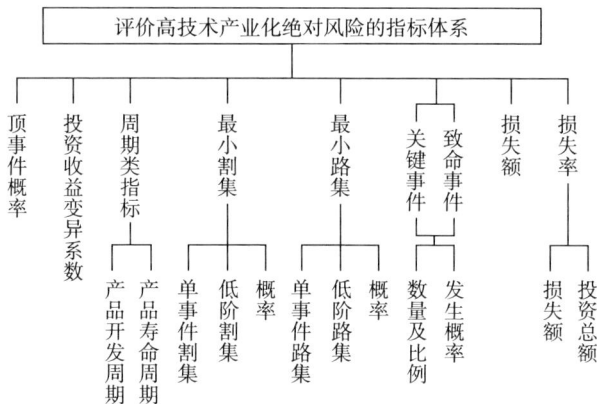

图 10-1　评价绝对风险指标体系

10.2.2.2　评价相对风险的指标

相对风险是指绝对风险与投资主体的承受能力的比较，绝对风险大，相对风险也大，但承受力越大，相对风险越小。绝对风险的评价指标我们已经明确。问题的关键在于我们用何种方式将投资主体的承受力表达出来，从本质来看，投资主体的风险承受能力是由其综合的技术经济实力所决定的，这包括资产总量、效益水平、竞争能力、筹资能力、资产结构、R&D能力、信誉等反映主体素质方面的一系列指标。但在评价相对风险大小时，不能直接将这些指标用来表示承受力。况且，对于风险的承受能力，不同的决策者即使在相同环境下也会有不同的看法，例如，对于一个拥有亿元资产的高技术企业来讲，有的决策者如董事长，他可能认为50万元左右的损失是能够承受的，但对同一企业的其他人而言如某一董事会成员，这样大的损失是不能承受的。由此我们又可以发现，承受力和相对风险的大小又与决策者对风险的态度有关，对于敢冒风险的决策者来说，其确定的可承受的风险水平较高，而对于厌恶风险或保守的决策者来讲，其确定的可承受的风险水平便低。鉴于此，我们用技术创业投资主体认可的可承受的风险水平或标准来表示投资主体的风险承受力。

考虑绝对风险与相对风险的关联性以及指标的综合性和可量化性，笔者选择①可承受的顶事件概率、②可承受的损失额（它与投资者净资产总额相关）、③可承受的损失率、④可承受的产品寿命周期、⑤可承受的产品开发周期、⑥可承受的致命事件数量及可承受的致命事件比率、⑦可承受低阶最小割集的数量及其比率、⑧可接受的低阶最小路集数量及其比率（最低标准）等作为反映投资主体承受力的具体指标。其中的①~③是最重要的指标；④~⑥是次重要性指标；⑦和⑧是一般性辅助指标。

如果用 $\overline{A}$、$\overline{B}$、$\overline{C}$、$\overline{D}$、$\overline{E}$、$\overline{F}$、$\overline{G}$、$\overline{H}$ 表示上述标准，用 a、b、c、d、e、f、g、h 表示与之相对应的实际可能值，则它们的比值构成了评价相对风险的指标体系，如图 10-2 所示。

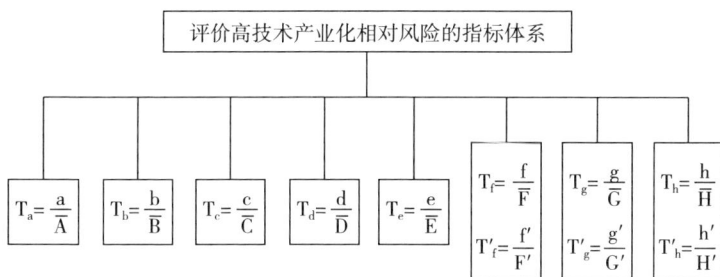

图 10-2　评价相对风险指标体系

10.3　技术创业风险评价的 AHP 法：信息残缺条件下的风险评价方法

技术创业过程是一种高难度的、高风险的创新过程。由于其高度的创新性，因此，人们很难获取关于这一过程的比较完整、准确的信息，即信息是残缺的。这种残缺表现为：虽对未来情况有所了解，如对某些定性评价指标有所了解，但对如概率、可能的风险损失、投资收益变动等定量指标很难做出估计。在技术经济决策中，这类问题叫作不确定性决策问题。在此，我们称这类风险评价问题叫作信息残缺条件下的风险评价（或叫作不确定性风险评价）问题。信息残缺使直接定量评价风险的大小是不可能的，但风险评价的结果对技术创业决策具有指导意义，所以，评价工作还是有必要做的，那么，用哪些指标、什么方法去评价产业化风险呢？这正是本部分所要研究的问题。

关于风险评价指标，在信息残缺条件下，只能用定性评价指标，建议采用我们提出的技术风险、生产风险、资金风险、人员风险、销售风险、规模风险、品种风险等影响技术创业的主要风险因素作为评价指标体系。

关于风险评价方法，在信息残缺条件下，只能借助专家的意见和知识。到目前为止，具体的专家意见法有德尔菲法，模糊综合评判法和 AHP（层次分析法）。这三类方法相比，AHP 法是一种既有坚实的理论背景，又能客观地反映专家和决策者的主观意识的简单、合理、可靠的数学结构方法。它具有系统性、灵活性和实用性三个突出特点，又可与 FFTAM 结合使用。

考虑 AHP 法的特点及其在风险分析中的应用状况，我们将 AHP 法作为信息残缺条件下的风险评价方法。

10.3.1 AHP 法的基本原理

AHP 法是美国运筹学学者 T. L. Saaty 教授于 20 世纪 70 年代提出的一种系统分析方法。这种方法已广泛应用于经济计划、资源分配、教育规划、冲突分析等许多领域的研究中。

AHP 法的步骤如下：

第一，建立问题的分层结构模型。

首先，要对所研究的问题有明确的认识，弄清问题的界限，所包含的因素、因素之间的相互关联和隶属关系、最终所要解决的问题。根据对问题的分析，将问题包含的因素按照是否具有共同特性而聚集成组，并把这些共同特性作为系统中新的层次中的一些因素，而这些新的因素又按照另一组特性组合起来，形成更高层次的因素，直到最终形成单一的最高层因素。

典型的 AHP 结构模型可分为三大层次，最高层是目标层，这一层仅有一个因素，表示决策问题的总目标；中间层是分目标层，表示影响总目标的因素；最低层是方案层，表示要选用的各种方案或状态。

第二，构造一系列判断矩阵。

建立分层结构模型后，然后构造一系列因素重要性判断矩阵和引入合适的数量标度。在构造因素重要性判断矩阵时，须将同一层的有关因素进行成对的重要性比较，比较采取如下形式：就上一层某一因素而言，下层中与之关联的因素 i

和因素 j 相比，重要性程度如何？在区别因素重要性时，可用五种判断：相等、稍重要、明显重要、重要得多和绝对重要，分别用数值 1、3、5、7、9 表示，而用 2、4、6、8 表示重要性处于上述相邻判断之间的关系。引入数量标度后就把决策者或专家的分析判断定量化了。从而由上而下可以构造出一系列判断矩阵。

第三，求各因素对上层相关因素的重要性权重（单排序权重）和各因素对总目标的重要性权重（总权重）。

就上层某一因素而言，求下层与之相关联因素的重要性可归结为计算相应判断矩阵的最大特征根和对应特征向量问题，求出所有判断矩阵最大特征根和特征向量后，就可以由上至下用上一层中因素的总权重对下一层次因素的单排序权重进行加权，最终得到各因素对总目标的重要性。AHP 的整个过程目前均可在计算机上实现，典型的 AHP 软件是 Expert Choice（EC）软件。

10.3.2　AHP 法在风险评价中的应用

某超硬材料厂属于高技术企业，该企业根据市场调查，得知新型超硬材料立方氮化硼，可替代金刚石使用，并且其制造成本低于金刚石的制造成本，利润也高。该项目的技术问题已被某应用化学研究攻克，基本的制造参数如高度、压力、配方已获得。该厂打算用 50 万元购买这项技术。开发生产该种新材料遇到的主要问题是资金缺乏、单晶质量不稳定、加工设备性能可能满足不了要求、操作人员的技术水平可能影响新材料的生产。由于目前市场需求的产品是用该种新材料加工的制成品，如磨具、刀具等，直接使用原材料的厂家几乎没有，多数买方是将其用于试验，只有少量的不稳定出口，因此，在需求规模、品种、质量、销售等方面尚存在问题。

从企业有关人员的分析和介绍中，可将开发该种新材料的风险概括为技术风险、生产风险、资金风险和人员风险、销售风险、规模风险和品种风险。前 4 类为供给风险，后 3 类为需求风险。依据层次分析法可得开发该种新材料的分层结构模型。该模型如图 10-3 所示。

在以上模型中，第一层是总目标，对开发新材料进行风险大小估计；第二层是因素层，在开发过程中可能会遇到的供给风险和需求风险；第三层是子因素层，是各主要风险的具体分解；第四层是风险大小层，对每个风险有三种可能性，即高、中、低三种风险。

在分层结构模型的基础上，可用两两对比的方法构造各层次的风险大小判断矩阵。各判断矩阵如表 10-1 至表 10-10 所示。

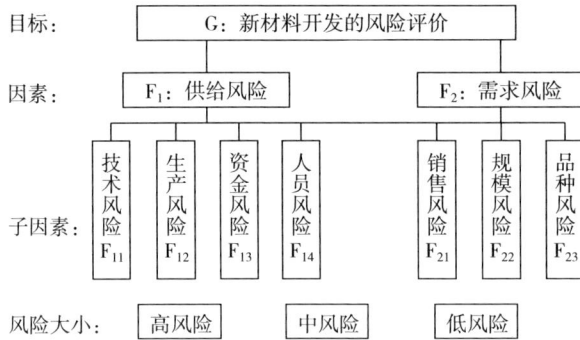

图 10-3　新材料开发的风险估计的分层模型

表 10-1　第二层因素的风险大小的判断矩阵

对 G	F_1	F_2	风险大小权重
F_1	1	2	0.67
F_2	1/2	1	0.33

表 10-2　第三层次对 F_1 的风险大小的判断矩阵

对 F_1	F_{11}	F_{12}	F_{13}	F_{14}	风险大小权重	总权重
F_{11}	1	1/4	1/2	2	0.13	0.0871
F_{12}	4	1	2	8	0.53	0.3551
F_{13}	2	1/2	1	4	0.27	0.1809
F_{14}	1/2	1/8	1/4	1	0.07	0.0469

表 10-3　第三层次对 F_2 的风险大小的判断矩阵

对 F_2	F_{21}	F_{23}	F_{23}	风险大小权重	总权重
F_{21}	1	2	2	0.50	0.165
F_{22}	1/2	1	1	0.25	0.0825
F_{23}	1/2	1	1	0.25	0.0825

表 10-4　第四层次对于 F_{11} 的风险大小的判断矩阵

对 F_{11}	F_{111}	F_{112}	F_{113}	可能性	总权重
F_{111}	1	1/4	2	0.1818	0.0158
F_{112}	4	1	8	0.7273	0.0633
F_{113}	1/2	1/8	1	0.0909	0.0079

表 10-5　第四层次对于 F_{12} 的判断矩阵

对 F_{12}	F_{121}	F_{122}	F_{123}	可能性	总权重
F_{121}	1	3	7	0.6774	0.2405
F_{122}	1/3	1	7/3	0.2258	0.0802
F_{123}	1/7	3/7	1	0.0968	0.0344

表 10-6　相对于 F_{13} 的判断矩阵

对 F_{13}	F_{131}	F_{132}	F_{133}	可能性	总权重
F_{131}	1	2	4	0.5714	0.1034
F_{132}	1/2	1	2	0.2857	0.0517
F_{133}	1/4	1/2	1	0.1429	0.0259

表 10-7　相对于 F_{14} 的判断矩阵

对 F_{14}	F_{141}	F_{142}	F_{143}	可能性	总权重
F_{141}	1	1/4	1/2	0.1429	0.0067
F_{142}	4	1	2	0.5714	0.0268
F_{143}	2	1/2	1	0.2857	0.0134

表 10-8　相对于 F_{21} 的判断矩阵

对 F_{21}	F_{211}	F_{212}	F_{213}	可能性	总权重
F_{211}	1	3	5	0.6522	0.1076
F_{212}	1/3	1	5/3	0.2174	0.0359
F_{213}	1/5	3/5	1	0.1304	0.0215

表 10-9　相对于 F_{22} 的判断矩阵

对 F_{22}	F_{221}	F_{222}	F_{223}	可能性	总权重
F_{221}	1	2	4	0.5714	0.0471
F_{222}	1/2	1	2	0.2857	0.0236
F_{223}	1/4	1/2	1	0.1429	0.0118

表 10-10　相对于 F_{23} 的判断矩阵

对 F_{23}	F_{231}	F_{232}	F_{233}	可能性	总权重
F_{231}	1	1/5	1/3	0.1111	0.0052
F_{232}	5	1	3/5	0.5556	0.0261
F_{233}	3	5/3	1	0.3333	0.0156

根据表 10-1 至表 10-10 的数据，运用 AHP 软件，上机可计算出各因素、子因素的权重和大、中、小风险出现的可能性。计算结果如表 10-11 所示。

表 10-11　各因素、子因素的权重和大、中、小风险出现的可能性

因素	子因素	风险大小权重		
		大	中	小
F_1 0.67	F_{11} 0.0871	0.0158	0.0633	0.0079
	F_{12} 0.3551	0.2405	0.0802	0.0344
	F_{13} 0.1809	0.1034	0.0517	0.0259
	F_{14} 0.0469	0.0067	0.0268	0.0134
F_2 0.33	F_{21} 0.165	0.1076	0.0359	0.0215
	F_{22} 0.0825	0.0471	0.0236	0.0118
	F_{23} 0.0825	0.0052	0.0261	0.0156
	项目风险估计	0.5263	0.3076	0.1305

由表 10-11 可知，该种新材料开发的风险估计结果为：（风险大，风险中，风险小）=（0.5263，0.3076，0.1305），经归一化处理后得到总目标排序结果为：（风险大，风险中，风险小）=（0.5457，0.3189，0.1354）=（54.57%，31.89%，1354%）

即开发该种新材料的风险较大，出现较好形势的可能性很小。

本案例中权重的计算采用的是和法，其计算步骤如下：

第一，判断矩阵 A 的元素，按列归一化。

第二，将归一化后的各列相加。

第三，将相加后的向量除以 n，即得权重向量，公式为：

$$W_i = \frac{1}{n} \sum_{j=1}^{n} \frac{a_{ij}}{\sum_{k=1}^{n} a_{kj}} (i = 1, 2, \cdots, n) \tag{10-5}$$

当然，也可以采用根法、特征根法、对数最小二乘法及最小二乘法计算权重。

10.3.3　AHP 法中判断矩阵的一致性检验

在判断矩阵的构造中，并不要求判断具有传递性和一致性。这是由客观事物的复杂性与人的认识的多样性所决定的。但判断矩阵既然是计算排序权向量的根据，那么要求判断矩阵有大体上的一致性是应该的，出现"甲比乙极端重要，乙比丙极端重要，而丙又比甲极端重要"的判断一般是违反常识的。一个混乱的经不起推敲的判断矩阵有可能导致决策的失误。因此需要对判断矩阵的一致性进行检验，其步骤如下：

10.3.3.1　计算一致性指标 C. I.

$$C. I. = \frac{\lambda_{max} - n}{n - 1} \tag{10-6}$$

10.3.3.2　查找相应的平均随机一致性指标 R. I.

表 10-12 给出了 1～10 阶正互反矩阵计算 1000 次得到的平均随机一致性指标。

表 10-12　平均随机一致性指标 R. I.

矩阵除数	1	2	3	4	5	6	7	8	9	10
R. I. 值	0	0	0.52	0.89	1.12	1.26	1.36	1.41	1.46	1.49

10.3.3.3　计算一致性比率 C. R.

$$C. R. = \frac{C. I.}{R. I.} \tag{10-7}$$

当 C. R. <0.1 时，认为判断矩阵的一致性是可以接受的。当 C. R. ≥0.1 时应对判断矩阵作适当修正。对于一阶矩阵、二阶矩阵总是一致的，此时 C. R. = 0（C. R. <0.1 是 AHP 专家萨迪提出的经验数据）。

为了检验一致性，必须计算矩阵的最大特征根 λ_{max}。这可以在求出 ω 后，公式为：

$$\lambda_{max} = \frac{1}{n} \sum_{i=1}^{n} \frac{(A\omega)_i}{\omega_i} = \frac{1}{n} \sum_{i=1}^{n} \frac{\sum_{j=1}^{n} a_{ij}\omega_j}{\omega_i} \tag{10-8}$$

其中，A 表示判断矩阵，ω 表示权重向量，$(A\omega)_i$ 表示向量 Aω 的第 i 个分量。

10.3.3.4 整体一致性检验

设已求得以第(k-1)层上元素 j 为准则的一致性指标 $C.I.j^{(k)}$，平均随机一致性指标 $R.I.j^{(k)}$ 以及一致性比率指标 $C.R.j^{(k)}$（$j=1, 2, \cdots, n_k-1$），那么第 k 层的综合指标 $C.I.^{(k)}$，$R.I.^{(k)}$，$C.R.^{(k)}$ 应为：

$$C.I.^{(k)} = (C.I._1^{(k)}, \cdots, C.I._{n_{(k-1)}}^{(k)}) \omega^{(k-1)} \tag{10-9}$$

$$R.I.^{(k)} = (R.I._1^{(k)}, \cdots, R.I._{n_{(k-1)}}^{(k)}) \omega^{(k-1)} \tag{10-10}$$

$$C.R.^{(k)} = \frac{C.I.^{(k)}}{R.I.^{(k)}} \tag{10-11}$$

当 $C.R.^{(k)} < 0.1$ 时，认为递阶层次结构在第 k 层水平以上的所有判断具有整体满足的一致性。

就我们中研究的风险评价问题，各判断矩阵的一致性检验结果如表 10-13 所示。

表 10-13　风险估计问题的判断矩阵的一致性检验

	表 10-1	表 10-2	表 10-3	表 10-4	表 10-5	表 10-6	表 10-7	表 10-8	表 10-9	表 10-10
C.I.	0	0.04	0.00	0.00	0.00	0.00	0.00	0.00	0.00	0.00
R.I.	—	0.89	0.52	0.52	0.52	0.52	0.52	0.52	0.52	0.52
C.R.	0	0.04	0.00	0.00	0.00	0.00	0.00	0.00	0.00	0.00
判别	<0.1	<0.1	<0.1	<0.1	<0.1	<0.1	<0.1	<0.1	<0.1	<0.1
$\chi^2 \Rightarrow$ μ 临	（C.I. 检验）	0.092	0.049	0.049	0.049	0.049	0.049	0.049	0.049	0.049

由表 10-13 知，所有判断矩阵都通过了一致性检验。

由于各单一判断矩阵的 C.R. 接近于 0，所以，可以认为在所有层次上的所有判断都具有整体满意的一致性。

如对于第三层次相对于第二层的一致性检验结果可表示为：

$$C.I.^{(3)} = (C.I._1^{(3)}, C.I._2^{(3)}) \cdot \omega^{(2)} = (0.04, 0) \cdot (0.67, 0.33)^{\mathrm{T}} = 0.0268$$

$$R.I.^{(3)} = (R.I._1^{(3)}, R.I._2^{(3)}) \cdot \omega^{(2)} = (0.89, 0.52) \cdot (0.67, 0.33)^{\mathrm{T}} = 0.7679$$

$$C.R.^{(3)} = 0.0268/0.7679 = 0.035 < 0.1$$

故满足前两个层次的整体一致性要求。其他类似。

在实际应用时，整体一致性检验常常可以省略。事实上，决策者在给出单准则下判断矩阵时，是难以对整体进行考虑的，当整体一致性不满足要求时，进行调整也比较困难，因此，目前大多数实际工作都没有对整体一致性进行严格检验。有些甚至对单一判断矩阵也不作一致性检脸，我们认为，一致性检验在 AHP 法的应用中是占据重要地位的，这也是它区别于其他定性评价方法的主要特点之一。通过一致性检脸，可以对判断矩阵进行适当调整，使其符合人们的逻辑判断过程。

10.4 技术创业风险评价的 ICERE 模型：信息相对充足条件下的风险评价模型

10.4.1 开发 ICERE 模型的必要性

一般而言，技术创业的风险是很高的，信息是残缺的，但对于某些技术创业项目而言，由于其创新程度较低，如改进性创新项目、技术引进项目等，所以，对这类项目而言，信息是相对充足的。此外，不同类因的技术创业项目，创新的复杂程度也存在着很大的差别，从而信息积累水平和已知情况也不同。尤其对我们这样一个技术相对落后的发展中国家而言，独创性的、高难度的技术创业项目恐怕不多，更多的是技术引进后，经消化、吸收再改进的技术创业项目。因此，在多数情况下，信息虽然不是完全已知的，但却是相对充足的。这种充足性表现为：①可大体确定产业化项目的相关风险因素及其发生概率。②可估算出项目失败后可能的损失额及损失率。③能够确定各风险因素与其目标间的作用关系。④能够确定出致命性事件和关键性事件。在这种条件下，我们可以对技术创业的风险性进行比较具体的定量分析和评价。

定量评价要以定量评价指标为基础。关于定量评价指标，在前面已做了研究，此处只是将其与评价方法更好地协调起来。至于评价方法，目前大多数的综合评价都追求使用单一判据，即用一定的方式把综合评价所涉及的各指标值用一个数据来表示，然后根据这个数值的大小决定项目的取舍。如最简单的加权评分法，只要总分数大于某一给定的数值即为可行。我们认为，单判据评价模型在下述条件下使用才是有效的：①各评价指标是同等重要的，它们之间具有替代性，典型的如高考录取分数的确定就属此种情况。②当各分指标通过"否决"性筛选后，再对多方案进行排序时，可使用单判据评价模型。③认为这个单一判据能全面反映评价对象的整体状况。单判据模型的最大缺点是不问青红皂白，信息损失严重，掩盖了事物的主要矛盾。所以，对复杂系统的综合评价应该建立多判据评价模型。基于这种想法，针对技术创业项目风险评价的特点，我们开发了用于信息相对充足条件下的风险评价模型（Information Comparatively Enough Risk Evaluation Model，ICERE 模型）。

10.4.2　开发 ICERE 模型的基本思路和程序

开发 ICERE 模型的基本思路是：将定量评价技术创业风险的指标归纳为三大类指标，即概率类指标、后果类指标和不可控性指标；然后再根据每个指标的数值大小分成 A、B、C、D、E 五个等级。对于具体的产业化项目，其风险就用这些指标值对应的评价等级来表示，如某一技术创业项目，经计算其概率类指标属于 A 级、后果类指标达到了 B 级，不可控性指标值属于 A 级，则该产业化项目的风险等级为 ABA 级。该种表达方式是在国际上非常通用的一种表达方式，如在评价银行信用等级、证券等级、企业信用等级和项目等级时，经常采用这种相对直观的表达方式，因为内行人很容易就能从这种表达方式中得出有关方面的信息。如某项目的风险等级为 AAA 级。则说明该项目的失败率高、失败的后果非常严重，并且项目的关键因素不易控制，使相关人员一目了然，避免了单判据模型的笼统性和过于抽象性。

开发 ICERE 模型的程序是：①确定综合性定量评价指标。②研究综合性定量评价指标值的计算方法。③按各评价指标值的大小划分风险等级。④合并或提炼风险等级（简单的单方案风险评价）。⑤综合评价方法研究（单方案，多方案）。⑥单判据风险等级划分标准的制定（单方案，多方案）。

10.4.3　ICERE 模型的结构

ICERE 模型由两个相互联系的子模型构成，模型的具体结构如图 10-4 所示。

10.4.4　ICERE 模型的基本特征

信息相对充足条件下的风险评价模型 ICERE 具有可同时对技术创业项目进行绝对风险和相对风险进行评价的功能，它既可以用于单方案评价也可用于多方案比较，是一种适用性很强的综合性风险评价模型。ICERE 模型具有以下特点：

第一，采用 ICERE 模型可对技术创业项目风险进行全面评价，既可以进行绝对风险评价（不考虑投资主体承受力及决策者意愿），又可以进行相对风险评价（考虑投资主体承受力和决策者意愿），就全面性、系统性而言，以往的风险评价方法是实现不了的。

第二，ICERE 模型中采用的风险评价指标能够较好地反映风险的含义及导致风险的关键因素。而已有的风险评价方法只能反映风险的某一个侧面，如概率分

ICERE模型

绝对风险评价　　　　　相对风险评价

评价指标　　风险等级　　　　评价指标　　风险等级

A B C D E　　　　　　　　A B C D E

(x) (x) (x)　　　　　　　　(x) (x) (x)
如ABD　　　　　　　　　如ABD

合　并　　　　　　　　　　合　并

顶事件概率 Pa　损失率 Cr　不可控性指数 P(EO)

A B C D E
1级 2级 3级 4级 5级

FFTAM 定量分析

损失额/投资额

$R_i=W_1P_{a_i}+W_2C_{r_i}+W_3P'E_{O_i}$
风险分级　R_i 越大，风险越大
$R_i\in [0,1]$

致命事件数量 n　致命事件概率　关键事件数量及概率　事件的不可修复性

顶事件概率相对值 Par　损失额（率）相对值 br 或 dr　不可控性指数相对值 Pr

A B C D E
1级 2级 3级 4级 5级

P_{a_i},b_r,P_r 归一化

风险分级

$R_i=W_1\overline{P_{ar_i}}+W_2\cdot\overline{b_{r_i}}+W_3\overline{P_{r_i}}$
P_i 大，风险大
$R_i\in[0,1]$

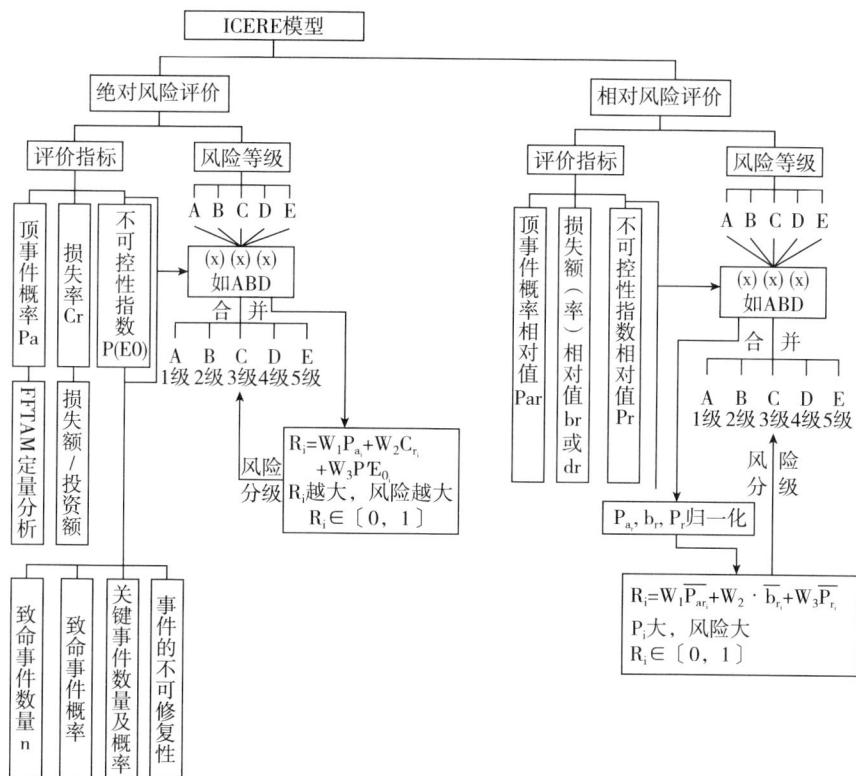

图 10-4　ICERE 模型

析方法侧重于顶事件概率，模糊综合评价法侧重于风险因素分析，而 ICERE 模型仅用三个主要指标便实现了多侧面评价，即适用性很强。

第三，较好地运用了系统论、概率论、模糊论及辩证逻辑等方面的知识，强调层次性、目的性、相对性和似然性；注重抓住主要矛盾和关键环节，将分解和综合方法有机地结合起来。

第四，结构紧凑，如 ICERE 模型与 FFTAM 相结合，在计算顶事件概率和致命率件、关键事件分析时以 FFTAM 为基础；评价相对风险以绝对风险的评价结果为基础等。

第五，既可以用于单方案评价也可用于多方案排序。

第六，表达方式适用性强，当要求反映的信息量较全面时，可用诸如 ABB 等具有三个标志（根据具体问题还可扩充）的组合方式表示风险等级；当只要求单标志表达方式时，也可用 A、B、C、D、E 或一级、二级、三级、四级、五级表示风险级别。

第七，当评价人员不能计算或估算出诸如顶事件概率、损失率等有关指标值时，同样可以采用 ICERE 模型评价项目风险。首先，用模糊语言，如极大、很大、大、较大，不大等在某一标准下（如顶事件概率）将风险划分为若干等级，我们为 A、B、C、D、E 五个等级。其次，用专家调查法（具体方法如 Fuzzy 综合评价法、AHP 法等）明确被评价项目在该标准下的风险性质（如属于极大、很大、大、较大或不大等）。再次，将定性评价结论用我们提出的风险等级划分表转化为定量评价值，如通过专家调查，知道某项目失败的概率"很大"，其失败的概率在 0.9~1.0，风险等级为 A 级。最后，按 ICERE 模型的分析评价过程和具体要求，评价项目的绝对风险和相对风险，就这一特点而言，ICERE 模型也可用于信息残缺条件下的风险评价，只是比 AHP 法复杂一些。

总之，ICERE 模型是一种系统性、适用性均较强的风险评价方法。

10.4.5 ICERE 模型的使用说明

10.4.5.1 绝对风险评价子模型的使用说明

当采用 ICERE 模型评价技术创业项目的绝对风险时，采用的评价指标是顶事件概率 P_a，损失率 C_r 和不可控性指数 $P'(E_0)$；当评价人员根据 FFTAM 计算出 P_a 和 $P'(E_0)$，根据可能的损失额和投资额计算出损失率 C_r 后，便可对照我们提出的风险等级转化表，确定被评价项目的绝对风险等级，如风险等级为 AAB。一般情况下，绝对风险评价工作到此就结束了。

但当人们觉得这种表达方式仍不够简捷时，或者当委托评价的人员对 ICERE 模型不了解时，或者决策者的素质相对较低时，可用单标志划分风险等级。具体做法是：①在已知多判据风险评价结果的情况下，如某项目的风险等级为 ABC，则按最高级别确定该项目的单标志风险等级，即其风险等级为 A 级或 1 级。②仍在已知多判据风险评价结果的情况下，用加权求和法求出项目绝对风险的综合评价值 R_i [$R_i \in$ [0，1]]，然后，用我们提出的风险等级表确定项目的单标志风险级别，如是 A 级（1 级）还是其他级别等。

10.4.5.2 相对风险评价模型的使用说明

当运用 ICERE 模型评价技术创业项目的相对风险时，采用的评价指标是顶事件概率相对值 a_r（等于顶事件概率值与可接受顶事件概率的比值）、损失额（率）的相对值 b_r（或 d_r）（等于可能的损失额与可承受的损失额的比值）和不可控性指数 p_r（等于不可控性指数与可接受的不可控性指数的比值）；当评价人员根据绝对风险评价指标值（p_a，c_r，$p'(E_0)$）和可承受的指标值（$\overline{p_a}$，$\overline{C_r}$，$\overline{P'(E_0)}$）计算出 a_r，b_r（或 d_r）和 p_r 后，便可对照我们提出的风险等级标准表，确定被评价项目的相对风险等级，如风险等级为 ABC。一般情况下，相对风险评价工作到此就完成了。

但与绝对风险评价中存在的情况类似，即人们可能觉得采用 "ABD" 这类方式表达风险等级仍不够简单明了，或者委托评价的人员对 ICERE 模型不了解，或者决策者的素质较低，则可用单标志划分风险等级，具体做法与绝对风险评价中采用的方法相同，不同之处就是须对 ar、br 和 pr 进行无量纲归一化处理，处理方式见我们的相对风险评价部分 a_r。

10.5　ICERE 模型中风险等级的确定

10.5.1　概率类指标的划分及风险等级的确定

概率类指标包括项事件概率（目标失败率（P_a）），顶事件概率的相对值 $a_r = P_a / \overline{P_a}$（$\overline{P_a}$ 为可接受的失败概率）。

基于顶事件概率的大小，可将风险划分为 A、B、C、D、E 共 5 个等级，A 代表风险最大，E 代表风险最小。划分标准如表 10-14 所示。

表 10-14　基于顶事件概率的风险等级划分

等级符号	A	B	C	D	E
等级标准 P（a）	[0.9，1.0]	[0.7，0.9）	[0.5，0.7）	[0.3，0.5）	[0.0，0.3）
模糊语言	很大	大	较大	一般	小

基于顶事件概率的相对值 a_r 的大小，对风险等级进行划分，仍划分为 A、B、C、D、E 共 5 个等级。划分标准如表 10-15 所示。

表 10-15　基于事件概率相对值 a_r 的风险等级划分

等级符号	A	B	C	D	E
等级标准 a_r	1.0 以上	[0.8，0.9]	[0.6，0.8）	[0.4，0.6）	0.4 以下
模糊语言	风险很大	风险大	风险较大	风险一般	风险不大

a_r 是顶事件概率 P_a 与投资者或决策者可接受的顶事件概率 $\overline{P_a}$ 之比。显然，当 $a_r>1$ 时，对于决策者或投资者来说，风险很大，风险超过了其承受能力，因此，a_r 越大，风险越大。

之所以选取（0.9，0.7，0.5，0.3，0.1）及（1.0，0.8，0.6，0.4，0.2）作为风险等级划分的临界点，是因为它们的 10 倍数分别是（9，7，5，3，1）和（10，8，6，4，2），用这样的数列作为比例标度是 AHP 方法中所推荐且已得到了理论和实践的证明。所以，用这两种数列较好地反映了风险的大小。下述划分仍使用相同数列。

在评价项目风险时，用哪个标准来评价其风险等级呢？我们的处理是这样的：当评价项目的绝对风险时，用标准 P_a；当评价项目的相对风险时，用标准 a_r。显然，两者评价结果不一定一致。如当 $P_a=0.6$，$\overline{P_a}=0.4$ 时，$a_r=1.5>1$，显然，按标准 P_a，该项目的风险等级为 C，但按标准 a_r，其风险等级为 A。因此，我们可以将前者的评价结果称作绝对风险，将后者的评价结果称作相对风险。即标准 P_a 适用于绝对风险评价，标准 a_r 适用于相对风险评价，当没有决策者参与，只是"中立者"或"旁观者"，如咨询公司对项目的风险进行评价时，一般采用标准 P_a。

用标准 P_a 和标准 a_r 对项目的风险进行评价，都有助于人们（尤其是决策者）加深对项目投资风险的认识。

10.5.2　后果类指标的划分及风险等级确定

后果类指标包括损失额和损失率及其相对值。由于不同项目、不同的投资主体，损失额标准有所不同，所以，我们不能用诸如 100 万元以上，80 万～100 万元、60 万～80 万元、40 万～60 万元、20 万～40 万元、10 万～20 万元、10 万元以下等损失额标准作为衡量风险大小的尺度，所以只能用损失率及其相对值和损失额相对值来评价风险。依据损失额相对值（等于可能损失额与可承受损失额之比）和损失率及损失率相对值划分的风险等级如表 10-16 至表 10-18 所示。

表 10-16　依据损失额相对值$\left(b_r=\dfrac{\text{可能的损失额}}{\text{可承受的损失额}}\right)$的风险等级划分

风险等级	A	B	C	D	E
b_r 范围	1.0 以上	[0.8, 1.0)	[0.6, 0.8)	[0.4, 0.6)	0.4 以下
定性语言	极大	很大	大	较大	不大

注：可承受的损失额与投资者的净资产总量及风险偏好有关。

表 10-17 依据损失率$\left(c_r = \dfrac{损失额}{投资额}\right)$的风险等级划分

风险等级	A	B	C	D	E
C_r 范围	[0.9, 1.0]	[0.7, 0.9)	[0.5, 0.7)	[0.3, 0.5)	0.3 以下
定性语言	极惨重	很惨重	惨重	较惨重	不惨重

注：技术创业的高投入性使得用 c_r 评价绝对风险可行。若"本钱"无归，则风险极大。

表 10-18 依据损失率的相对值$\left(d_r = \dfrac{可能的损失率}{可承受的损失率}\right)$的风险等级划分

风险等级	A	B	C	D	E
d_r 范围	1.0 以上	[0.8, 1.0]	[0.6, 0.8)	[0.4, 0.6)	0.4 以下
定性语言	损失极大	很大	大	较大	不大

在评价产业化项目的绝对风险时，用 C_r 标准；在评价产业化项目的相对风险时，用 b_r 标准和 d_r 标准（取 b_r 标准和 d_r 标准的最高等级，如对某项目而言，在 b_r 标准下，其风险等级为 A，而在 d_r 标准下，其风险等级为 B，则取其风险等级为 A。

10.5.3 不可控性指标的划分及风险等级的确定

不可控性指标包括最小路集、最小割集、致命事件和关键事件等，考虑到这些指标间具有关联性，如致命事件应包括发生概率较大且与顶事件密切相关的单事件最小割集和低阶最小割集中的事件，关键事件应包括最小路集中与顶事件关系密切且其发生概率较大的事件，所以，在确定一个一般性的风险评价模型时，仅用致命事件和关键事件两类指标划分风险等级，但建议在评价一个具体的产业化项目时，应详细分析最小割集和最小路集的特征，如单事件和低阶最小割集的数量、最小割集发生概率、低阶最小路集的数量及其发生概率等，况且挑选致命事件和关键事件也要分析最小割集和最小路集。

由于最小割集中的事件和最小路集中的事件是完全相同的，只是事件的组合方式不同而已，因此，只要知道各事件同顶事件的关系，就可找出致命事件与顶事件的模糊关系值 F＝1，关键事件与顶事件的模糊关系值 F＝0.8～1.0。致命事件和关键事件越多，则产业化过程的可控性越差，失败的可能性越大。若将所有致命事件和关键事件都看成单事件最小割集，则其中任一事件发生都可能导致顶事件发生，由它们组成的 FFTAM 模型如图 10-5 所示。

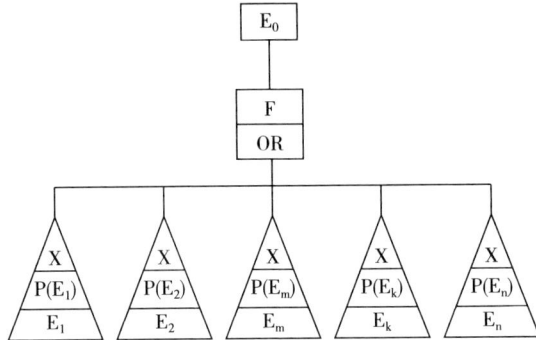

图 10-5 所有致命事件和关键事件组成的 FFTAM 模型

根据图 10-5，可计算出 $P'(E_0)$，$P'(E_0)$ 代表致命事件和关键事件的综合概率或系统的不可控性。

若用前面计算"模糊或"关系下顶事件概率的方法来计算 $P'(E_0)$，比较复杂。实际上，关键事件可以看成发生概率相对较小的致命事件，即其发生的概率可用其 u 值缩小，这样将所有事件都转化为致命事件，F 值等于 1。此时，$P'(E_0)$ 的计算可按下式进行：

$$P'(E_0) = 1 - \prod_{i=1}^{n} [1 - P(E_i)] \quad P'(E_0) \in [0, 1] \tag{10-12}$$

例如，设有两个致命事件，即 $P(E_1) = 0.8$，$P(E_2) = 0.7$；有两个关键事件，即 $u_3 = 0.8$，$u_4 = 0.9$，$P(E_3) = 0.5$，$P(E_4) = 0.4$，则 $P(E_3)' = 0.5 \times 0.8 = 0.4$，$P(E_4)' = 0.36$。

所以，$P'(E_0) = 1 - (1-0.8)(1-0.7)(1-0.4)(1-0.36)$

$= 1 - 0.2 \times 0.3 \times 0.6 \times 0.64$

$= 0.98$

实际上，$P'(E_0)$ 代表了致命事件和关键事件对顶事件的综合影响程度，致命事件和关键事件数量越多，即 n 越大；$P(E_i)$ 值越大，即第 i 个事件的概率值越大；则 $P'(E_0)$ 越大，从而不可控性越强。

此外，要准确分析某一产业化项目的不可控性，还需考虑每一个致命事件和关键事件的可弥补性及"可修复性"，可弥补性和"可修复性"越强，则致命事件或关键事件对顶事件的消极影响越小。所以，在最后对风险等级划分之前，还需对 $P'(E_0)$ 值进行修正。

对 $P'(E_0)$ 值的修正思路是：将各事件的可弥补性和"可修复性"转化为定量评价值，转化量表如表 10-19 所示。

表 10-19　可弥补性和"可修复性"转化量表

转值值	0.2 以下	[0.2, 0.4)	[0.4, 0.6)	[0.6, 0.8)	[0.8, 1.0]
组中值	0.1	0.3	0.5	0.7	0.9
模糊语言 （可弥补性和"可修复性"）	很强	强	一般	不强	很不强

对于具体的事件，其"可修复性"和可弥补性定量值可通过定性评价结果获得，如可用模糊综合评价法或 AHP 法获取有关各事件可弥补性和"可修复性"的定性评价结果，然后依据定性评价结果，如某一事件的可弥补性和"可修复性""很强"，则其转化值为 0.1。

知道第 i 个事件的可弥补性和"可修复性"转化值后，不妨设其为 v_i，则第 i 个事件的综合概率值为 $[v_i P(E_i)]$，从而 $P'(E_0)$ 的最终计算公式为：

$$P'(E_0) = 1 - \prod_{i=1}^{n} [1 - v_i p(E_i)] \quad v \in [0, 1] \tag{10-13}$$

由式（10-13）可知，$n\uparrow$，$P'(E_0)\uparrow$；$v_i\uparrow$，$P'(E_0)\uparrow$；$P(E_i)\uparrow$，$P'(E_0)\uparrow$；所以，该公式较好地反映了产业化过程的不可控性。

依据不可控性，也可将风险等级划分为 A、B、C、D、E 共 5 个等级，具体的划分标准如表 10-20 所示。

表 10-20　依据不可控性的风险等级划分

风险等级	A	B	C	D	E
$P'(E_0)$ 范围	[0.9, 1.0]	[0.7, 0.9)	[0.5, 0.7)	[0.3, 0.5)	[0.0, 0.3)
模糊语言	极大可控	很不可控	不可控	较不可控	可控

注：模糊推理与 AHP 方法结合。

对于决策者来说，不可控性也应有一临界点，即存在其可接受的不可控性水平，不妨用 $\overline{P'(E_0)}$ 表示，则将某一项目的可能的不可控性值 $P'(E_0)$ 与 $\overline{P'(E_0)}$ 之比定义为该项目的不可控性相对值，用 P_r 表示。

依据 P_r 值范围同样可以对风险做出评价，按 P_r 值大小确定的风险等级如表 10-21 所示。

表 10-21　依据 P_r 值的风险等级划分

风险等级	A	B	C	D	E
P_r 值范围	1.0 以上	[0.8, 1.0)	[0.6, 0.8)	[0.4, 0.6)	0.4 以下
模糊语言	极大	很大	大	较大	不大

同理，对某一项目的风险进行客观评价或对其绝对风险进行评价时，采用表 10-20 的 $P'（E_0）$ 标准；进行主观评价或对其相对风险进行评价时，采用表 10-21 的 P_r 标准。

10.5.4 风险等级的综合划分

在上述三个环节，我们解决了构造 ICERE 模型的关键问题，下面我们根据三大类指标的划分情况，对产业化风险进行综合评定。

10.5.4.1 绝对风险的评价

所谓绝对风险的评价是指在不考虑决策者意愿条件下对项目的风险所做出的综合评价。

绝对风险评价依据的指标是：顶事件概率 P_a，损失率 C_r 和不可控性指标 $P'（E_0）$。根据 P_a、C_r 和 $P'（E_0）$ 划分的风险等级标准如表 10-22 所示。

表 10-22 根据 P_a、C_r 和 $P'（E_0）$ 划分的风险等级

风险等级	A	B	C	D	E
P_a 标准	[0.9, 1.0]	[0.7, 0.9)	[0.5, 0.7)	[0.3, 0.5)	[0.0, 0.3)
C_r 标准	[0.9, 1.0]	[0.7, 0.9)	[0.5, 0.7)	[0.3, 0.5)	[0.0, 0.3)
$P'（E_0）$ 标准	[0.9, 1.0]	[0.7, 0.9)	[0.5, 0.7)	[0.3, 0.5)	[0.0, 0.3)

根据 P_a、C_r 和 $P'（E_0）$ 的不同组合，可得出 125 种风险类型，如 AAA、ABD、ABC、ACD、CDE、DDD、EEE 等。实际上，由于 P_a、C_r 和 $P'（E_0）$ 之间具有很强的正相关性，所以，出现级别相差较大的组合方式的可能性不大，如出现 ADE 的可能性很小，因为一般情况下，A 意味着顶事件概率大，即目标失败率高，在极高的失败率条件下，损失率也应较大，况且在不可控性为 E 时，意味着项目中的致命事件和关键事件是易于控制的，从而顶事件概率也应很小，因此，经常出现的组合方式要远远小于 125 种，大约 80 种。且每种组合只有 3 个标准，故使用这种表达方式是比较方便的，也反映了风险的真正含义及其最关键因素。例如，某项目的风险等级为 ABA 级，则意味着其失败率高达 90% 以上，损失率在 80% 左右，致命事件和关键事件的不可控性为 90% 左右。

如果评价人员打算用更简捷的方式向投资主体、决策者及其他相关人员表达绝对风险水平或客观评价结果，那么，可以将风险等级进一步合并成一个等级，合并规则是：第一，若项目的风险等级中有 A 出现，则该项目的风险等级被确定

为 A 级或一级；如某项目的原风险等级为 BAD，则该项目的风险等级为 A 级或一级，这样处理的依据是只要原风险等级中出现了 A，就表明项目的风险很大。从谨慎的原则出发，将最后的风险等级用原风险等级中的最高级别来表示是合适的。第二，若项目原风险等级中的最高级别是 B，如 BBC，则该项目的最后风险级别是 B 级或二级。

同理，若项目原风险等级中的最高级别是 C，如 CDE，则该项目的最后风险等级为 C 级或 E 级；余下的 D、E 类推，如某项目的风险等级为 DDE，则该项目的风险等级为 D 级或四级；对于 E 级风险只有一种情况，即当 EEE 出现时，项目风险才属于第五级或 E 级。

总之，用原风险等级中的最高级别风险表示项目的最后风险等级。

上述表达方式完全可以满足单方案的风险评价。

在对多方案风险排序条件下（也可对单方案评价），可将第 i 个项目的顶事件概率（Pa_i），损失率 Cr_i 和不可控性指数 $P'(E_0)_i$（i=1，2，3，…，n）采用某种方式合成。

当 P_a，C_r 和 $P'(E_0)$ 三个指标的权重相同时，可用连加的方式将三者合成为如下的形式：

$$R_i = \frac{1}{3}[P_{ai} + Cr_i + P'(E_0)_i] \quad (i=1，2，3，…，n) \tag{10-14}$$

其中，R_i 为第 i 个项目的绝对风险评价值，$R_i \in [0，1]$。

当三个指标的权重不同时，不妨用 ω_1、ω_2 和 ω_3 表示（$\sum \omega = 1$），则 R_i 的计算公式如下：

$$R_i = \omega_1 P_{ai} + \omega_2 Cr_i + \omega_3 P'(E_0)_i (i=1，2，3，…，n) 且 R_i \in [0，1] \tag{10-15}$$

用一系列 R 值便可明确项目风险的比较情况。例如，有两个技术创业项目，分别为项目 X 和项目 Y，它们的风险等级分别为 AAB 和 ABC，即 $Pa_x = 0.9$，$Cr_x = 0.9$，$P'(E_0)_x = 0.8$；$Pa_y = 0.9$，$Cr_y = 0.8$，$P'(E_0)_y = 0.6$；若 $\omega_1 = 0.4$，$\omega_2 = 0.4$，$\omega_3 = 0.2$，则有：

$R_x = 0.4 \times 0.9 + 0.4 \times 0.9 + 0.2 \times 0.8 = 0.88$

$R_y = 0.4 \times 0.9 + 0.4 \times 0.8 + 0.2 \times 0.6 = 0.80$

$R_x > R_y$，所以项目 X 的风险较大。

也可用 A、B、C、D、E 共 5 个等级表达综合评价结果，由于 $R_i \in [0，1]$，所以可以采用依据顶事件概率 P_a 的办法划分风险等级，划分标准如表 10-23 所示。

如上例中 $R_x \doteq 0.9$，$R_y = 0.80$，用表 10-23 中的标准分析，项目 X 的风险等

级为 A 级（或 1 级），项目 Y 的风险等级为 B 级或 2 级。也能比较项目间风险大小。

表 10-23　依据综合评价值 R 划分项目风险等级

等级符号	A/1 级	B/2 级	C/3 级	D/4 级	E/5 级
R 值范围	[0.9, 1.0]	[0.7, 0.9)	[0.5, 0.7)	[0.3, 0.5)	[0.0, 0.3)
模糊语言	很大	大	较大	一般	小

10.5.4.2　相对风险的评价

所谓相对风险的评价是指在考虑决策者（投资者）承受力和意愿条件下对项目的风险所做出的综合评价。

相对风险评价所依据的指标是：顶事件概率相对值 P_{ar}、损失额相对值 b_r 或损失率相对值 d_r 和不可控性指数相对值 P_r。根据 P_{ar}、b_r（或 d_r）和 p_r 划分的风险等级标准如表 10-24 所示。

表 10-24　根据 P_{ar}、b_r（或 d_r）和 p_r 划分的风险等级

风险等级	A	B	C	D	E
P_{ar} 标准	1.0 以上	[0.8, 1.0]	[0.6, 0.8)	[0.4, 0.6)	0.4 以下
b_r 标准	1.0 以上	[0.8, 1.0]	[0.6, 0.8)	[0.4, 0.6)	0.4 以下
p_r 标准	1.0 以上	[0.8, 1.0]	[0.6, 0.8)	[0.4, 0.6)	0.4 以下

根据 P_{ar}、b_r 和 p_r 的不同组合，可得出 125 种风险类型，如 ABA、BCD、CDB、EDB 等。根据不同的表达结果，即可明确项目风险级别。

如果需要用单一标志表达项目的风险级别时，仍可采用绝对风险评价中使用的合并规则，即取原风险等级中的最高级别作为该项目的单标志级别。如某项目的风险级别为 ACD，则其单标志风险级别为 A 级或一级。

上述表达方式可满足单方案相对风险的评价要求。

在对多方案相对风险排序时（也适用于单方案风险评价），仍可采用多方案绝对风险排序方法。不同之处是应将 P_{ar}、b_r 和 p_r 值进行归一化处理，即，使修正后的 P_{ar}、b_r 和 p_r 值取值范围为 [0，1]。

处理过程如下：

设有 n 个产业化项目，它们的 P_{ar}、b_r、p_r 值如表 10-25 所示。

表 10-25　基位数据

指标＼项目	1	2	3	4	5	…	i	…	n	I_0
P_{ar}	P_{ar1}	P_{ar2}	P_{ar3}	P_{ar4}	P_{ar5}	…	P_{ari}	…	P_{arn}	P_{ar0}
b_r	b_{r1}	b_{r2}	b_{r3}	b_{r4}	b_{r5}	…	b_{ri}	…	b_{rn}	b_{r0}
p_r	p_{r1}	p_{r2}	p_{r3}	p_{r4}	p_{r5}	…	p_{ri}	…	p_{rn}	p_{r0}

其中：

$P_{ar0} = \max\{P_ar_1,\ P_ar_2,\ P_ar_3,\ \cdots,\ P_ar_n\}$

$b_{r0} = \max\{br_1,\ br_2,\ br_3,\ \cdots,\ br_n\}$

$p_{r0} = \max\{pr_1,\ pr_2,\ pr_3,\ \cdots,\ pr_n\}$

令 $\overline{P_{ari}} = \dfrac{P_{ari}}{P_{aro}}$，$\overline{b_{ri}} = \dfrac{b_{ri}}{b_{ro}}$，$\overline{p_{ri}} = \dfrac{p_{ri}}{p_{ro}}$，$(i=1,\ 2,\ 3,\ \cdots,\ n)$，则 $\overline{P_{ari}}$，$\overline{b_{ri}}$，$\overline{p_{ri}} \in [0,\ 1]$

从而第 i 个项目的相对风险值 R_i 可用下式表示：

$R_i = \omega_1 \overline{P_{ari}} + \omega_2 \overline{b_{ri}} + \omega_3 \overline{p_{ri}}\ (i=1,\ 2,\ 3,\ \cdots,\ n)$ 且 $R_i \in [0,\ 1]$

按 R 值大小就可对多方案的相对风险进行排序，R 值越大，相对风险越大。

也可采用评价绝对风险时的方法，即按 R 值大小将风险划分为 A、B、C、D、E 共 5 级。方法见绝对风险的综合评价部分。但此时的风险等级只是项目之间的相对级别。

下面用例子来说明相对风险评价。评价所需数据如表 10-26 所示。

表 10-26　相对风险评价所需数据

指标＼项目	p_a	P_A	P_{ar}	损失额	可承受的损失额	C_r	$P'(E_0)$	$\overline{P'(E_0)}$	p_r
项目 X	0.9	0.4	2.25	10 万	8 万	1.25	0.8	0.8	1
项目 Y	0.9	0.7	1.29	5 万	6 万	0.83	0.6	0.7	0.85

由表 10-26 知项目 X 的相对风险评价值为：$P_{ar} = 2.25$，$C_r = 1.25$，$p_r = 1$，

由表 10-24 知项目 X 的风险等级为：AAA。

同理，项目 Y 的指标值为：$P_{ar} = 1.29$，$C_r = 0.83$，$p_r = 0.85$，

风险等级为 ABB。显然，项目 X 的相对风险高于项目 Y 的相对风险。若设权重相同，即 $\omega_1 = \omega_2 = \omega_3 = \dfrac{1}{3}$，则项目 X 的相对风险综合评价值为：

$$R_x = \frac{1}{3}(\overline{P_{arx}} + \overline{C_{rx}} + \overline{P_{rx}})$$

$$\overline{P_{ar}} = \frac{2.25}{2.25} = 1, \quad \overline{C_r} = \frac{1.25}{1.25}, \quad \overline{P'(E_0)} = \frac{1.0}{1.0} = 1$$

所以，$R_X = 1$，相对风险等级为 A 级，即风险最大。

项目 Y 的相对风险综合评价值

$$R_y = \frac{1}{3}(\overline{P_{ay}} + \overline{C_{ry}} + \overline{P_{ry}})$$

$$= \frac{1}{3}\left(\frac{1.29}{2.25} + \frac{0.83}{1.25} + \frac{0.85}{1}\right)$$

$$= \frac{1}{3}(0.57 + 0.66 + 0.85) = 0.695 < R_X$$

相对于项目 X，其风险等级为 C 级。

第11章 技术创业风险的一般分析

技术创业风险一般分析的目的是要揭示技术创业风险的共性，这也正是我们的研究重点之一。但一般分析不等于泛泛而论，必须确定分析的基础、主线和角度。根据本书内容之间的关系和课题所要解决的问题，一般分析的基本思路是：以技术创业风险因素的理论模型、技术创业风险分析的基本方法和模型为指导，在调研分析的基础上，以技术创业过程（即不同阶段）为主线，从宏观和微观、主观和客观、供给和需求等多角度分析技术创业的风险性。

由于不同产业化阶段的资源组合规模、投入的资源结构所要解决的关键问题在不确定性等方面的不同，最终反映在风险方面的不同产业化阶段有不同的风险因素和风险特征。因此，对技术创业阶段的科学划分便是一般分析的基本前提。

目前，专家、学者根据各自的研究目的对技术创业阶段进行了划分。学者按创新过程、产业发展过程、企业成长过程进行了不同划分。

我们采用了既反映创新又反映技术创业过程的划分方法，划分为：①科研阶段→中试阶段→商品化生产阶段→扩散阶段。②高技术发明阶段→高技术创新阶段→高技术扩散阶段。③科研阶段→中试阶段→商业化阶段→产业化阶段。

考虑到采用"发明""创新""扩散"这样的术语比较规范，所以我们在分析技术创业风险的共性时，采用②表达方式，即：高技术发明阶段→高技术创新阶段→高技术扩散阶段。

11.1 发明与创新阶段的风险分析

11.1.1 发明与创新阶段的风险分析实用模型

根据我们以上提出的理论和方法，在参考相关文献及调研的基础上得到如图 11-1 所示的发明与创新阶段的风险分析实用模型。

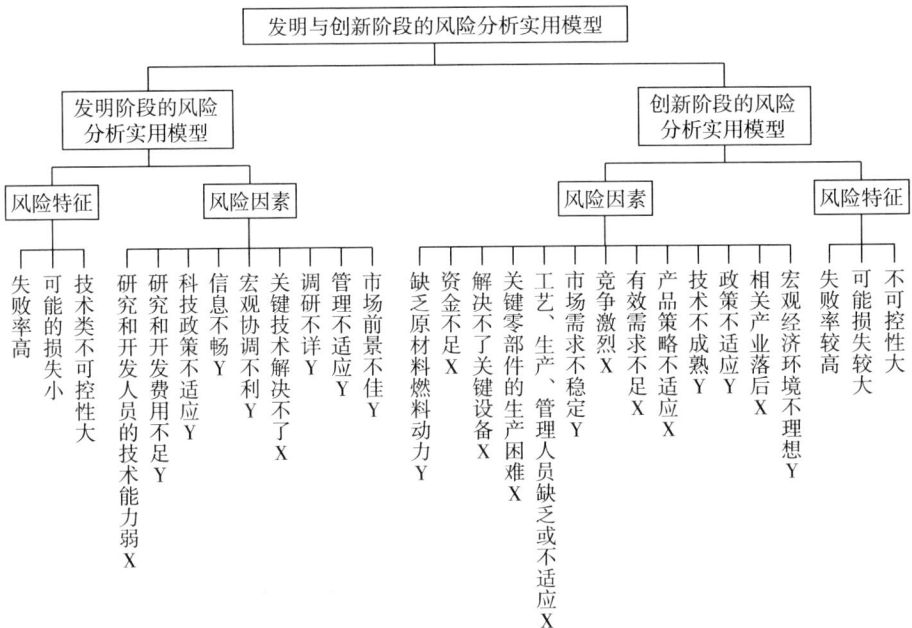

发明与创新阶段的风险分析实用模型

发明阶段的风险分析实用模型 ｜ 创新阶段的风险分析实用模型

风险特征：失败率高；可能的损失小；技术类不可控性大

风险因素：研究和开发人员的技术能力弱 X；研究和开发费用的不足 Y；科技政策不适应 Y；信息不畅 Y；宏观协调不利 Y；关键技术解决不了 X；调研不详 Y；管理不适应 Y；市场前景不佳 Y；缺乏原材料燃料动力 Y；资金不足 X；解决不了关键设备 X；关键零部件的生产困难 X

风险因素：工艺、生产、管理人员缺乏或不适应 X；市场需求不稳定 Y；竞争激烈 X；有效需求不足 X；产品策略不适应 X；技术不成熟 X；政策不适应 Y；相关产业落后 X；宏观经济环境不理想 Y

风险特征：失败率较高；可能损失较大；不可控性大

图 11-1 发明与创新的风险分析实用模型

11.1.2 发明阶段的风险因素分析

高技术发明阶段的风险性不是我们研究的重点，但它与创新和扩散阶段联系密切，所以不妨简单分析一下其风险特征和风险因素，在本章最后还要以其为参照比较研究高技术创新和高技术扩散的风险性。

高技术发明阶段的风险特征是：技术风险是其主要风险，风险后果是没能开发出高技术产品，且失败率高，但该阶段与后两个阶段相比资源的投入量相对较少，风险又比较分散，综合来看，风险不是很高，有时失败也是允许的。

该阶段成功与否的主要影响因素是研究和开发人员的技术能力、研究和开发费用的可获得性及可承受性、研究和开发周期的长短、可能的市场前景及政策、环境、管理等因素，其中 R&D 人员的技术能力是最关键的因素，技术能力指从事 R&D 人员的智力水平、工作能力、科研素质及科研人员的知识结构。其中科技人员的知识结构非常重要，它关系到 R&D 项目在涉及跨学科、跨专业的情况下是否能开发成功，这也是由高技术的综合性和复杂性所决定的。此外，国家或地区科技政策，研究开发所需的硬支撑环境及信息服务、专利服务等软环境是否完善，也是该阶段的风险因素，并且有时影响较大。当然，当资金供给不足或宏观协调不利时，该阶段风险也很大。如果选题时考虑不周，或 R&D 需要国外资料和关键技术，外国又限制输出，则该阶段风险加大。

11.1.3　创新阶段的风险因素分析

如果产业化走完第一个阶段，则意味着有了较成熟的科技成果，如样品、样机、新工艺、新方法和新流程等。但还需要进行再开发，即创新，高科技成果才会变成商品，获取超额利润。这就是高技术创新阶段的任务。这一阶段所需的投资往往十倍或数十倍于发明阶段。产业化过程进入该阶段，不仅技术风险没有消失，而且增强了市场风险、管理风险、政策风险、工程风险、环境风险，资金风险、人员风险，信息风险、贸易风险、国际风险、决策风险、经济风险、金融风险和关联风险等。所以，尽管技术本身不确定性相对于发明阶段减少了，但风险要比其前一阶段大得多。

该阶段的主要风险因素包括五个方面。①工程保证因素：即高技术成果商品化所需的原材料、燃料动力、关键设备、关键零部件、工艺人员、生产人员，现场管理人员等能否满足生产高技术产品的需要。②市场因素：即高技术产品投入商业化生产后，产品能否销售出去，市场需求怎样，市场半径范围、顾客类型及有效需求水平等。③经营管理方面的因素：即高技术产品销售出去后，能否获得巨额利润，以补偿研究和开发及商品化所支付的费用，能否使风险投资者获得可观的收入，产品策略，如价格，市场定位、服务等是否科学、合理。④社会环境因素：即国家或地区技术政策、产业政策是否向该类高技术产业倾斜，高技术产品的前序及后序相关产业的发展规模、结构、水平和速度怎样，该类产品的进口现状及未来的潜在进出口情况等。⑤宏观经济环境因素：即通货膨胀水平、汇率变动、利率调整、货币政策、就业政策等对创新的影响。

目前，就国内而言，整个创新环节相对于发明阶段要薄弱得多，具体表现在，"供给"全面不足，即资金、技术、人才、支撑环境都不适应高技术创新的要求。仅资金一项缺口就很大，几乎每篇相关文章都谈到这一点，并且多数人认为，中试环节的投资强度相对不足，大约应是发明阶段的 5~10 倍，而我国大体是 1:1 左右，甚至更低。至于创新阶段的商品化生产环节（也叫下游）更加薄弱。仅以生物技术产业发展为例（在国内极有代表性，且生物工程产业相对其他产业而言，所需投资不算高），据调查，全国生物技术研究力量的 60%集中在上海，有些项目研究水平处于国际领先地位。如 20 世纪 80 年代初期人工胰岛素基因工程菌所达到的效率为 30%~40%，大大超过当时国外实验室水平；上海将一种肝癌专一性较早的单克隆抗体与蓖麻毒蛋白交联，制备成免疫毒素，这项成果在世界上居领先地位，但商品化水平与国际先进水平相比却很落后。过去，国内柠檬酸的发酵工程研究也接近世界先进水平，而企业却仍然用落后的加工方法，比国外先进水平落后很多年。

11.2　扩散阶段的风险分析

11.2.1　高技术扩散阶段的风险分析实用模型

仍在技术创业风险分析的基本理论和方法指导下，结合扩散阶段的特点和工程项目可行性研究内容，提出高技术扩散阶段的风险分析实用模型如图 11-2 所示。

11.2.2　扩散阶段的风险因素分析

从社会经济效益角度来看，商品化生产所创造的效益仅是冰山之一角，巨大的效益和财富的获取还有赖于高技术扩散。高技术扩散阶段的标志是：实现了工业化大规模生产，有众多企业参与生产经营、销售、服务等。主要特点是：专业化生产、资本密集、高度自动化、售价低、目标是提高质量与降低成本；管理工作强调目标、结构和规范。该阶段的风险性反映在技术风险小、市场风险较大、工程风险一般。此外，资金风险、贸易风险、金融风险、关联风险等也较大。其中资金风险、关联风险和经济风险相较前两个阶段更加突出。

该阶段的主要风险因素是：资金筹措可靠性；原材料、关键设备、水文地质、水电供应、交通通信条件、协作配套情况；经济效益、社会效益；市场需求量、需求结构、需求分布情况；营销策略；企业组织管理；规模经济性；进出口

高技术扩散阶段的风险分析实用模型

　　风险特征　　　　　　　　　　风险因素

风险特征:
- 失败率较小
- 可能损失大
- 不可控性小

风险因素:
- 资金不足 X
- 原材料供应不足 X
- 关键设备缺乏或可靠性差 X
- 工业基础薄弱 X
- 关联产业的发展落后 X
- 市场不确定性 X
- 营销策略不适应 Y
- 企业组织管理落后 Y
- 规模不经济 X
- 进口冲击 Y
- 出口受阻 Y
- 政策不适应 Y
- 宏观经济环境不利 Y

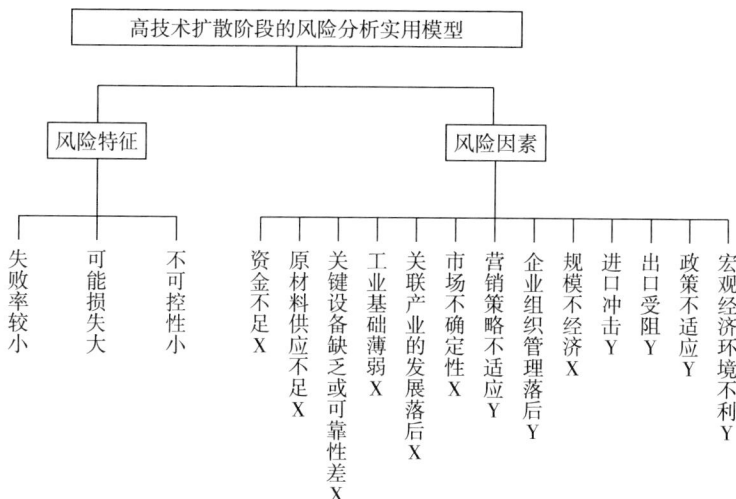

图 11-2　高技术扩散阶段的风险分析实用模型

状况；宏观经济环境、体制变动情况；金融、经济、技术政策；关联产业的发展情况等。

　　高技术扩散阶段的总体风险（失败的可能性）较小，但所需投资又往往十倍于甚至几十倍于商业化（创新）阶段的投资，加之企业规模的扩大，企业经营管理体制和生产质量控制将发生质的变化，如果企业的管理人员决策失误、经营管理不善，则风险仍较大（指潜在的经济损失），故对该阶段的风险仍不可轻视。

11.3　技术创业风险的比较分析

11.3.1　各阶段的风险因素和风险特征的比较分析

　　为了便于比较分析，将风险因素划分为技术风险、商业风险、经济风险、市场风险、政策风险、工程风险、环境风险、人员风险、资金风险、管理风险、信息风险、金融风险、关联风险等。需要指出的是，这些因素间互有重叠，但对分析结果没有影响，并且有助于人们从多个侧面说明不同产业化阶段的风险特征。采用的主要指标是失败率、可能的损失和不可控性指数。比较的参照点是高技术发明阶段，重点分析高技术创新及扩散阶段的风险性。比较结果如表 11-1 所示。

表 11-1　技术创业不同阶段的风险比较

风险　　　阶段		高技术 发明阶段		高技术 创新阶段		高技术 扩散阶段	因素类型
风险 因素	1　技术风险	大		一般		一般	致命
	2　商业风险	尚未涉及		较大		较大	关键或致命
	3　工程风险	一般		一般		一般	关键
	4　市场风险	尚未涉及市场		较大		较大	致命
	5　环境风险	较大		较大		较大	关键
	6　政策风险	大	R&D 政策、 专利等	很大	技术政策	较大	产业政策	关键
	7　人员风险	大	科研人员	大	技术、工程、 市场人员	大	管理人员、 企业家	致命
	8　资金风险	较大		很大		很大	致命
	9　管理风险	大	宏观协调	大	创新管理不善	大	企业管理 不适应	致命
	10　信息风险	大	信息不畅	大	信息少、 决策失误	大	信息少、 决策失误	关键
	11　贸易风险	大	引进技术不利	大	引进技术不利或 进口品冲击	大	竞争激烈， 开放市场	致命或 关键
	12　国际风险	大	交流阻滞	大	关系恶化	大	贸易壁垒， 贸易战	关键
	13　决策风险	大	选题失误	大	超前、 滞后开发	大	调研不详， 过于乐观	致命
	14　经济风险	大	通膨、 汇率、贷款	大	通胀、 汇率变动	大	价格、利率、 汇率不利变动	关键
	15　金融风险	一般		大	银根紧缩	大	银根紧缩	关键
	16　关联风险	不大		大	关联性增强	很大	关联性极大	关键
共同 因素	1　人员素质	科研人员素质		各方面专家		管理人员	
	2　体制、政策	保证支持基础研究、 应用研究、科技政策		科技体制、 创新政策		经济体制、 产业政策	
	3　环境	知识产权保护、计划、 信息、经费		开发区、孵化器、 风险资本、信息		宏观环境，信息	

风险＼阶段			高技术 发明阶段	高技术 创新阶段	高技术 扩散阶段	因素类型
指标	1	失败率	大，但允许	大	小	
	2	损失	较小	较大	很大	
	3	不可控性	较大	很大	一般	
	4	综合评价	较大	最大	较大	

如果将失败率和可能的经济损失及不可控性指数综合起来考虑，技术创业三个阶段的风险都很高；但相比之下，高技术创新阶段的风险最高。原因在于：该阶段相关因素最多，从系统论的角度来看，可控性差，风险大；该阶段失败率也较大，投放的资源价值量也较高；随着累积投放的资源递增，失收的时间推迟，创新者所面临的风险也就增强。由于从发明到该阶段结束前收益极小，但投入急增，所以失败的代价是很大的，可能血本无回。实际上，创新者不仅承担了创新阶段的风险，而且还承续了发明阶段的风险，因此，该阶段风险最大。

当然，不同阶段的风险特征还与产业化模式、主体、地区等相关。

从各要素的作用强度来看，致命因素包括人员、技术、资金、市场、管理（决策）、贸易，关键因素包括环境、工程、商业、政策、体制、信息、国际关系、经济、金融、关联性等。

从各因素间的关系来看，影响广泛的因素包括人员素质、体制和政策的适应性及环境适应性等。

11.3.2　高技术产业与传统产业的风险因素和风险特征的比较分析

在此，为了保证比较基础的一致性，基本采用上述因素分类标准和特征评价指标。这里的传统产业的标志是：技术难度不大、智力不密集、R&D 的经费很少、收益水平为社会平均收益水平。高技术产业与传统产业比较结果如表 11-2 所示。

表 11-2　高技术产业与传统产业的风险因素和风险特征比较

风险＼产业			传统产业	因素类型	高技术产业	因素类型
风险因素	1	技术风险	很小（成熟）	关键	很大	致命
	2	商业风险	小（已明确）		很大	关键或致命
	3	工程风险	一般	关键	较大	关键
	4	市场风险	较大	致命	很大	致命

续表

风险\产业			传统产业	因素类型	高技术产业	因素类型
风险因素	5	环境风险	较大	关键	较大	关键
	6	人员风险	一般（管理人员除外）	一般	很大	致命
	7	政策风险	较大	关键	较大	关键
	8	资金风险	较大	关键或致命	很大	致命
	9	管理风险	较大	致命、关键	很大	致命
	10	信息风险	较大	关键	较大	关键或致命
	11	贸易风险	较大	关键	较大（引不进关键技术、进口品冲击）	致命或关键
	12	经济风险	较大	关键	通货膨胀、利率、汇率变动较大	关键
	13	金融风险	较大（紧缩）	关键	较大，但比传统产业可能小，政策支持	关键
	14	关联风险	较大	关键	较大	关键
共同因素	1	政策风险	关键		1	人员素质	致命	
	2	管理风险	致命		2	政策体制	关键	
	3	环境风险	关键		3	环境	关键	
风险特征指标	失败率		低		高	
	可能损失		小		高	
	不可控性		很小		大	
	注：效益		一般收益水平		高收益水平	

由表 11-2 可得下述结论：①高技术产业的失败率、可能损失和不可控性均高于传统产业。②从各因素的关系来看，对传统产业来说，管理工作是致命因素，政策、体制及环境是最关键因素；对于高技术产业而言，人员素质是致命因素，政策、体制、环境也是关键因素。③从各因素与产业发展的直接关系来看，对传统产业而言，市场、资金、管理、关联性是关系到传统产业能否发展的关键因素，而对高技术产业来讲，技术、人才、资金、管理、信息、贸易、关联性是致命因素，其他是关键因素。④资金管理对两者的发展都是致命因素。⑤政策、体制和环境对两者的发展都是关键因素。⑥经济、金融、关联性对两者具有共同的影响。⑦对某些传统产业，如我国的服装、纺织、一般机械产品等大量出口的行业，贸易风险较大，而对于内需型的劳动密集型和材料密集型产业，贸易风险

不大；但对于高技术产业，对于我们这样的发展中国家，贸易风险具有双重作用，一是需要的技术可能引进不来，二是进口品冲击。⑧人员不足不是传统产业的致命因素，但它是高技术产业的致命因素。⑨工程技术风险对传统产业来说很小，但对高技术产业而言，它是致命因素。⑩信息不畅都将影响两者的发展。

11.4　技术创业的总体风险特征

理论分析和实证分析均已证明，技术创业过程的风险特征是：随着产业化过程的深入，人们对产业化过程中涉及的技术、经济、管理等因素认识越来越深刻，且许多问题逐步得以解决，因此，不确定性减少，失败率也随之降低；但随着产业化的深入，资源投入总量逐渐加大，风险也随之增大。所以，综合不确定性和资源投入要素，技术创业各阶段的风险都是较大的。具体变化过程如图11-3 所示。

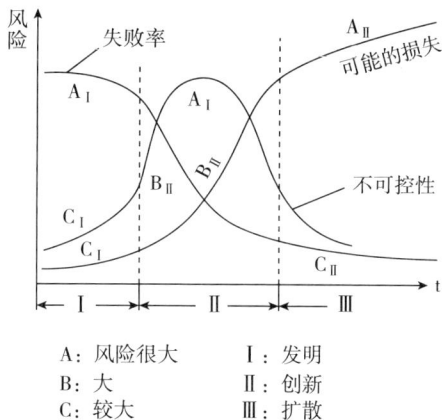

图 11-3　技术创业风险特征

由图 11-3 可得出下述结论（在此将每个指标划分为 A、B、C 三级）。

第一，在高技术发明阶段，虽然失败率高，但不可控性小及投资较少，所以其风险组合为 ACC 级。

第二，在高技术创新阶段，其失败率、不可控性及投资均较高，所以其风险等级为 BAB。

第三，在高技术扩散阶段，其失败率小，不可控性也小，只有失败后的可能损失大，所以，其风险等级为 CCA。

若用 ICERE 模型评价，则发明阶段的综合风险水平为：

$$\frac{0.95}{A}+\frac{0.6}{C}+\frac{0.6}{C}=\frac{0.71}{1}（权重相同）$$

$$\left[0.71=\frac{1}{3}(0.95+0.6+0.6)\right]$$

创新阶段的综合风险水平为：

$$\frac{0.8}{B}+\frac{0.95}{A}+\frac{0.8}{B}=\frac{0.85}{II}$$

$$\left[0.85=\frac{1}{3}(0.8+0.95+0.8)\right]$$

扩散阶段的综合风险水平为：

$$\frac{0.6}{C}+\frac{0.6}{C}+\frac{0.95}{A}=\frac{0.71}{III}$$

$$\left[0.71=\frac{1}{3}(0.6+0.6+0.95)\right]$$

因此，从综合风险水平看，创新阶段的风险最大。

第四，若将技术创业作为一个完整连续的过程来看待，则其失败率、不可控性和可能损失均很大，总体风险等级可用 AAA 表示。

若用 ICERE 模型评价，则技术创业总体风险水平为：

$$\frac{0.95}{A}+\frac{0.95}{A}+\frac{0.95}{A}=\frac{0.95}{HTI}（权重相同）$$

$$\left[0.95=\frac{1}{3}(0.95+0.95+0.95)=0.95\right]$$

［HTI：技术创业总体风险水平］

这就是人们通常所讲的高技术、高风险的真正含义。

第12章 技术创业风险分析案例：我国 CIMS 技术产业化风险因素分析

计算机集成制造 CIM 的概念，是由已故的美国学者 J. Harrington 博士于 1973 年在其同名的书中首次提出的。这是一个为了追求整个企业经营管理和生产效率而提出的概念，CIMS 通常被看作包括从计划、设计产品到制造、发货等所有活动的真正集成的 CAD/CAM 系统，它是管理工程、控制工程、计算机工程、电子工程和机械工程等多种学科综合交叉发展起来的一项高技术。

由于 CIMS 是处于发展中的高技术，要全面深入地了解其未来发展状况，可以利用的历史性资料是没有的，因此，采用数量分析技术解决不了该问题。正如我们以上阐述的多重情景分析法（MSA）所显示的特点，该种方法比较适用于风险因素分析。

根据 MSA 法的基本原理和步骤，笔者是按以下顺序展开分析的，在广泛征求专家意见的基础上，确定主题目标、分析并构造影响领域、研究影响领域的发展趋势及对主题的影响、构筑几种可能的发展趋势即环境情景，引入突发事件并研究它们对环境情景的影响，最后是阐述主题情景。

12.1 确定主题目标、构造影响领域

12.1.1 确定主题目标

主题目标是揭示我国 CIMS 技术产业化的风险性。它主要包括我国在 CIMS 及其相关单元技术方面的科研开发能力，企业的吸收能力和影响 CIMS 发展的国内外环境等方面的风险因素。

12.1.2　影响领域的构造—风险因素分析

为了构造影响我国 CIMS 发展的影响领域，我们先后找出了几十个影响我国 CIMS 技术发展的风险因素，如工业化程度、市场机制的完善性、主要生产方式、用于 CIMS 相关技术方面的 R&D 资金、不同时期的经济发展战略和目标、科技体制、劳动力数量及价格、劳动者素质、教育水平及结构、平均的技术状况、企业的组织形式、国际贸易、国家的技术经济政策等。通过讨论，我们将其归并为 10 个风险因素。然后，我们又通过专家调查的形式，对这 10 个风险因素与主题的相关程度及未来的发展趋势进行了专家咨询。在这 10 个风险因素的基础上，我们构造了四个主要影响领域，分别是人员素质与教育水平、技术状况、国内环境和国际环境。

人员素质和教育水平、资金、管理水平、技术状况和国内市场需求对我国 CIMS 技术产业化影响很大，是关键因素；技术政策、改革和竞争机制、企业行为、国际贸易状况及新技术和新材料对 CIMS 技术产业化影响较大。

未来趋势评价是指风险因素的变化趋势，用模糊语言（偏好、一般和偏坏）表示；百分比是专家意见最集中情况时的人员百分比，如"对人员素质和教育水平"一项，有 55% 的专家认为未来趋势是向好的方向发展。此时，我们即以多数专家的意见作为评价依据。

12.2　各影响领域的发展趋势及对主题的影响

我们认为，管理水平主要取决于管理人员的素质水平，与人相比所使用的管理技术手段是辅助性的，所以我们把管理水平风险因素放在人员素质与教育水平影响领域来讨论。另外，我们在技术影响领域里也涉及一些现代管理技术。资金问题、国内市场需求、技术政策、改革和竞争机制、企业风险和短期行为这些因素主要受国内有关改革开放政策的影响，与人员素质和技术状况相比这些因素可能变化较大，历史相关性相对较低，所以把它们纳入国内环境影响领域。我国的 CIMS 技术发展是在国际大环境的背景下进行的，在这方面的风险因素不只是国际贸易状况，所以构造一个国际环境影响领域。至于新技术和新材料，我们将它作为突发事件进行讨论。

12.2.1 人员素质与教育水平

不论是课题组内部的讨论还是专家调查结果，都一致认为该影响领域对主题的影响最强。我们认为，这是因为在生产力诸要素中，人是最核心的部分，任何先进的生产资料都必须由人来研究、制造和使用，任何科学技术发明、创造和推广应用也都离不开人，特别是离不开高智力的人才。CIMS 是发展中的高技术，科技越进步，对人员素质的要求就越高。CIMS 之所以能在发达国家引起广泛重视并得到迅速发展，固然有其他因素（如市场需求或国际竞争等），但其中一个关键因素是这些国家的人员素质和教育水平比较高。尤其是近十几年来，高等教育的普及使发达国家白领职工人数迅速增加，职工素质已由低文化转变为高文化，这种素质的转变适应并推动了 CIMS 的发展。在我国，影响 CIMS 技术发展，主要有以下几类人员：有关的各级管理人员、从事 CIMS 及相关单元技术的科技开发人员和从事 CIMS 及相关单元技术设备的生产及应用的企业人员。

总体来看，目前有关各级管理人员的知识水平、思维方式等素质与 CIMS 技术的发展还有很大的差距。经针对 CIMS 的基本知识对国内 35 家工厂的调查表明，能够全部正确回答的仅有几家，多数工厂处于"不及格"状态。此外，我国工业企业中应用计算机进行辅助管理畸形发展。由于是否应用了计算机是企业升级的一个重要指标，所以我国工业企业中计算机拥有率高达 80% 以上，但是在企业升级指标中没有规定计算机应用的部门，结果多数工厂仅将计算机用于打印工资报表等有限的领域，而在管理的主要部门，如生产计划、供销管理、质量管理、设备维护管理、成本财务管理等方面的应用却为数很少。国内许多专家也曾多次指出，我国多数企业中，存在着设备利用率低、生产准备周期长、消耗大、产品质量不稳定等一系列问题。但许多问题并不是提高设备自动化水平的问题，而主要是管理问题。

我国经济管理体系从政府的宏观管理到企业单位的微观管理，都不同程度地存在短期行为。此外，他们中的多数未受过工业专门技术知识与系统工程方法相结合的工业工程教育。在他们的管理意识中系统观念不强。他们的管理行为受到狭窄专业技术知识的局限，在技术发展问题上很容易发生认识偏颇、决策失误。虽然人们已认识到在管理上要"统筹规划、综合治理"的重要性，但始终拿不出一套行之有效的科学办法来，使这一正确的管理指导方针落后于一般号召而收不到实效。

CIMS 能够在发达国家得到迅速发展，与这些国家高水平的企业组织和管理有密切关系。在发达国家的多数制造公司都实现了计算机辅助管理与决策，成功地开发了许多管理信息系统和决策支持系统。如生产资源管理系统（MRP-II）、及时生产管理（JIT）、全面质量控制系统（TQC）等，这些管理系统的开发为 CIMS 的发展奠定了基础。没有管理的现代化或自动化便不会将管理软件和制造系统的硬件进行有效的集成，也就是说，便不会产生真正的 CIMS。因此，实现现代化管理是 CIMS 发展的重要前提。美国企业管理协会的调查报告指出，强调生产上的自动化，而不重视管理上的高效率，这是导致美国工业品竞争力衰退的重要原因。日本人承认，在技术创新上不如美国，但在获得技术和将技术从实验室转向工业化生产方面，美国则不如日本。日本人利用先进的信息管理弥补了技术上的不足，即用管理创新弥补了技术创新之不足。美国麦克庙纳·道格拉斯公司副总裁梅斯特在全美企业管理讨论会上指出，CIMS 不仅仅是一种生产工具，而且是今天大多数美国企业应该考虑普及的企业管理工具，它能帮助美国企业迅速革新企业管理，提高企业的管理水平和竞争能力。

从以上分析看出，我国管理人员的素质水平低主要表现在两个方面：从宏观管理来看，不能很好地将技术从实验室转移到工业生产方面；从微观管理来看，不能很好地将现有设备高效运转起来。

我国从事 CIMS 及相关技术的科技开发人员的素质和水平与 CIMS 技术发展的需要也有一定差距。这一部分人员的素质和水平与目前我国制造业的技术开发状况是密不可分的。

至于从事 CIMS 及相关单元技术设备的生产及应用的企业人员的状况与 CIMS 技术发展的差距就更大了，在我国，长期对中专、技工，特别是继续工程教育不够重视，使企业中的劳动力素质一直没有较大提高，多数人员（包括早期受过高等教育的工程师）不能适应新技术的发展和需要。如在某企业调研时发现这样一个见怪不怪的现象，该企业在引进数控镗床时，由于工人不会使用，只好将数控箱去掉，改成普通的手柄式镗床。

我国的机械工程教育在课程结构与教学内容方面过于追求个别专科知识的深度，而缺乏开拓性知识的广度，而且在不同专业之间形成了难以逾越的壁垒和鸿沟。培养出来的人才大多精于一门工艺或某一类产品的设计制造。在创新设计能力和在大工程系统中与其他专业人员通力协作的能力较差。此外，技术工人普遍缺乏良好的正规技术职业教育，技术素质和职业道德纪律普遍偏低。我们认为上述三类人员中对我国 CIMS 发展影响较大的是管理人员和企业科技人员。前者将影响我国 CIMS 技术从科研开发转向生产应用的速度，后者将严重影响有关企业对 CIMS 技术的吸收能力和应用效果。而且这种不适应状况的转变也将是缓慢的。

12.2.2　技术状况

我国目前工业化水平有了较大提高。工业生产的主体技术有了很大的进步，近几年也引进了不少先进技术设备，但与国际先进水平相比仍有很大差距，如机床行业。

由于我国机械设计技术和机械制造技术落后、基础差，我国机械工业在发展各种新的、高级的生产技术方面始终处于困难的境地，速度慢、效果差。例如，数控机床的发展就是鲜明的例子。我们用专家调查表的方式对我国的 CIMS 所包括的近 30 项单元技术的发展状态进行了咨询，统计结果如表 12-1 所示。由表可见，专家认为影响 CIMS 最主要的单元技术，有计算机通信网络、数据库、CAD、CAPP、CAM、Robot、NC、MC、FMS、MHS、柔性检测和质量控制系统、自动化仓库、智能控制与调度、系统仿真、MIS、MRP-Ⅱ 和 TQC 等。各项技术与国外差距多在 10~15 年。数据库、CAPP、NC、MC、自动化仓库、自适应控制、系统仿真和 TQC 等差距约 5~10 年。其中尚属空白的技术有柔性检验和质量控制与调度、JIT，OPT 和容错控制等。

表 12-1　单元技术现状

	单元技术	重要性分值		国内成熟程度		与国外差距（年）	
		峰值	均值	峰值	均值	峰值	四分位值
1	计算机通信网络	3	2.96	2	2.04	10（57%）	10~15
2	数据库（分布式）	3	2.93	2	2.07	10（43%）	5~12
3	计算机图形学及仿真技术	2	2.07	2	2.04	10（43%）	5~10
4	人工智能	2	1.96	2	1.96	10（39%）	10~15
5	专家系统	2	2.07	2	1.96	10（43%）	10~15
6	CAD	3	2.96	2	2.08	10（52%）	10~15
7	CAT	2	2.54	2	1.81	10（57%）	10~15
8	CAPP、GT	3	2.88	2	1.85	10（65%）	5~10
9	CAM	3	2.92	2	1.96	10（48%）	10~12
10	Robot	3	2.65	2	1.92	10（43%）	10~15
11	NC、MC	3	2.88	2	2.08	10（34%）	8~12
12	FMS	3	2.84	2	1.88	10（57%）	10~15
13	MHS	3	2.81	2	1.84	10（39%）	10~15
14	柔性检验和质量控制系统	3	2.77	1	1.24	10（43%）	10~15
15	自动化仓库	3	2.73	2	2.00	10（38%）	5~10
16	自适应控制	3	2.04	2	2.04	10（33%）	5~10
17	智能控制与调度	3	2.68	1	1.32	10（41%）	10~15

单元技术		重要性分值		国内成熟程度		与国外差距（年）	
		峰值	均值	峰值	均值	峰值	四分位值
18	容错控制	2	2.12	1	1.36	10（35%）	5~10
19	系统仿真	3	2.59	2	2.12	10（35%）	5~10
20	实时控制	3	—	1	—	10	
21	MIS	3	2.92	2	2.00	10（22%）	8~15
22	MRP-Ⅱ	3	2.92	2	1.92	10（43%）	10~15
23	OPT	2	2.24	1	1.32	10（30%）	10~15
24	TQC	3	2.81	2	2.04	10（52%）	5~10
25	ILS	2	2.24	1	1.40	10（45%）	10~15
26	JIT	2	2.28	1	1.19	10（35%）	10~15
27	DSS	2	2.38	2	1.72	10（42%）	10~15
28	总体规划、建模及优化、接口技术等	3	—	1	—	10~15	—

注：①重要性分值：3 表示重要；2 表示一般；1 表示次要。②国内成熟程度：3 表示成熟；2 表示未成熟；1 表示空白。③均值是总得分数与专家总数之比。④峰值是专家意见比较集中的状况所对应的分值。⑤四分位值是 Delphi 法中处理事件时间的一种较科学的表达方式。

我们知道，CIMS 就是把孤立的局部的自动化子系统，在新的管理模式和生产工艺指导下，综合应用制造技术、信息技术、自动化技术，通过计算机及其软件，灵活而有机地综合起来所构成的一个完整的系统。所以说单元技术是 CIMS 技术发展的先决条件。我国在单元技术方面与国际先进水平相差约 10~15 年。

我们在这里使用的"技术状况"一词，有两层含义。一方面指的是科研开发，另一方面指的是生产应用。从前文分析可以看出，在科研开发方面我国落后约 10~15 年，而在生产应用方面相差约为 20 年。我们认为在今后的发展方面，科研开发的发展速度较生产应用的发展为快。我国高科技计划的实施会大大提高和促进我国自动化领域的科研开发水平。但生产应用水平的提高将受到诸多因素的限制和影响，这是我们下文要讨论的。

12.2.3 国内环境

我们在前面已做了说明，国内环境包括资金问题、技术政策、改革和竞争机制、企业风险和短期行为等影响因素。可以看出，国内环境是影响我国 CIMS 技术发展十分重要的影响领域。它包括了诸多因素，其中的一些因素变化会是十分剧烈的，知其未来是重要的，但却困难重重。下面就谈谈我们的理解与认识。

需求是影响我国 CIMS 技术发展的重要因素之一，它为 CIMS 技术的发展提供了直接的"拉力"。

我国是发展中国家。在当今的国际交往中，我国国际地位的确立有赖于我们的综合国力，国民经济发展水平是衡量综合国力的一项重要指标，而制造业技术水平的提高是促进国民经济发展和产业结构优化的关键。将 CIMS 技术列入我国高技术研究发展计划的目的就是在自动化领域跟踪世界先进水平，缩小同国外差距，因此，我国 CIM 技术发展的需求首先是来自政府计划。

另外，我国制造业水平的发展很不均衡，尽管平均水平较低，但也确有少数企业制造水平较高，积极地参与国际分工与合作。例如，国内某飞机工业公司在实践中已经认识到，公司的任何主要生产经营环节不采用 CIMS 的单元技术，这个环节的生产经营效率就不会有显著提高，而没有这些单元技术的集成，公司生产经营的总体效益就不会有突破性的进展。这些外向型的企业对我国 CIMS 技术的发展形成了第二种需求，即市场需求。此外，我们分析认为，由于国内专业化、协作分工的发展所产生的行业中心，也会对 CIMS 技术形成一定的市场需求。

政府计划需求与市场需求对 CIM 技术发展的影响是有一定差别的。我们认为，这两种需求所形成拉力的作用点不一样，前者的着力点在 CIMS 技术的科研开发上，其目标是我国掌握 CIMS 技术，后者的着力点在 CIMS 技术的生产应用，其目标是通过采用 CIMS 技术来提高本企业的竞争能力。

目前各类经营方式的推行，虽然为企业的技术进步创造了有利的条件，但不可忽视企业行为短期化的倾向，技术进步尚未真正成为多数企业寻求发展的内在需求。这种状况的改变不是短时期能解决的。从长远来看，市场需求会占有较大比重。

由于企业不能完成技术进步的职能，因此只能依靠政府来推动。政府采取的措施主要有：运用价格、信贷、税收等经济调节手段来鼓励企业技术创新；增加科研投资来推动科研活动和技术开发；下达技术改造、技术引进计划和提高企业的技术水平；等等。至于其他环境因素主要取决于今后的改革政策。

12.2.4　国际环境

国际经济科技发展一体化的总趋势表明，无论是发达国家，还是发展中国家，都不可能离开国际市场、国际合作去孤立地发展本国的高技术。我国 CIMS 技术的发展也是在一个开放的系统中、在国际大环境的背景下进行的。我们认为影响我国 CIMS 技术发展的国际环境因素主要有国际间的科技交流、技术转让和国际贸易。

加强国际间的科技交流与合作无疑会促进我国 CIMS 技术的发展。而进行合作与交流的前提是要有自己的实力和优势。我们有相对强大的科技资源，有一支由数百万人组成的科技队伍，在自动化领域的某些方面也有一定的优势，加之目前实施的国家计划都使我国的国际交流与合作有了一定的基础。同科技交流一样，做好关键技术设备的引进会促进我国 CIMS 技术的发展。但技术设备引进是一项非常复杂的工作，搞得不好还会带来负面的影响，如引进工作中的盲目性、无计划性，很简单的技术也引进，甚至多家重复引进，浪费了外汇，也打击了我们自己的科研和制造。另外就是消化吸收工作跟不上，从以往来看，我国多数设备是使用部门购置的，一般无暇顾及破译和仿制。从长远来看，这一风险因素的发展趋势是喜忧参半。

在分析国内环境时，已经指出我国对 CIMS 技术有需求的企业，是那些参加国际分工与国际合作的外向型企业。我国历来的政策都是对外向型企业以鼓励和优惠，所以这些企业主要面临的问题是国际竞争，而这种竞争又促进了这些企业对技术进步的要求。另外，从国际贸易总量和我国所占的份额来看，今后仍将保持较大优势。

12.3　风险情景

在此，我们将构筑两个极端的情景。它们是悲观情景（或风险较大的情景）和乐观情景（风险较小的情景）。我们希望通过对悲观情景和乐观情景的分析与描述来确定我国 CIMS 技术发展的未来状态空间的范围。为了使我们描述的未来状态空间不至于过大，同时又有一定的概率，所以我们不把悲观情景描述得极其悲观，耸人听闻，同样也不使乐观情景过于乐观，以致有异想天开之嫌。

12.3.1　悲观情景（风险较大的情景）

在国内，与 CIMS 技术有关的科技人员呈现一种青黄不接的局面。今天还是骨干力量的科技人员到那时已有相当数量（70%~80%）已退休。一些大学生和研究生中的业务尖子中的一部分出国留学未归，另一部分在国内又不从事科研工作。而且企业人员的素质没有提高，甚至在一些部门或地区还有下降。各级管理人员的素质与水平无明显变化（我们认为管理人员的素质从长期来看水平下降的可能性较低，如许多专业人员不愿从事科研工作，但对管理工作还是愿意从事的）。

从技术状况来看，我国的 CIMS 技术科研开发水平与国际相比由目前的相差 10~15 年拉大到 15~20 年，企业技术状况差距由 15~20 年拉大到 20~25 年。我们认为企业技术状况相对恶化的可能性极大。从国内环境来看，对 CIMS 技术的科研经费投入会有所增加。但对企业来讲科研成果转化为产品的开发投入要比研究费用高出 10 倍左右，就我国目前企业状况是难以承担的，再加上市场竞争机制还不完善。特别是企业的技术创新机制还没有形成，有关的技术政策的执行还流于形式。从贸易状况来看，我国的外贸出口还主要是低技术的劳动力密集型产品。目前有能力参加国际竞争和国际分工的外向技术密集型企业，由于欧美发达国家的限制，这类企业面临着更为激烈的竞争，发展势头相对来看有所减弱。技术引进工作花费了许多外汇，但由于消化吸收和扩散工作没有跟上，且引进的硬设备多、软技术少，技术引进成果不理想。国际关系趋紧，技术引进继续受到欧美等国家的封锁，也使 CIMS 的跟踪受阻。

基于以上假设，我国 CIMS 技术发展的一个悲观情景（风险较大的情景）可能是，我国 CIMS 技术的科研工作已经展开、各相关单元技术的研究都有所突破，甚至其中一些技术在理论上或实验室内已达到当时的国际先进水平，但多数单元技术的工业化实际应用还不过关。有示范线在运转，但需要高素质的人员来维护，问题的严重性在于，我国多数企业的应用水平也只处在单元自动化技术阶段。

12.3.2　乐观情景（风险较小的情景）

国际政治关系能够得到缓和，世界经济形势较为平稳，国际贸易的增长达到预期水平。在国内，多数管理人员已充分认识到了发展 CIMS 的必要性，国家进一步完善了 CIMS 发展计划，对 CIMS 的 R&D 活动进行了统一规划管理，及时调整了专业结构，并注意通过在职继续教育培养出了目前急需的研究、开发、应用 CIMS 及关键技术的高级科技人员。大中型骨干企业，经过技术创新、更新改造，技术水平得到了较大提高。CIMS 相关技术（MIS/DSS、CAD、NC、FMS、CAPP、MRP 和 TQC 等）得到了很大程度的应用，由于国际市场竞争的压力，为了替代进口或部分产品打入国际市场，国家通过各种政策支持企业改善产品结构，提高产品质量和水平。一些企业为使其产品具有竞争力，以产品为导向相应地采用了与 CIMS 相关的制造技术（这些技术可能是随产品一起从国外引进的，也可能是部分从国外引进，部分由国内生产的）。为了克服长期存在的企业"小而全"、经济活动条块分割等严重阻碍生产率提高的不良现象，国家通过改革和行政干预使社会生产按专业化协作原则来组织（如努力建设统一大市场）。在单个企业内部，产品设计、管理、制造均按成组原则进行。为了进一步提高这些专业化生产企业需要用 CIMS 及相关单元技术来武装自己。为了实现依靠技术进步促进经济增长的战略，国家增加了用于 CIMS 相关技术、关键技术等直接与生产领域相关的高技术的 R&D 投资，制定了鼓励企业采用 CIMS 相关技术，限制使用落后技术的政策、法规，如用技术进步指标考核企业，强制某种技术在一定时期内必须更新淘汰、加速设备折旧、提高设备折旧率，在企业设立专用基金。对采用 CIMS 相关技术的企业优先低息或无息贷款或给予免税、补贴等优惠政策。经过治理整顿，政府及企业的短期化行为都将得到克服，从过去的重速度、重数量、重近期转变为重效益、重质量、重长远。

基于以上假设，我国 CIMS 技术发展的一个乐观情况（风险较小的情景）可能是：在充分研究国外发展 CIMS 的模式的基础上，提出了适合我国国情的发展 CIMS 的模式。在少数大型企业（如大型汽车制造厂、机床厂、军工企业等），以 CIMS 作为长远发展目标，按照自上而下规划，自下而上、先易后难分步实施的原则，将 CIMS 及相关单元技术的最新科研成果迅速应用于这些企业的生产过程中。从技术状况来看，CIMS 技术科技开发水平与国际相比由目前的相差 10~15 年缩小到 5 年左右，企业技术状况的差距由 15~20 年缩小到 10 年左右。在数百个企业应用了多项 CIMS 技术并取得了很好的经济效益。

12.4 引入突发事件、构造主题情景

12.4.1 突发事件的影响

引入突发事件是情景分析方法的一个特色。它能帮助决策者对一些未曾预见的突发事件带来的重大变化有思想上的准备，加深他们对事物发展的内在逻辑和较长时期后可能呈现的状态有一个更为深入的理解。

我们分析认为，在未来十年间如果有什么突发事件对我国 CIMS 技术的发展产生较大影响的话，那么这些突发事件可能是：①有关领域的重大科技突破。②国内重大改革措施的实施。③计算机病毒的蔓延。④国内的经济环境恶化或政治动乱。⑤世界范围的军事冲突。

我们下面来讨论一下有关领域的重大科技突破对我国 CIMS 技术发展可能产生的一些影响。在此假设这项突破为智能技术方面的巨大飞跃。

智能技术的突破无疑将会大大加快自动化的发展进程，使制造系统的柔性更大。但是，实现这项智能技术本身的费用也可能十分昂贵。这样在短期内就限制了这项技术的应用范围，这个突发事件对我国 CIMS 技术的发展从长远讲一定是正影响，但在短期内的影响情况可能很复杂。如这项技术的突破是我国首先完成

的，那么在短期内是正影响，它会使我国 CIMS 技术的发展趋向于乐观情景。但如果这项技术的突破是国外首先完成的，而在短期内又对我国实行技术封锁，那么在短期内很可能是负影响，它将使我国制造业的技术水平与国际先进水平的差距加大，使我国 CIMS 技术的发展趋向于悲观情景。至于其他突发事件对我国 CIMS 技术发展的影响，我们也可作类似的分析与讨论。

12.4.2　主题情景

12.4.2.1　基准情景（最大可能情景）

下面所描述的基准情景，是在研究分析了国际、国内环境并参阅了有关的国家规划及科技发展纲要而形成的。它给出了我国 CIMS 技术发展的一种可能情景。

就国际环境而言，新的世界大战不会发生，但国家间的冲突仍将不断。我国与世界各国的政治交往继续发展，与发达国家关系虽然复杂，最新技术仍被封锁，但技术交流仍会存在。我国的对外贸易发展稳定，出口产品附加值增加，出口结构发生变化，高技术机电产品逐步增加。

在国内，由于继续坚持实行改革开放政策，促进国民经济和社会发展的规划都能完成，国民经济发展的目标已经达到，我国经济已达到很高水平，各级管理人员的素质和水平有所提高。企业已认识到科技进步对于企业的生存与发展的重要性，敢于进行风险投资发展高技术。由于对外贸易及专业化生产的发展，国内一些企业对高新技术有所需求，CIMS 单元技术市场看好。由于有关优惠政策的制定与实施，在 CIMS 及单元技术的应用试点中企业和银行投入了大量的配套资金。主要单元技术与发达国家的差距缩短。我国将建成与 CIMS 技术相关的工程中心和示范生产线。在机械、电子、航空和轻工等企业建成数个 CIMS 示范点，有多个企业建成部分集成 CIMS 应用示范点，在所有大中型企业采用了 CIMS 单元技术，培养出了一批从事 CIMS 设计、制造和应用研究的综合高技术人才。

12.4.2.2　内视情景（风险偏大的情景）

内视情景是一个比基准情景调子较低的情景。不至于发生世界大战，但国家间的小摩擦不断，且有局部扩大和升级的可能。在世界范围内，由于人口、自然灾害和能源等原因可能在部分国家发生经济危机，国际贸易发展不稳定，先进国家对高技术及其产品出口控制较严。

我国国民经济发展的目标已经达到，同期国际社会又前进了一大步。改革开放和竞争体制增加了社会的活力，但管理体制改革受旧观念及其他人为因素的影响增添了难度，管理水平的提高也有一个过程。

对 CIMS 等高新技术的需求，除来自外向型企业外，大多还是政府意志的强制推行，由于该项技术的可靠性及成本因素限制了它的推广应用，用于高技术的科技投入由于价格上涨，实际投入有所下降，有重大影响的各项单元技术的发展很不平衡。CIMS 各项单元技术的应用还不是很广泛，我国制造业的技术水平与国际水平的差距没有大的变化。

关于基准情景（情景 1）、内视情景（情景 2）、乐观情景（情景 3）和悲观情景（情景 4）的详细情况如表 12-2 至表 12-4 所示。

表 12-2　国际环境下四种情景方案对照

影响领域 \ 国际环境	基准情景（50%~70%）	内视情景（20%~40%）	乐观情景（15%）	悲观情景（7%）
世界大战	无大战，小摩擦局部扩大	无大战，小摩擦局部扩大	无大战，小摩擦消失	较大规模国际战争
国际政治交往	关系正常，交往方便	一般	密切	紧张
世界经济危机	少数国家有	中等	危机平缓	世界性危机
国际贸易	正常化，技术引进渠道开	一般，巴统仍有封锁	发展、封锁解除	不畅、封锁
国际联合	多极系统和地区集团联合	联合较松散	大联合	解体
自然灾害	局部，无大破坏性	局部，有大破坏性	局部、破坏性小	局部、毁灭性
能源	常规快耗尽，但节能和新能源有望	常规快耗尽，采取节能措施，新能源少	常规快耗尽、新能源为主，节能有效	常规耗尽，新能源接不上，节能效果差
新技术、新材料	有所突破	有进展	多方突破	很少
CIM 技术本身	正常发展，20 世纪 90 年代实用化	发展缓慢，2000 年前后实用化	超前发展，有所突破	发展缓慢，少数国家实用

注：表中百分数为答卷专家的百分比。

表 12-3　国内环境下四种情景方案对照

影响领域 \ 国内环境	基准情景	内视情景	乐观情景	悲观情景
政局	稳定祥和	较稳定	稳定祥和	不稳定
十年规划、五年计划	经济超前发展目标达到。建立较雄厚机电工业基础	目标虽达到，但不平衡，全国未全达发达水平、工业基础仍弱	超额完成，工业基础雄厚	未达、工业基础仍差
改革和竞争体制	国家重视，得到发展	仍有困难	走在前面，但生产、科技发展	裹足不前

续表

影响领域 国内环境	基准情景	内视情景	乐观情景	悲观情景
面向未来的 科技政策	尽力调整，以适应高 科技需要	调整政策滞后	政策领先，实施得力	政策不力、实施 拖拉
管理体制	改革深入	改革有阻力	水平提高	保持原样，管理效 益差
企业风险及 短期行为	风险较大，努力克服 短期行为	风险较大、克服短期 行为不力	虽有风险，但企业领 导高瞻远瞩	怕风险、短期行为 思想严重，拒绝高 新技术
对外贸易	较正常	一般、技术输出受阻	输出畅通，高技术市 场打开	输出渠道不畅
市场	企业主动需求	被迫需求	运转快、需求迫切， 领导向前看	疲软继续下去
资金投入	比目前强	保持现有水平	保证投入，资金充足	匮乏
人才素质 教育水平	有所提高，注意培养 AI 人才	一般、教育危机，新 读书无用论抬头，人 才不稳定	新型数字技术人才队 伍壮大	人才断层

注：表中百分数为答卷专家的百分比。

表 12-4　有重大影响下四种情景方案对照

影响领域 有重大 影响的 内部参数	基准情景	内视情景	乐观情景	悲观情景
单元技术参数	CAD/CAM、 MIS、 MRP － Ⅱ、 CAPP、 FMS、 PPS、 GT、 NC、 MC、 ROBOT、 CAST、 MHS、 CAPE 等技术正常发展差距由 10～ 15 年缩小到 10 年以下	不平衡发展， 保持差距， 基础薄弱	飞跃发展，有 所突破，缩短 差距，甚至 赶超	发展缓慢， 甚至停顿
接口技术参数	物流、信息流数据流、数据库及数 据处理计算机网络协议标准及硬、 软件接口正常发展差距由 10～15 年 缩小到 10 年以下	不平衡发展， 保持差距	发展迅速，有 所突破，缩短 差距，甚至 赶上	发展缓慢， 甚至停顿
集成参数	系统集成、大型软件等技术按计 划正常发展，信息集成较完整	不平衡发展， 只有少数系 统的部分集成	发展迅速，集 成高度、完全 的 CIMS，缩短 差距，甚至赶超	发展缓慢， 甚至停顿

续表

影响领域 有重大 影响的 内部参数	基准情景	内视情景	乐观情景	悲观情景
系统参数	CIMS复杂系统规划分析、设计、实施按计划进行，系统管理评价等正常展开	不平衡发展，比计划滞后	发展迅速	缓慢甚至停顿
生产参数	产品质量、可靠性、生产效率提高，成本下降，品种增多，生产周期缩短，小批生产，模块化、标准化，易加工，成果向生产转移，技术开发加快。专业分工科学化，工艺水平提高，生产调整与管理逐步科学化	质量、可靠性、效益问题仍未根本解决，整个工业基础、工艺水平受限	彻底解决质量、可靠性、效益问题，走向内涵发展的道路，技术附加值大幅度增加	质低，效益差，可靠性差，基础仍落后，拖高技术后腿
管理参数	建立较科学的管理体系，管理水平提高，技术分工较合理，决策科学化、信息系统较普遍并联网，动态优化，综合效益提高	管理体系未完全建立起几个管理信息系统，但不普遍，决策科学化尚欠缺，技术分工较合理，综合效益无大提高	科学的管理体系建立，运转自如，全部信息化无纸张化	管理体系仍杂乱，缺乏科学性、数字管理水平落后
风险情景	①建成了CIMS技术实验工程中心和智慧工厂。②在机械、电子、航天航空、轻纺等企业建成多个示范点，有许多企业建成单元技术及部分集成应用示范点。③全国各重点、骨干企业普遍采用CIMS及其单元技术。④培养了一批从事CIMS研究开发、应用、操作的人才	比情景1推迟5~10年，在激烈竞争产品上用，在尖端产品或军民结合的产品上用	较成熟并接近国际水平	不够理想，停留在应用示范阶段

第13章 我国CIMS技术产业化风险分析模型

13.1 我国CIMS技术产业化风险分析的FFTAM

13.1.1 顶事件的确定

根据我国CIMS发展规划目标，我们将"我国CIMS技术产业化未达到预期目标"作为顶事件。

13.1.2 中间事件的确定

由以上分析结果知，影响我国CIMS技术产业化的风险因素涉及四个方面：①人员素质与教育水平不适应。②技术发展不适应。③国内环境不理想。④国际环境不理想。在本节，将后两个方面合并为环境不理想，由此得到三个一级中间事件，即人员素质与教育水平不适应、技术发展不适应和环境不理想。

13.1.3 中间事件的分解

13.1.3.1 "人员素质与教育水平不适应"的分解

该事件可进一步分解为：①人员素质不适应（包括管理人员素质不适应、科技开发人员素质不适应、生产人员不适应和应用人员不适应等）。②教育水平不适应［包括教学内容陈旧、专业划分太细、结构不合理、职业技术教育落后等］。

13.1.3.2 "技术发展不适应"的分解

该事件可进一步分解为设计技术落后、常规制造技术落后、基础元器件生产技术落后、CIMS单元技术落后等（或生产应用落后、科研开发落后）。

13.1.3.3 "环境不理想"的分解

该事件分解为：①国内环境不理想（包括资金短缺、技术政策不适应、改革和竞争机制方面的不利影响、企业风险和短期行为、有效需求不足等）；②国际环境不理想（包括国际间的科技交流受阻、技术转让（引进）困难、国际贸易摩擦等）。

13.1.4 明确事件间的作用关系

在上述分析结果的基础上，用倒推法确定事件间的作用关系。简化起见，用具体符号表示各事件：

E_1：人员素质和教育水平不适应。

E_2：技术发展不适应。

E_3：环境不理想。

E_{11}：人员素质不适应。

E_{111}：管理人员素质不适应。

E_{112}：科技开发人员素质不适应。

E_{113}：生产人员素质不适应。

E_{114}：应用维护人员素质不适应。

E_{12}：教育水平不适应。

E_{121}：教学内容陈旧、综合性内容少。

E_{122}：专业划分过细，如机、电分开设置。

E_{123}：教育结构不合理，如高等教育与中等技术教育比例不合理。

E_{124}：职业技术教育落后。

E_{21}：生产应用落后。

E_{211}：常规制造技术及管理技术落后。

E_{212}：基础元器件生产技术落后。

E_{22}：科技开发落后。

E_{221}：与 CIMS 相关的单元技术开发落后。

E_{222}：与 CIMS 相关的接口技术开发落后。

E_{223}：与 CIMS 相关的集成技术开发落后。

E_{224}：与 CIMS 相关的系统规划技术开发落后。

E_{225}：与 CIMS 相关的管理技术开发落后。

E_3：环境不理想。

E_{31}：国内环境不理想。

E_{311}：资金短缺。

E_{312}：政策不适应，宏观协调不利。

E_{313}：政策的不利影响，如社会稳定性差。

E_{314}：企业短期行为，微观管理不适应。

E_{315}：有效需求不足。

E_{32}：国际环境不理想。

E_{321}：国际间的科技交流受阻。

E_{322}：关键技术引进困难。

E_{323}：国际贸易摩擦。

E_{324}：世界经济不景气。

E_{325}：社会环境不稳定，如地区动荡、军事冲突、政治矛盾等。

13.1.5 底事件重要度的确定

由表 13-1 的各风险因素与主题的相关程度可整理出下述底事件重要度系数表。如表 13-2 所示。

表 13-1 各风险因素与主题的相关程度

风险因素	相关程度		未来趋势		不适应可能性
	均值	峰值	评价	百分比（%）	概率
人员素质和教育水平	4.70	5 占 74%	偏好	55	0.45
资金	4.37	5 占 74%	偏坏	66	0.83
			一般	17	
管理水平	4.27	4 占 58%	偏好	50	0.50
技术状况	4.22	4 占 56%	偏好	53	0.47
国内市场需求	3.74	4 占 41%	偏好	47	0.53
			一般	21	
技术政策	3.23	3 占 46%	偏好	53	0.47
改革和竞争机制	3.15	3 占 31%	偏好	69	0.31
企业风险和短期行业	3.13	3 占 46%	偏坏	47	0.53
			一般	20	
国际贸易状况	3.07	3 占 44%	偏好	53	0.47
新技术和新材料	2.92	3 占 42%	偏好	79	0.21

注：①风险因素与主题的相关程度标准：1 表示影响很小；2 表示影响一般；3 表示影响较大；4 表示影响很大；5 表示决定性影响。②相关程度均值 $=\dfrac{\sum\limits_{i=1}^{n} x_i m_i}{\sum\limits_{i=1}^{n} m_i}\left[\begin{array}{l} x_i\ \text{第} i\ \text{种状态值} \\ x_i=1,\ 2,\ 3,\ 4,\ 5,\ \cdots \\ m_i-\text{同意第} i\ \text{种状态的专家数} \end{array}\right]$。③峰值：专家意见最集中的相关程度值。

表 13-2　底事件重要度系数

底事件代号	原评分值	重要度系数（u）
E_{111}	5.00	5/5＝1.00
E_{112}	5.00	5/5＝1.00
E_{113}	5.00	5/5＝1.00
E_{114}	5.00	5/5＝1.00
E_{121}	4.70	4.70/5＝0.94
E_{122}	4.50	4.50/5＝0.90
E_{123}	4.00	4.00/5＝0.80
E_{124}	4.50	4.50/5＝0.90
E_{211}	4.20	4.20/5＝0.84
E_{212}	4.20	4.20/5＝0.84
E_{221}	4.22	4.22/5＝0.844
E_{222}	4.50	4.50/5＝0.90
E_{223}	4.50	4.50/5＝0.90
E_{224}	4.22	4.22/5＝0.844
E_{225}	4.22	4.22/5＝0.844
E_{311}	5.00	5/5＝1.00
E_{312}	3.50	3.50/5＝0.70
E_{313}	3.15	3.15/5＝0.63
E_{314}	3.13	3.13/5＝0.626
E_{315}	4.50	4.50/5＝0.90
E_{321}	4.50	4.50/5＝0.90
E_{322}	4.50	4.50/5＝0.90
E_{323}	3.10	3.10/5＝0.62
E_{324}	3.00	3.00/5＝0.60
E_{325}	3.10	3.10/5＝0.62

13.1.6　中间事件重要度的确定

中间事件重要度系数如表 13-3 所示。

表 13-3　中间事件重要度系数

事件代号	重要度系数
E_{11}	1
E_{12}	$1-(1-0.94)(1-0.90)(1-0.80)(1-0.90)=0.9999$
E_1	$1-(1-1)(1-0.99)=1$
E_{21}	$1-(1-0.84)(1-0.84)=0.9744$
E_{22}	$1-(1-0.84)(1-0.90)(1-0.90)(1-0.844)(1-0.844)=0.99$
E_2	$1-(1-0.97)(1-0.99)=0.9997$
E_{31}	$1-(1-1)(1-00.7)(1-0.63)(1-0.60)(1-0.62)=1$
E_{32}	$1-(1-0.90)(1-0.90)(1-0.62)(1-0.60)(1-0.62)=0.9994$
E_3	$1-(1-1)(1-0.9994)=1$

13.1.7　底事件概率的确定

根据表 13-1 最后一栏的数字，再考虑具体的底事件情况，有如表 13-4 所示的底事件概率值（为主观概率的平均值）。

表 13-4　底事件概率

底事件代号	概率值
E_{111}	0.45
E_{112}	0.45
E_{113}	0.50
E_{114}	0.50
E_{121}	0.45
E_{122}	0.45

底事件代号	概率值
E_{123}	0.45
E_{124}	0.45
E_{211}	0.50
E_{212}	0.50
E_{221}	0.50
E_{222}	0.55
E_{223}	0.50
E_{224}	0.50
E_{225}	0.55
E_{311}	0.83
E_{312}	0.45
E_{313}	0.35
E_{314}	0.55
E_{315}	0.55
E_{321}	0.50
E_{322}	0.50
E_{323}	0.50
E_{324}	0.50
E_{325}	0.50

13.1.8 中间事件及顶事件概率的计算

将表 13-4 的底事件概率值填入图 13-1。按 FFTAM 中计算中间事件概率的方法计算中间事件及顶事件概率。

$$P(E_{11}) = 1 \times [1-(1-0.45)(1-0.45)(1-0.5)(1-0.50)]$$
$$= 1-0.075625 = 0.9244$$

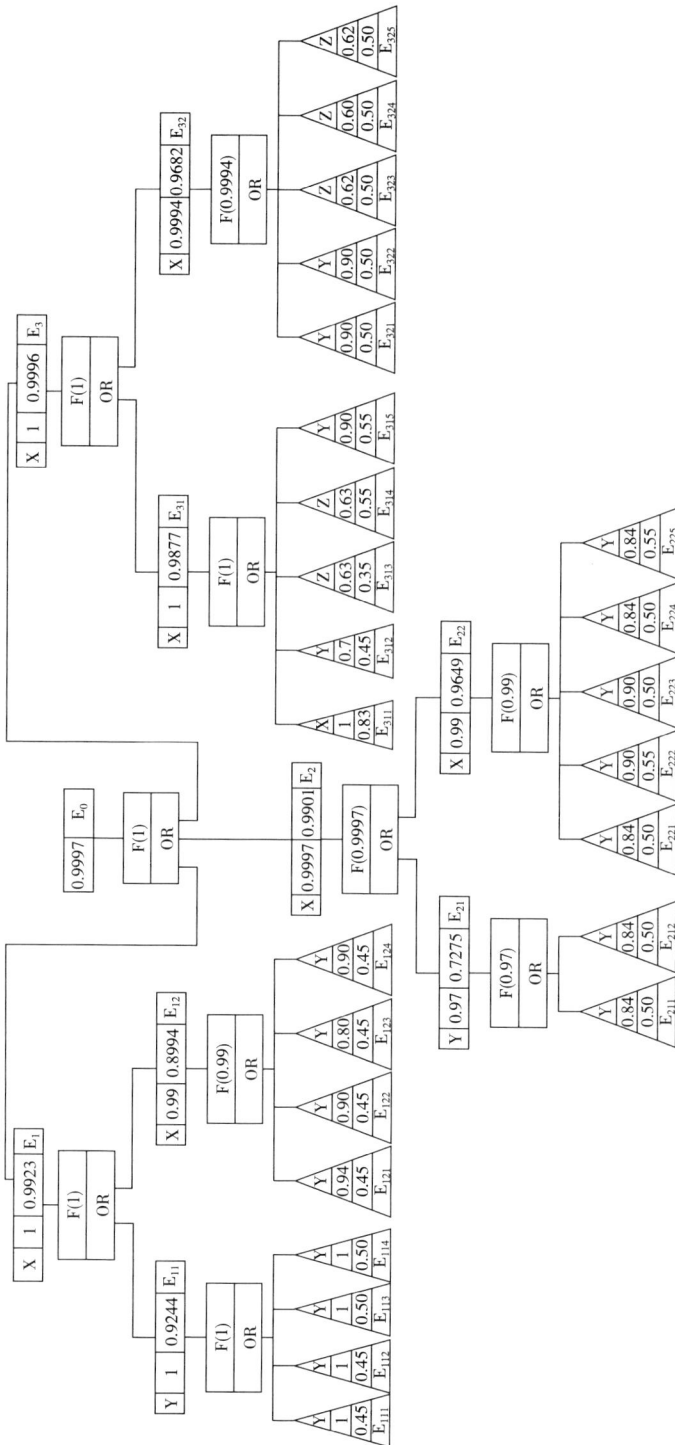

图 13-1 我国 CIMS 技术产业化风险分析的 FFTAM

$$P(E_{12}) = 0.99 \times [1 - (1 - 0.45)^4]$$
$$= 0.99 \times (1 - 0.0915) = 0.8994$$

$$P(E_1) = 1 \times [1 - (1 - 0.9244)(1 - 0.8994)]$$
$$= 0.9924$$

$$P(E_{21}) = 0.97 \times [1 - (1 - 0.50)(1 - 0.50)]$$
$$= 0.97 \times [1 - 0.25] = 0.7275$$

$$P(E_{22}) = 0.99 \times [1 - (0.5)(1 - 0.55)(1 - 0.5)(1 - 0.50)(1 - 0.55)]$$
$$= 0.99 \times [1 - 0.5^3 \times 0.45^2] = 0.9649$$

$$P(E_2) = 0.9997 \times [1 - (1 - 0.7275)(1 - 0.9649)]$$
$$= 0.9997 \times 0.9904 = 0.99901$$

$$P(E_{31}) = 1 \times [1 - (1 - 0.83)(1 - 0.45)(1 - 0.35)(1 - 0.55)]$$
$$= 0.9877$$

$$P(E_{32}) = 0.9994 \times [1 - (1 - 0.5)(1 - 0.50)(1 - 0.50)(1 - 0.50)(1 - 0.50)]$$
$$= 0.9994 \times 0.9688 = 0.9682$$

$$P(E_3) = 1 \times [1 - (1 - 0.9877)(1 - 0.9682)]$$
$$= 0.9996$$

$$P(E_a) = 1 - (1 - 0.9923)(1 - 0.9901)(1 - 0.9996)$$
$$= 0.9999$$

13.1.9　最小割集的确定

求图 13-1 中的 FFTAM 的最小割集的过程如下：

第一，用布尔方程表示顶事件及各中间事件的关系。

$$E_0 = E_1 + E_2 + E_3$$

$$E_1 = E_{11} + E_{12}$$

$$E_2 = E_{21} + E_{22}$$

$$E_3 = E_{31} + E_{32}$$

$$E_{11} = E_{111} + E_{112} + E_{113} + E_{114}$$

$$E_{12} = E_{121} + E_{122} + E_{123} + E_{124}$$

$$E_{21} = E_{211} + E_{212}$$

$$E_{22} = E_{221} + E_{222} + E_{223} + E_{224} + E_{225}$$

$$E_{31} = E_{311} + E_{312} + E_{313} + E_{314} + E_{315}$$

$$E_{32} = E_{321} + E_{322} + E_{323} + E_{324} + E_{325}$$

第二，自上而下代换，直到出现最小割集的形式。

代换 E_{11}，E_{12}，有 $E_1 = E_{111} + E_{112} + E_{113} + E_{114} + E_{121} + E_{122} + E_{123} + E_{124}$

代换 E_{21}，E_{22}，有 $E_2 = E_{211} + E_{212} + E_{221} + E_{222} + E_{223} + E_{224} + E_{225}$

代换 E_{31}，E_{32}，有 $E_3 = E_{311} + E_{312} + E_{314} + E_{315} + E_{321} + E_{322} + E_{323} + E_{324} + E_{325}$

代换 E_1，E_2，E_3，有 $E_0 = E_{111} + E_{112} + E_{113} + E_{114} + E_{121} + E_{122} + E_{123} + E_{124} + E_{211} + E_{212} + E_{221} + E_{222} + E_{223} + E_{224} + E_{225} + E_{311} + E_{312} + E_{313} + E_{314} + E_{315} + E_{321} + E_{322} + E_{323} + E_{324} + E_{325}$

即图 13-1 所示的 FFTAM 的最小割集有 25 个，它们是 E_{111}、E_{112}、E_{113}、E_{114}、E_{121}、E_{122}、E_{123}、E_{124}、E_{211}、E_{212}、E_{221}、E_{222}、E_{223}、E_{224}、E_{225}、E_{311}、E_{312}、E_{313}、E_{314}、E_{315}、E_{321}、E_{322}、E_{323}、E_{324} 和 E_{325}。且这些割集均是单事件最小割集，这给 CIMS 技术产业化过程控制带来了困难。

13.1.10　最小路集的确定

对最小割集求逆，即：

$$\overline{E_0} = \overline{E_1 + E_2 + E_3}$$
$$= \overline{E_1} \cdot \overline{E_2} \cdot \overline{E_3}$$
$$= (\overline{E_{11} + E_{12}}) \cdot (\overline{E_{21} + E_{22}}) \cdot (\overline{E_{31} + E_{32}})$$
$$= \overline{E_{11}} \cdot \overline{E_{12}} \cdot \overline{E_{21}} \cdot \overline{E_{31}} \cdot \overline{E_{32}}$$

$$\overline{E_0} = \overline{E_{111}} \cdot \overline{E_{112}} \cdot \overline{E_{113}} \cdot \overline{E_{114}} \cdot$$
$$\overline{E_{121}} \cdot \overline{E_{122}} \cdot \overline{E_{123}} \cdot \overline{E_{124}} \cdot$$
$$\overline{E_{211}} \cdot \overline{E_{212}} \cdot \overline{E_{221}} \cdot \overline{E_{222}} \cdot \overline{E_{223}} \cdot \overline{E_{224}} \cdot \overline{E_{225}} \cdot$$
$$\overline{E_{311}} \cdot \overline{E_{312}} \cdot \overline{E_{313}} \cdot \overline{E_{314}} \cdot \overline{E_{315}} \cdot$$
$$\overline{E_{321}} \cdot \overline{E_{322}} \cdot \overline{E_{323}} \cdot \overline{E_{324}} \cdot \overline{E_{325}}$$

从而得到图 13-1 的 FFTAM 的最小路集为：（E_{111}，E_{112}，E_{113}，E_{114}，E_{121}，E_{122}，E_{123}，E_{124}，E_{211}，E_{212}，E_{221}，E_{222}，E_{223}，E_{224}，E_{225}，E_{311}，E_{312}，E_{313}，E_{314}，E_{315}，E_{321}，E_{322}，E_{323}，E_{324}，E_{325}）。

它是一个由 25 个事件构成的单一最小路集。由于该最小路集中事件皆是 FFTAM 的单事件最小割集中的事件，所以，只要最小路集中的一个事件发生，顶事件就会发生。只有这 25 个事件同时不发生，顶事件才不会发生，即我国 CIMS 技术产业化的不可控性较大。

13.1.11　各事件等级确定

根据以上提出的确定 FFTAM 中底事件等级的方法，对 25 个底事件进行分类。

第一，依据 U 值和 P 值对底事件分类，分类结果见表 13-5 的第 4 栏。

表 13-5　底事件分类结果

底事件名称	U 值	P 值	等级	N 值	最后等级	代号
E_{111}	1.00	0.45	Ⅱ	1	b12（Ⅱ）	Y
E_{112}	1.00	0.45	Ⅱ	1	b12（Ⅱ）	Y
E_{113}	1.00	0.50	Ⅱ	1	b12（Ⅱ）	Y
E_{114}	1.00	0.50	Ⅱ	1	b12（Ⅱ）	Y
E_{121}	0.94	0.45	Ⅱ	1	b12（Ⅱ）	Y
E_{122}	0.90	0.45	Ⅱ	1	b12（Ⅱ）	Y
E_{123}	0.80	0.45	Ⅱ	1	b12（Ⅱ）	Y
E_{124}	0.90	0.45	Ⅱ	1	b12（Ⅱ）	Y
E_{211}	0.84	0.50	Ⅱ	1	b12（Ⅱ）	Y
E_{212}	0.84	0.50	Ⅱ	1	b12（Ⅱ）	Y
E_{221}	0.84	0.50	Ⅱ	1	b12（Ⅱ）	Y
E_{222}	0.90	0.55	Ⅱ	1	b12（Ⅱ）	Y
E_{223}	0.90	0.50	Ⅱ	1	b12（Ⅱ）	Y
E_{224}	0.84	0.50	Ⅱ	1	b12（Ⅱ）	Y
E_{225}	0.84	0.55	Ⅱ	1	b12（Ⅱ）	Y
E_{311}	1.00	0.83	Ⅰ	1	b12（Ⅰ）	X
E_{312}	0.70	0.45	Ⅱ	1	b12（Ⅱ）	Y
E_{313}	0.63	0.35	Ⅲ	1	b13（Ⅲ）	Z
E_{314}	0.63	0.55	Ⅲ	1	b13（Ⅲ）	Z
E_{315}	0.90	0.55	Ⅱ	1	b12（Ⅱ）	Y
E_{321}	0.90	0.50	Ⅱ	1	b12（Ⅱ）	Y
E_{322}	0.90	0.50	Ⅱ	1	b12（Ⅱ）	Y
E_{323}	0.62	0.50	Ⅲ	1	b13（Ⅲ）	Z
E_{324}	0.60	0.50	Ⅲ	1	b13（Ⅲ）	Z
E_{325}	0.62	0.50	Ⅲ	1	b13（Ⅲ）	Z

第二，按最小割集的阶数，结合上一步的分类结果，确定每个底事件的最后等级，并赋予 FFTAM 中的事件等级代号（见表 13-5 中的第 6 栏和第 7 栏）。

同理，按事件的重要度和发生概率及割集阶数，也可将中间事件划分为不同等级，分类结果如表 13-6 所示。

表 13-6　中间事件分类结果

中间事件名称	U 值	P 值	n 值	最后等级及代号
E_{11}	1.00	0.9244	1	b11　X　（Ⅰ）
E_{12}	0.99	0.8994	1	b11　X　（Ⅰ）
E_{21}	0.97	0.7275	1	b11　X　（Ⅰ）
E_{22}	0.97	0.9649	1	b11　X　（Ⅰ）
E_{31}	1.00	0.9877	1	b11　X　（Ⅰ）
E_{32}	0.9994	0.9994	1	b11　X　（Ⅰ）
E_1	1.00	0.9923	1	b11　X　（Ⅰ）
E_2	0.9997	0.9901	1	b11　X　（Ⅰ）
E_3	1.00	0.9996	1	b11　X　（Ⅰ）

13.1.12　FFTAM 的基本分析

由图 13-1 中我国 CIMS 技术产业化风险分析的 FFTA 模型可得到下述结论：①从顶事件发生概率来看，实现我国 CIMS 技术产业化目标的风险很大。②影响我国 CIMS 技术产业化的三大因素：人员素质和教育水平，技术发展及环境均不适应。③我国的管理人员素质、科技开发人员素质、生产人员素质和应用人员素质不适应 CIMS 技术的产业化。④我国教育水平不适应 CIMS 技术产业化，表现为教学内容陈旧、专业划分过细、教育结构不合理、职业技术教育落后等。⑤我国的企业技术积累水平低，不适应 CIMS 技术产业化，表现在常规制造技术落后、基础元器件生产技术落后。⑥我国的科研开发水平不适应 CIMS 技术产业化，表现在与 CIMS 相关的单元技术开发落后，接口技术落后，集成技术落后，系统规划技术落后和管理技术落后。⑦国内环境不适应 CIMS 技术产业化，表现为资金短缺、政策不适应、改革的消极影响、企业的短期行为、微观管理不适应、有效需求不足等。⑧国际环境不理想，表现在关键技术引进困难、贸易摩擦、政治对抗、世界经济不景气、局部地区动荡等。⑨人员素质和教育水平不适应、技术发展不适应及国内外环境不理想是实现我国 CIMS 技术产业化的三大致命因素。

⑩人员素质不适应、教育水平落后，科研开发落后、国内环境和国际环境不理想是实现我国 CIMS 技术产业化的致命因素。⑪企业生产应用水平落后（或技术积累低）是实现 CIMS 技术产业化的关键因素。⑫从人员素质来看，管理人员素质不适应，科技开发人员素质不适应、生产人员素质不适应、应用维护人员素质不适应等是影响我国 CIMS 技术产业化的关键因素。⑬从教育水平来看，教学内容陈旧、专业划分过细、教育结构不合理、职业技术教育落后等也是发展 CIMS 技术的关键因素。⑭从企业技术积累水平来看，常规制造技术及管理技术落后，基础元器件生产技术落后是在企业应用 CIMS 技术的关键因素。⑮从科研开发角度来看，与 CIMS 相关的单元技术开发落后、与 CIMS 相关的接口技术开发落后、与 CIMS 相关的集成技术落后、与 CIMS 相关的系统规划技术落后和与 CIMS 相关的管理技术落后是制约 CIMS 技术产业化的关键因素。⑯从国内环境来看，资金短缺是实现 CIMS 技术产业化的致命因素；政策不适应、宏观协调不利及有效需求不足是实现 CIMS 技术产业化的关键因素；改革的消极影响，如社会不稳定和企业短期行为是实现 CIMS 技术的次关键因素。⑰从国际环境来看，国际间的科技交流受阻、关键技术引进困难是实现我国 CIMS 技术产业化的关键因素；国际贸易摩擦、世界经济不景气和地区动荡是次关键因素。

13.2　我国 CIMS 技术产业化风险评价的 ICERE 模型

13.2.1　绝对风险评价

根据我们开发的 ICERE 模型，评价我国 CIMS 技术产业化的绝对风险，应首先估算相应的评价指标值，然后依据指标值确定风险等级。

13.2.1.1　确定顶事件概率

由本章 13.1 部分的 FFTAM 定量分析结果知顶事件"我国 CIMS 技术产业化未达到顶期目标"概率为 0.9999。知我国 CIMS 技术产业化风险很大，风险等级为 A 级。

13.2.1.2　确定可能的损失率

根据定义，损失率是单位投资的损失额，关于我国 CIMS 技术产业化的投资总额，一是该数据目前尚未公布，二是具体估计时比较困难。粗略估计整个 CIMS 领域平均每年不会超过数亿元。这个数据大小对我们估算损失率影响不大。由于可能的年损失率包括机会损失率和风险损失率。

年机会损失率按《建设项目评价方法和参数》中的社会折现率计算为 12%。

年风险损失率按 CIMS 设备及相关资产的年贬值率计算，转卖（使用后）的微电子类产品（如计算机），保守地估计年贬值率，也在 20% 左右。

由此，可以得到损失率的近似值为 32%。如果再考虑人工费用，则总的年损失率要远远大于 32%。风险等级至少为 D 级。

13. 2. 1. 3　确定不可控性指数

首先，根据各底事件的特点确定其可修复性，结果如表 13-7 中第 5 栏所示，"可修复性转化值"。

其次，计算综合概率值 $P_i v_i$（P_i 为 i 事件在考虑其重要度前提下的概率值；v_i 为 i 事件的可修复性转化值。计算结果如表 13-7 中第 6 栏所示。

最后，计算不可控性指 $P'(E_0)$，由 $P'(E_0) = 1 - \prod_{i=1}^{m}(1 - P_i \cdot V_i)$ 得：

$$\begin{aligned}
P'(E_0) &= (1-0.405)(1-0.405)(1-0.45)^2(1-0.296) \cdot \\
&\quad (1-0.283)(1-0.252)(1-0.201)(1-0.294)^4 \cdot \\
&\quad (1-0.347)(1-0.315)^2(1-0.323)(1-0.581) \cdot \\
&\quad (1-0.091)(1-0.445)(1-0.225) \\
&= 1 - 0.595 \times 0.595 \times 0.55^2 \times 0.704 \times 0.717 \times \\
&\quad 0.748 \times 0.799 \times 0.706^4 \times 0.653 \times 0.685^2 \times \\
&\quad 0.677 \times 0.419 \times 0.909 \times 0.555 \times 0.775 \\
&= 1 - 0.0005 = 0.9995
\end{aligned}$$

表 13-7　确定不可控性指数用表

事件代号	等级	概率 P_i	可修复性	可修复性转化值 V	$P_i v_i$
E_{111}	X	0.450	很不强	0.9	0.405
E_{112}	X	0.450	很不强	0.9	0.405
E_{113}	X	0.500	很不强	0.9	0.450
E_{114}	X	0.500	很不强	0.9	0.450
E_{121}	X	0.423	不强	0.7	0.298
E_{122}	X	0.405	不强	0.7	0.283
E_{123}	X	0.360	不强	0.7	0.252
E_{124}	X	0.405	一般	0.5	0.201
E_{211}	X	0.420	不强	0.7	0.294

事件代号	等级	概率 P_i	可修复性	可修复性转化值 V	$P_i v_i$
E_{212}	X	0.420	不强	0.7	0.294
E_{221}	X	0.420	不强	0.7	0.294
E_{222}	X	0.495	不强	0.7	0.347
E_{223}	X	0.450	不强	0.7	0.315
E_{224}	X	0.420	不强	0.7	0.294
E_{225}	X	0.462	不强	0.7	0.323
E_{311}	X	0.830	不强	0.7	0.581
E_{312}	X	0.315	强	0.3	0.091
E_{315}	X	0.495	很不强	0.9	0.445
E_{321}	X	0.450	一般	0.5	0.225
E_{322}	X	0.450	不强	0.7	0.315

依据不可控性指数，我国 CIMS 技术产业化的风险等级为 A 级，即极不可控。

13.2.1.4　绝对风险等级

综合上述结果，得到绝对风险评价结果为 ADA 级，甚至更高，如 ACA 级或 ABA 级。

13.2.1.5　综合评定

第一，当 $W_1 = W_2 = W_3 = \dfrac{1}{3}$ 时，$R = \dfrac{1}{3}(0.9999 + 0.32 + 0.9995) = 0.7731$。

依据综合评价值 R = 0.7731，可知我国 CIMS 技术产业化风险为 B 级，风险是大的。

第二，当 $W_1 = W_2 = 0.2$、$W_2 = 0.6$ 时，$R = 0.2 \times 0.9999 + 0.6 \times 0.32 + 0.2 \times 0.9995 = 0.5978$，CIMS 技术产业化风险等级为 C 级。

13.2.2　相对风险评价

考虑到我国 CIMS 技术产业化的近期目标及投入的资源总量相较于国家的经济实力，我国 CIMS 技术产业化的相对风险较小，国家是能够承受近期风险的。

具体用顶事件概率相对值 P_{ar}，损失率相对值 d_r 及不可控性指数相对值 p_r 来表示就是：

$$P_{a_r} = \frac{P_a}{P'_a} = P_a = 0.9999 \qquad\qquad \Rightarrow B \text{ 级}$$

$$d_r = \frac{C_r}{C'_r} = \frac{0.32}{0.50} = 0.64 \qquad\qquad \Rightarrow C \text{ 级}$$

$$p_r = \frac{P(E_0)}{P'(E_0)} = 0.9995 \left[\overline{P'(E_1)} = 1 \right] \quad \Rightarrow B \text{ 级}$$

在此，假设国家能承担 50% 的投资损失，即 $C'_r = 0.5$。则风险等级为 BCB 级。

若国家允许投资失败，即国家能承担 100% 的投资损失，则 $C'_r = 100\%$，此时 $d_r = 0.32$ 风险等级为 BEB。

上述评价结果说明，虽然我国 CIMS 技术产业化的绝对风险较大，相对风险中顶事件概率相对值及不可控性指数相对值也很高，但由于损失的相对值低，所以国家不惜承担不能实现 CIMS 技术产业化目标的风险，也决定实施 CIMS 发展计划。

此外，由于我国 CIMS 技术产业化的主要目标是跟踪国际 CIMS 技术的发展，培养 CIMS 相关人才，产业化阶段属于 R&D 阶段，所以，允许失败是可以理解的。

最后应该指出的是，我们对我国 CIMS 技术产业化的风险评价只是近似评价，主要目的是验证我们提出的 ICERE 模型及相关概念和方法。当运用 ICERE 模型评价一个具体的技术创业项目时，数据比较容易获得，评价结果能更准确。

第14章 结论及展望

14.1 第一部分的结论及展望

14.1.1 第一部分的主要结论

第一，我们以高科技新企业为研究对象，基于社会网络理论、资源基础理论、组织创新理论和知识管理理论，在案例分析的基础上，提出了研发强度对企业风险管控影响的理论模型和研究假设，深入挖掘了研发强度对企业风险管控的路径机制。研究表明，网络中心度以及网络密度在研发强度与企业风险管控之间起到多重中介作用，即网络中心度、网络密度均作为研发强度（研发资金投入和研发人员投入）与企业风险管控的中介。进一步地，合作伙伴创新倾向一致性正向调节网络中心度与企业风险管控之间的关系，正向调节网络密度与企业风险管控之间的关系，正向调节网络关系在研发强度与企业风险管控之间的中介作用。

研究发现：研发强度对企业风险管控具有正向影响，在企业层面，研发强度可以通过网络中心度的中间路径对企业风险管控产生积极影响，在网络层面，研发强度可以通过增加网络密度作为中间路径对企业风险管控产生积极影响。而合作伙伴创新倾向一致性分别能够促进网络中心度和网络密度的产生，因而研发强度中的研发资金投入、研发人员投入也分别通过网络中心度、网络密度两条路径最终对企业风险管控产生积极的影响。技术创新、管理机制创新对企业风险管控带来正向积极的作用。我们基于熊彼特创新理论发现，技术创新、管理机制创新对企业风险管控带来正向积极的作用。合作伙伴的研发投入正向调节企业的风险管控，并在研发强度通过网络关系对企业风险管控的影响过程中调节了网络关系的中介作用。创新对企业带来积极的影响，合作伙伴的研发投入带动企业创新而影响风险管控。我们通过对高科技新创企业研发强度、网络关系及企业风险管控的关系研究，发现研发强度对企业风险管控有积极影响，并引入网络关系在其中起到中介作用。有研究证实，组织资源、技术创新、伙伴关系与企业风险管控之间的关系密切，组织资源、技术创新、伙伴关系对财务风险管控、市场有效性和战略目标等风险管控指标有直接影响。我们在对"合作伙伴—研发投入—企业风险管控"三者间关系的研究中，合作伙伴一致性正向影响研发投入的力度来正向影响企业风险管控。在合作伙伴技术研发投入的层面，合作伙伴间两种不同的技术转移方式对技术接收企业风险管控的影响。现有研究证实，相较于技术交流，技术转移对技术接收企业新产品开发速度、原产品创新及企业风险管控的正向影响均更加显著。相较于技术转移，技术交流对技术接收企业新产品创新性的正向影响更加显著。

第二，合作伙伴一致性调节研发投入影响企业风险管控的另一个重要方面。当合作伙伴合作目标与企业目标一致时，合作伙伴一致性对研发投入有正向调节作用。也就是说，在合作目标与企业目标一致，增加研发投入，正向提升企业风险管控。正常前提下，合作伙伴合作目标都会基于与企业目标一致，追求企业利益最大化等企业目标，降低风险，回避策略和结果投入率的影响，达到企业风险管控提升，追求企业最优利润。合作伙伴目标与企业目标不·致，以非良性等破坏合作为目的的合作目标是极其少见的。即使企业目标由于环境变化和时间阶段性改变，让企业实际目标出现偏差，加大研发投入，提高企业风险管控，追求企业利益最大化目标不会变，合作伙伴间也会一致追求这个企业中心目标，通过增加研发投入正向调节企业风险管控。

第三，合作伙伴一致性在研发投入中调节着企业的风险管控受企业环境和市场环境的约束。受时间的阶段性限制和环境的改变，企业的阶段性目标可能会偏离与合作伙伴一致性约定时的目标，在一些方面不恰当地增加研发投入，以致企业风险管控影响相关性不大，此时，合作伙伴一致性减少既定的研发投入，减少研发投入对企业风险管控的影响，负向影响作用减少，则正向的风险管控增强，合作伙伴创新倾向一致性在研发投入中同样正向调节企业风险管控。也就是说，合作伙伴组织共同价值目标与变化的企业目标不一致，企业在合作伙伴选择时候，选择具有创造企业共同价值初衷的合作者，能保持合作伙伴的一致性，其合作伙伴的目标阶段性的偏离或与企业目标不一致，在变化的市场环境和企业环境中，企业要适应不断变化的环境，合作伙伴会协同一致去适应企业的变化环境，最终让合作伙伴目标适应变化的企业目标，形成战略联盟从而提升企业风险管控。对于高科技新创企业，其新创早期企业目标明晰，受市场外部环境和企业环境影响相对较弱，选择合作伙伴一致性强的合作者，让合作伙伴目标与企业目标一致，更有利于企业风险管控的提升。合作伙伴一致性同样正向调节研发投入影响企业风险管控。

第四，在研发投入方面，当企业在与网络内合作伙伴合作时通过技术水平的提高获得了网络地位的提升和网络密度的增加，此时企业更倾向于选择与自身长期目标一致的合作伙伴，可以在短期内补充自身的短板，提升核心竞争力，因此，合作伙伴一致性在研发投入对企业风险管控有正向调节作用。当企业环境变化、新的适应变化的企业目标不明晰时，拥有管理理念及价值观一致的合作伙伴能够保持创造企业共同价值的初衷，一致寻求创造企业利益最大化目标，让不利的影响因素减少，此时，再增加研发投入，提升企业的技术创新和商业模式创新能力，快速提升企业风险管控，同样正向调节企业风险管控。

14.1.2 第一部分的创新性

我们通过探究合作伙伴创新倾向一致性对企业风险管控的影响，进一步提升了对网络关系和合作伙伴创新一致性的理解，增加了社会网络理论和创新理论在机会、资源、关系网络层面的实证经验。此外，我们通过研究网络关系作为中介变量对企业财务风险管控带来的影响，不仅弥补了以往仅仅将网络关系作为中介变量的缺憾，还增加了合作伙伴创新倾向一致性的调节效应的相关研究，提高了其理论适应范围；进一步明确了高科技新创企业研发强度对企业风险管控的影响作用机理和边界条件，弥补了现有关于研发强度对企业风险管控影响的不足，具有一定的创新性。我们的创新点主要体现在如下三方面：

第一，构建并检验了网络关系（网络中心度、网络密度）在研发强度与企业风险管控之间的多重中介模型，打开了研发强度到企业风险管控的黑箱，凸显了网络效应的重要性，同时进一步丰富了社会网络理论，强化了网络中心度和网络密度的作用。

我们经由整合先前的理论与案例研究发现，建立起一个多重中介模型的整合性概念框架，以探讨研发强度如何经由网络中心度与网络密度的多重中介变量对新创企业风险管控的影响关系，丰富了研发强度与风险管控关系实现的多元化路径。在多重中介的模型中，研究者可以同时探讨各中介变量的相对效果强度。我们研究了不同类型的网络关系（网络中心度、网络密度）对研发强度与企业风险管控关系起到的中介作用，以前要么研究网络关系对企业风险管控的关系，要么研究研发强度与企业风险管控的关系，很少有研究网络关系在研发强度和企业风险管控之间的作用，网络中心度的中介作用高于网络密度，也进一步解释了网络中心度对于企业风险管控的重要性，更加说明了占据中心地位企业在研发技能转化、网络资源、有效信息获取中的关键作用，这也进一步丰富了社会网络理论，弥补了现有对高科技新创企业研发强度对企业风险管控影响路径的相关理论研究的不足。

第二，从合作伙伴创新倾向一致性视角探究了网络关系与风险管控关系的权变性或者临界条件。

首次提出了合作伙伴创新倾向一致性的调节作用，我们通过探究研发强度对企业风险管控的影响，弥补了以往对合作伙伴创新倾向一致性的研究缺失，增加了合作伙伴创新倾向一致性作为调节的直接效应研究，提高了其理论适应范围。通过研究其调节效应，进一步明确了网络关系影响企业风险管控的权变和边界条件，深化了网络关系与企业风险管控之间的关系。分析合作伙伴创新一致性对企业在网络中战略合作伙伴的选择与产品结构变革的影响也将会进一步推动研发创新与组织风险管控的改善。

以往对合作伙伴的研究大多集中在企业家战略一致性的相关范畴内，很少有从企业间的关系网络方面研究一致性能够为企业带来的收益，对合作伙伴一致性的研究开辟了新领域；对一致性的研究大多从机会的角度展开，鲜有从网络资源、信息的吸收利用角度展开，因此，我们填补了合作伙伴创新倾向一致性方面研究的不足，并揭示了创新倾向一致性对企业风险管控的作用机制，分析了一致性与网络关系的交互作用对企业财务风险管控的不同影响，为后续研究工作奠定了基础。同时，我们对合作伙伴创新倾向一致性的概念以及理论体系上加以完善，对现有理论为企业发展所提供的具体解决方案也进行了进一步的补充与细化。由于高科技行业融合的异质化产业链的企业更加能够获得优势和掌握平衡，基于协同创新平台的协同创新机制设计，一方面需要注重不同创新体系之间的有机融合，在一致性的目标下，通过对各自企业管理理念和文化价值观的认同中提高知识传播和扩散的效率，加速组织内部与外部知识的快速融合，降低技术融合的难度，通过合作研发产生更有竞争力的创新产品。另一方面应该在异质性产业链之间积极开展跨区域协同创新，增加对行业中的发展趋势和技术发展方向的统一认识，提高机会识别和决策的效率，通过相互信任水平的提升增加合作的紧密程度，提高决策的效率和行动力，快速生产出满足市场需求的产品。

第三，更深入地分析了合作伙伴创新倾向一致性在研发与风险管控之间存在的调节的中介效应。

我们从高科技企业关系网络的视角出发，对研发强度以及企业风险管控的转化路径及合作伙伴创新倾向一致性的角度进行了探讨。对于处在高度动态竞争环境中的高科技企业而言，学者普遍认为企业的研发强度对企业风险管控具有积极影响，也有学者试图从不同行业的研发强度对企业风险管控的影响进行研究，以及将研发强度作为中介变量研究其对企业风险管控的影响，但是鲜有学者从网络关系的传递作用以及合作伙伴一致性的加强作用对研发强度对企业风险管控关系进行研究。网络关系的维护是使企业拓展竞争优势、进行持续创新的重要手段，而一致性的创新倾向可以减少新创企业创立初期在网络中的劣势，提高了合作伙伴之间的信任程度，从而加快了知识传播和转化的速度，提升了产品研发和战略决策的效率，因此认为合作伙伴创新倾向一致性对网络关系中介作用的正向调节效应。

我们的研究结论提出了一个有调节效应的中介模型，揭示了在高科技新创企业的迅速发展和高度竞争环境下，合作伙伴创新倾向一致性这一概念的情景化研究。尤其是从战略视角出发，研究了合作伙伴一致性在研发强度促进风险管控的过程中，网络内关系变化对风险管控产生影响的作用机理进行的加强作用，丰富了社会网络理论，补充了网络关系作为中介变量时对结果产生的影响时的变化过程。

14.1.3 第一部分研究成果对技术创业实践启示

第一，在研发强度促进企业风险管控的实际工作中，高科技新创企业管理者需要注意研发强度的适度性，合理配置研发资金和人员投入的比例（人员和资金如何设置、如何匹配、研发强度的适度性等）。

高科技行业产品生命周期短，科技含量高、市场需求大，唯有依靠研发活动，不断进行技术创新，才能形成核心竞争力，进而带来企业风险管控的持续提升。根据理论研究，我们发现研发人员投入对风险管控的效果大于研发资金的直接投入，因此，在满足技术设施和研发、实验经费的基础上应该尽量将增加专业人才的引进、增加技术交流，分配给专业人士，同时，实证研究也证明了在整体研发强度投入中，研发人员的投入比例应该大于对研发资金的直接投入比例。由于对人的激励效应是主观因素，是最具有主动性、能动性的因素，人的积极性提高了，能将经验、知识转化成新知识，也更愿意分享利于组织发展的隐性知识，能够提升员工技能水平，加速企业内生性增长，在提高企业风险管控的过程中发挥着重要的作用。企业内的研发团队和员工通过尽力争取内部研发资源的支持，能够加速企业内生性增长，从而提升企业风险管控。

对于高科技企业来说，保持持续的研发创新活动，是获得竞争优势的重要驱动力。在整体加强研发强度的基础上注重研发资金和研发人员的合理配比。根据资源基础理论，企业拥有的有价值资源越多时，企业的竞争能力越强，当单位人员可利用的资源较为合理时，足够的知识、技能搭配上研发物质可以在交流中创造出高价值产出，当研发人员投入占比过高时，单位人员可使用的资金资源有限，有限的资源无法满足每一个创意，研发很可能止步于"新知识""新思想"阶段。而当研发人力资本存量较低时，各领域的新思想有限，且新思想之间的交流发散度并无法支持的创新思维产物的初创模型，此时的研发物质资金的投入处于溢出状态，研发投入的资金并无法形成创新性产物或是产物创新度不够，不足以产生超额收益。因此，高科技企业在创立初期，需要不断调整研发人员和研发资金投入的合理配比，才能保证创新活动的有序开展，在保证生存的情况下提高创新产出的效率。

第二，高科技新创企业应该重视网络中心度的构建和网络密度的强化，以搭建研发强度向风险管控转化的桥梁，同时，尽量减轻网络资源冗余带来的负面影响。

近年来，社会网络理论被广泛应用于管理学研究领域，多数学者在研究初期主要针对企业家个体的社会网络在企业发展过程中的重要作用进行研究，认为企业家社会网络是企业获取创新所需资源的重要渠道之一，少数研究对合作网络中的企业层面及网络层面研究网络关系企业风险管控产生影响的作用机理进行研究。特别是在竞争日益激烈和强调创新的市场背景下，中国企业面临转型经济环境带来的不确定性挑战（蔡莉和单标安，2013），环境可预测度降低，产品利润周期缩短，现有知识淘汰速度加快，组织需要快速对市场需求做出反应，通过跨边界协同组织内部和外部知识来加快创新进度，将是重要的竞争优势来源。

企业外部网络不但可以直接影响企业竞争力，还可以通过影响资产总额和技术水平等内部资源来间接影响企业竞争力；总体网络的规模及密度越大，企业的资产总额就越高。在技术更新换代十分迅速的背景下，只有紧密参与到网络中，才能在最短时间内汇集各种力量来解决企业发展所遇到的困难，对于不足的部分，可以通过各种途径加以弥补。新创企业可通过与网络内有声誉、稳定性高的企业或组织建立联系，弥补新企业"产业融合度低"的缺陷，便于企业创新活动所需要的资源获取，在短期内提升其在网络中的可信度，提升其在网络中的位置，获得更多参与市场活动的机会，为进一步拓宽市场和战略方向调整做准备。

第三，高科技新创企业应着力于提高合作伙伴创新倾向一致性，强调通过统筹创新一致性的问题，有效利用密集网络和中心网络的优质信息和资源，并重视其在企业研发过程中发挥的调节的中介作用。

当高科技新创企业具有较高的合作伙伴创新倾向一致性时，它可以更好地统一产业上下游合作伙伴的创新目标，降低沟通合作中的理解偏差，增加伙伴间的信任，并且在长期的合作中巩固和提升自身的竞争优势。而且，目前我国关于合作伙伴创新倾向一致性的研究相对较少，对其如何在研发强度通过网络关系提升企业风险管控的过程中起作用的相关研究匮乏，因此，分析创新一致性对新创企业网络关系的影响将会进一步推动新创企业风险管控的改善和提高。从本质上而言，合作创新是通过合作成员的"内部交易"，以较低的成本或代价实现资源互换，通过资源共享与再组合推进创新发展。当两个企业开展合作创新时，它们能够以一个较低的"内部价格"，进行不同技术的交换，降低技术开发成本，间接实现异质性资源的互补利用，提升网络效能。因此，当新创企业具有较高的研发强度，并且研发人员投入和研发资金投入的配比良好时，新创企业会实施网络关系的开发和利用，有意识地通过合作研发、产品市场范围扩大等，进一步提升自身的竞争优势。但是在开放式创新过程中，企业彼此之间有着不同的价值需求和目标导向，事实表明，当一个伙伴对联盟活动不太熟悉时，信息不对称的可能性就会增加，机会主义行为的风险也会增加（Folta，1998）。合作伙伴创新倾向一致性的调节的中介效应使高科技新创企业在对技术创新实力相当的合作伙伴进行有效的资源整合后，可以通过战略目标的一致以及相同的行为规范、价值观等弱化在网络中的竞争关系，强化由于战略一致性所带来的共同收益，促进创新协同。同时，随着合作的深入，企业间各部门的配合程度加强，日常沟通中隐性知识的传递更加顺畅，有利于隐性知识转化为显性知识，从而有利于进一步加强网络关系在合作研发过程中的正向影响，有利于更多的机会开发和识别。因此，网络关系在高科技新创企业研发投入与新创企业风险管控间的中介作用也会伴随着新创企业合作伙伴创新倾向一致性的提升而更为有效。

总的来说，对高科技企业来说，知识资源是一种难以模仿的特殊资源，而且具有一定的社会复杂性，需要在不断探索新知识、技术和开发现有知识、能力的活动之间找到平衡，提升组织的研发实力，形成企业技术创新的力量源泉。在企业有一定的研发实力作为基础后，就需要加强组织内外部关系的管理能力，Damanpour 和 Aravind（2012）指出创新管理的缺失会使得企业过度注重短期风险管控，对企业竞争能力造成根本性影响。管理创新同样作为技术创新的保障，注重管理创新的企业能够在成长基因、组织结构、流程和惯例等方面实现根本性变革，有助于企业风险管控的提升，并实现稳健发展（Hamel，2006）。也有研究指出管理创新是影响技术创新的重要因素（苏敬勤和刘静，2013）。在合作伙伴选择时，重点选择专业知识认知水平相当且合作初期具有一致性目标的合作单位，同时增强企业的技术创新和管理创新能力，建立企业长期发展竞争优势。即使在市场外部环境、企业环境发生阶段性改变的情况下，高科技新创企业通过不断完善的专业技能，开放和谐的合作氛围、协调一致的合作伙伴紧密关系，实现技术创新和管理协同发展，帮助企业技术水平向更高级状态演进。

14.1.4 第一部分的研究局限与未来展望

我们基于社会网络理论、资源基础理论和组织创新理论，分析了合作伙伴创新倾向一致性、研发强度、网络密度、网络中心度、企业风险管控的关系，深入剖析了研发强度对企业风险管控的作用机制，丰富了网络关系与企业风险管控的研究，具有一定的理论价值与管理实践启示作用。但不可否认的是，我们仍存在一定的研究局限与不足之处，这有待在后续的研究中进行更加深入的探讨与完善。

第一，数据的区域性问题。在我们在选取调查案例时，仅在珠三角、长三角、东北地区选取了具有代表性的省份进行调研，未来研究可以将案例扩展到更广的区域，以验证我们结论的普适性。另外，由于调研时间和调研经费的限制，在案例收集范围上只选取了东北三省和南方部分发达地区的高科技企业作为调研对象，而东北三省的企业和南方发达地区的企业发展具有显著的区域性特点，新创技术创业企业网络关系的复杂程度和创新活动开展的难易程度不同，例如，当新创技术创业企业的市场环境及社会网络资源更加丰富时，例如南方发达地区汇集的高科技公司较多，容易通过网络效应加速知识的更新迭代，政府扶持政策也相对较多等，这些都会影响创新活动的开展。因此，现有调研地区无法代表我国高科技新创企业的发展。因此，由于数据的限制，我们在普适性和代表性方面仍需要做进一步的检验。针对这一结果，笔者认为在日后的调研中可以扩大研究区域的范围，从而使研究结果更具普适性。

第二，数据资料受到行业特征的限制。对不同的行业来说，研发投入对企业业绩及风向管控的贡献显著程度是不同。我们的研究对象是8年之内的新企业，且行业限制明显，而高科技企业中不同行业的网络关系构建、创业能力的发展等方面均存在一定的差异。例如，根据科创板上市公司数据可以看出，目前，研发投入最高的公司研发占比在60%~70%，一般为医药制造业、计算机通信设备和电子设备制造行业；而化学原料及化学制品制造业、生态保护和环境治理等行业的高科技企业研发投入占比普遍低于10%。因此，需要在将来扩大行业数据收集的范围，对特定行业的情况进行具体分析，或者进行行业间的比较研究。

第三，我们采用的是案例研究方法。通过案例研究对新创企业团队进行跟踪和访谈，在此基础上对所获取资料进行整理分析，初步认识研发强度、网络关系和企业风险管控之间的关系，并以此为基础提出研究假设，后续应利用实证研究方法予以验证。近年来，管理学领域逐渐兴起全景式研究范式（Chatman 和 Flynn，2005），即利用现场调研探寻某种现象是否存在，与此同时，通过仿真研究以及实验研究等不同的研究方法探寻变量之间的内在关系成为趋势，以此在一定程度上弥补某一类研究方法的缺陷。因此，在未来的研究中，可以综合利用案例研究、仿真研究、实证研究（横向研究、纵向研究）、实验研究等研究方法不断拓展。同时可以从其他角度探究研发强度对企业风险管控的影响路径。例如从政府支持的角度如何对研发强度进行宏观调控；政商关系的"服从性"和"依附性"对创新环境的影响；也可从博弈论的角度探讨与竞争者的研发合作关系；或从与大学、研究所的战略合作角度出发研究聘请研究机构咨询与自己建立研发部门的利弊比较，因为来自大学和研究所的知识几乎对所有类型的合作都有积极的影响，更有利于加快产品研发部门的技术和产品开发等。从不同的视角补充和完善研发强度作用于企业风险管控的研究成果。

14.2　第二部分的结论及展望

14.2.1　第二部分的主要成果

我们在以下方面进行了开创性研究，取得了一系列研究成果。

（1）深入研究了技术创业风险分析的微观基础。系统分析了技术创业风险研究现状及存在的主要问题，明确了与我们相关的几个基本概念，特别是对风险的内涵和特征进行了深入研究，提出了绝对风险和相对风险概念。

（2）全面论述了技术创业风险分析的基本理论，构造了技术创业风险因素的理论模型，填补了理论研究的空白。

（3）提出了技术创业风险分析的方法论，为风险分析奠定了方法论基础。

（4）开发了适用于技术创业风险分析的 FFTA 模型，完善并发展了风险分析技术。

（5）设计了评价技术创业风险的定性和定量指标，为技术创业风险评价奠定了基础。

（6）选择 AHP 法作为信息残缺条件下的技术创业风险评价方法，拓展了 AHP 法的应用范围。

（7）开发了技术创业风险评价的 ICERE 模型，实现了绝对风险评价和相对风险评价，并用风险分级的方法，比较具体地表达了风险程度，减少了信息量损失。

（8）在技术创业风险分析理论和方法的指导下，结合调查分析，系统研究了技术创业的风险性。具体包括：①分析了技术创业发明与创新阶段的风险性，提出了风险分析实用模型。②分析了技术创业扩散阶段的风险性，并开发了风险分析实用模型。③对技术创业各阶段的风险因素和风险特征进行了比较分析。④通过比照传统产业，比较分析了高技术产业的风险因素和风险特征。⑤概括了技术创业的总体风险特征。

（9）用 MSA 法探索分析了我国 CIMS 技术产业化的风险因素；为将 MSA 法用于风险分析进行了有益尝试。

（10）用我们开发的 FFTA 模型进一步分析了我国 CIMS 技术产业化的风险性，为制定高端制造技术发展战略提供了参考，同时也验证了 FFTA 模型。

（11）用 ICERE 模型评价了我国 CIMS 技术产业化风险水平，为决策者及有关人员认识我国技术创业的风险程度，提供了科学依据，同时也验证了 ICERE 模型。

14.2.2 第二部分的基本结论

（1）无论是在理论方面，还是在实践方面，我国在风险管理领域落后于发达的市场经济国家，反映出人们的风险意识薄弱，这与发展市场经济是不相适应的，与发展高技术产业更不适应。

（2）关于技术创业，人们认识到了其具有高风险性，但对高风险性的丰富内涵知之甚少，对于如何认识其风险性缺乏系统研究。

（3）目前的风险分析方法不能较好地解决技术创业风险分析问题，有必要研究新的方法、开发适用的模型。

（4）研究并掌握技术创业风险分析、评价和决策方法，对于克服盲目立项、上项，合理使用有限的技术创业资源意义重大。

（5）高技术是一个技术群，技术含量高，具有系统性、高效益性、高风险性和高影响力等特点。

（6）技术创业是一个前后有序的过程，它包括高技术发明、高技术创新和高技术扩散三个密切相关的阶段；研究技术创业的风险性重点是创新和扩散阶段。

（7）技术创业不是一个自发的过程，对于发展中国家而言，更是如此。它所需要的支撑环境是：国家环境支撑（政策）、研究与开发支撑、技术基础支撑、投资环境支撑、智力环境支撑、基础结构支撑、辅助工业支撑及专业服务支撑等。

（8）风险的内涵应是：人们未来行为，在不确定性因素作用下，未达到预期目标的可能性以及因此而造成的损失程度。

（9）风险不仅与事件发生的概率分布及其影响结果有关，而且还与风险主体自身条件，如资本和技术实力、经营管理能力及其风险偏好有关。因此，风险有绝对与相对之分。

（10）风险具有客观性、偶然性、可变性、相对性、主体性和未来性等特点。

（11）风险分析既是一种行为观点，又是一种行为方法。即用考虑到各种可能性的系统观点来观察、研究与风险主体追求目标密切相关的事物，而不是用完全确定的、不变的观点认识事物。

（12）分析技术创业风险应以产业发展中的结构理论、联系理论、组织理论、均衡理论和规模经济理论以及技术创新理论为指导的；我们开发的技术创业风险因素的理论模型是基于这些理论而获得的对风险分析具有指导意义的成果。

（13）分析技术创业风险应以系统论，概率论、模糊数学、辩证逻辑和技术经济理论和方法作为方法论基础。

（14）分析技术创业风险的模型应能表明技术创业风险因素及其相互关系；应能表示各事件发生的概率；应能表示事件的重要性和作用强度；我们开发的FFTA模型便是这样一种模型。

（15）分析技术创业风险的方法应能保证从多角度、多侧面揭示技术创业的风险性（包括突发事件的影响），MSA法具有这种适用性。

（16）评价技术创业的风险应从不利事件发生的概率，不利事件造成的后果和导致不利事件发生的相关因素三个方面考虑，且评价结果应保证具有较少的信息损失。我们开发的ICERE模型（信息相对充足条件下的风险评价模型）可满足上述要求。

（17）在信息残缺条件下，AHP法是评价技术创业风险的理想方法。

（18）由于不同产业化阶段的资源组合规模、投入的资源结构、所要解决的关键问题，从而在不确定性等方面的不同，最终反映在风险方面，不同产业化阶段会有不同的风险因素和风险特征。

（19）技术创业发明阶段的风险因素主要有：研究和开发人员的技术开发能力弱；没有解决关键技术问题；研究和开发费用不足；科技政策不适应；信息不畅；宏观协调不利；调研不详；该阶段的风险特征是失败率高，可能的损失小，技术类不可控性大。

（20）技术创业创新阶段的风险因素是：缺少关键设备；资金不足；关键零部件的生产困难；技术不成熟；竞争激烈；有效需求不足；相关产业落后；工艺、生产、管理人员缺乏或素质不适应；产品策略不适应等；该阶段的风险特征是：失败率较高，可能损失较大，不可控性很大。

（21）高技术扩散阶段的风险因素是：资金不足，原材料供应不足，关键设备缺乏或可靠性差，工业基础薄弱，关联产业的发展落后，市场不确定，规模不经济，以及营销策略不适应、企业组织管理落后、进口冲击、宏观环境不理想等；该阶段的风险特征是：失败率较小，可能损失大，不可控性小。

（22）技术创业三个阶段的风险都很高，但相比之下，高技术创新阶段的风险最大，该阶段风险因素最多、作用强度也最大。

（23）从风险因素的作用强度看，技术创业的致命因素包括人才、技术、资金、市场、管理、贸易等；影响最广泛的因素是政策体制。

（24）在分析具体的产业化项目风险时，综合考虑、产业化领域、产业化主体、产业化模式、产业化阶段和产业化地区等多个侧面是准确分析产业化项目风险的重要前提。

（25）MSA 法（多重情景分析法）是一种全面分析复杂产业化系统风险因素的有效方法。

（26）运用 FFTA 模型（模糊故障树模型）使风险分析条理化、精确化、直观化。

（27）在信息比较充足的条件下，采用 ICERE 模型可使风险评价工作系统化、规范化、具体化。

（28）实现我国 CIMS 技术产业化目标的风险很大，原因在于：与发展 CIMS 相关的人员素质和教育水平不适应，技术发展不适应及环境不理想。

（29）我国 CIMS 技术产业化的绝对风险较大，相对风险中的顶事件概率相对值及不可控性指数相对值也很高，但损失的相对值低，所以，国家不惜承担不能实现 CIMS 技术产业化目标的风险，也决定实施 CIMS 发展计划。

（30）由于我国 CIMS 技术产业化的近期目标是跟踪国际 CIMS 技术的发展，培养 CIMS 相关人才，产业化阶段属于 R&D 阶段，所以，允许失败是可以理解的。

14.3　对策建议及研究总结

我们主要从风险角度，针对高技术领域的技术创业者、投资者以及相关的政府部门提出对策建议，并对相关研究进行了总结。

14.3.1　对技术创业者的建议

创业者是高技术创业企业的经营者，为技术创业过程中的主角之一。对创业者提出以下八点建议：

第一，增强风险意识，学会风险管理。在计划经济条件下，人们的普遍印象是：所有的经济活动都是无风险的。从而导致了无数次的盲目投资，结果极大损害了广大劳动者的切身利益，浪费了宝贵的社会财富。但作为最终的风险承担者——普遍劳动者并没有认识到这一点。问题的关键在于他们不是直接的投资者或承担风险责任的管理者。随着市场经济体制的建立，作为高技术创业企业的法人代表——创业者在享有法人权力和利益的同时，也要承担相应的风险。因此，创业者要增强风险意识，学会风险管理，包括能够准确地识别风险、评价风险、防范风险和科学地进行风险决策等。

此外，从自身的利益及企业发展角度，从对其他投资者和企业员工负责的角度，创业者也应强化风险意识。

第二，在风险分析方面，要用系统的观点、联系的观点分析创新项目的风险，而不要局限于自己所熟悉的技术问题，要从以下方面分析产业化项目的风险：①自身的素质和创业集体的素质，包括经验、能力、管理水平、创新精神、技术能力、合作精神、能力互补性等。②技术因素，包括技术的先进性、独创性、垄断性和成熟性。③产品因素，包括产品的差别化程度，所处的开发阶段，关键技术等。④市场因素，包括市场大小，成长潜力、进入障碍、市场定位等。⑤财务因素，包括资金筹措、报酬率、增长速度等。⑥环境因素，包括创业环境、政策环境等。⑦可能的突发事件，如重大的体制变革、经济动荡、贸易摩擦、自然灾害等。

第三，分析技术创业风险要以产业发展中的结构理论、联系理论、组织理论、均衡理论和规模经济理论及技术创新理论为指导，从主观和客观、宏观和微观、供给和需求等多个侧面分析产业化风险。

第四，在分析具体的产业化项目风险时，要综合考虑产业化领域、产业化主体、产业化模式、产业化阶段和产业化地区等多种因素。

第五，在评价产业化项目风险时，既要评价项目的绝对风险水平，也要评价其相对风险水平，即将风险大小与自身承受力综合起来评价。

第六，评价项目风险，要从失败率、不可控性及可能承担的损失三个方面考虑。

第七，从风险防范方面，创业者应采用下述有效的风险防范方法：①要重视信息管理，掌握充足的信息。②要对项目实施过程控制。③要征询各方面专家的意见。④采用联合方式实现产业化。⑤实行项目组合策略。⑥争取优惠政策。⑦争取风险投资的支持。⑧尽可能到投资环境较好的地区创办高技术创业企业。⑨争取创建股份制高技术创业企业，以规范企业内部管理，分散产业化风险。⑩努力使公司股票能公开上市，可进一步分散风险等。

第八，在风险决策时，应按照决策程序和制度，在经过详细的不可行性分析后，包括市场分析、技术分析、人才素质分析、环境分析，风险分析、效益分析以及风险—效益分析等，方可做出决策。鉴于风险—效益分析对于风险决策至关重要，且在国内尚属空白，我们提出了一种方便可行的分析方法（详见附录 2）。

14.3.2　对投资者的建议

在资金方面专门支持技术创业活动的投资者，亦称风险投资者，也是技术创业的主角。对风险投资者的建议如下：

第一，建立对投资对象（技术创业项目或高技术风险企业）的整体性评估体系，评估要点包括创业者的个性特点、创业集体的素质、市场因素、技术因素、产品因素、财务因素、环境因素等风险源，并对创业者的创业计划的系统性、明确性和可信性进行评价。

第二，投资者加入产业化过程的理想机会是高技术创新阶段和扩散阶段；由于创新阶段的风险较大，所以建议投资者视产业化项目进展情况或高技术风险企业的发展情况决定是否追加投资，一般应分阶段注入资金，而不要一次性投入巨额资金。

第三，争取联合投资，以分摊风险。

第四，运用组合投资，以降低风险；即尽可能在多个项目间进行投资，包括在不同行业、不同地区和不同产业化阶段进行投资。

第五，参与风险企业管理，对项目实施跟踪控制。

第六，争取各级政府部门的大力支持，获得优惠政策，如减免税、低息贷款、补贴等。

第七，建立正式的投资机构，如风险授资公司、风险基金管理公司等，规范投资管理，使投资决策科学化、民主化，以降低投资风险。

第八，争取以公司名义筹集社会闲散资金，如发行股票、设立基金，以转移风险投资风险等。

14.3.3　对政府的建议

技术创业的高风险性，阻止资源向其流入，使其不能成为一个自发的过程。即它离不开政府的大力扶持和强有力控制。对政府部门的建议如下：

第一，创造有利于克服技术创业风险的环境。

改革不适应的体制，创造良好的社会政治经济环境。体制改革的目标应是经济市场化、管理法制化。前者可以保证技术创业资源（人才、技术、资本和信息）得到合理配置，后者可以使人们的产业化活动受到激励和约束，从而降低技术创业风险。

对发展高技术产业而言，我国体制改革的重点是：①改革科技体制，解决科研与生产脱节问题，使科技与经济、科技与金融紧密结合，建立完善的技术创新机制，使科技真正成为国民经济中的有机组成部分。②改革金融体制，大力发展新的筹资、融资和投资方式，如风险投资、投资基金等。并发展和完善证券市场。③改革教育体制，努力造就大量既懂技术，又懂经济，又懂管理的复合型人才。④改革落后的人事管理制度，建立社会保障体系，形成有利于人才流动的新体制等。

搞经济建设，需要有良好的营商环境，发展高技术产业也如此。这就要求政府用行政的、经济的、法律的和舆论的手段，千方百计创造良好的环境，如抑制通货膨胀、制定优惠政策、完善开发区政策、保护知识产权、搞好社会治安、培养人们的创新精神与合作精神等。

第二，制定得利规划，采取有利措施。

主要指慎重地选择发展重点、集中有限的人力、物力和财力，明确近期和长期发展目标，并制定相应的政策措施，如科技政策、产业政策等；从产业化阶段来看，重点应放在创新和扩散阶段；从产业化领域来看，重点应放在生物工程，微电子、新材料、新能源等技术领域；从产业化地区来看，主要选择环境较好的地区实现产业化，如深圳、上海、北京、广州、苏州等；从产业化模式来看，主要采用引进与自主开发相结合的方式，"引进"不只是引进技术，而且要引进人才、管理和资本；从技术创业主体来看，R&D 阶段和创新阶段，以科研单位、高校及企业为依托的高技术创业企业都可以搞，但在产业化后期，应以大中型企业为核心，组建技术创业集团，实现大规模生产和经营；无论在哪一个阶段或环节，都应鼓励合作、合资等；从市场来看，主要是面向国内市场，重点是改造传统产业，促进产业结构高级化。

14.3.4 研究总结

研究技术创业风险分析问题，涉及范围极广，它不仅与技术创业有关，而且与风险分析有关，因而要求研究人员具有多方面的知识，如产业经济学、创新经济学、科学学、技术经济学、技术哲学、系统科学、逻辑学以及相关的数学知识（如概率论、模糊数学、可靠性数学、布尔代数、图论等）等；并且技术创业问题和风险分析问题也是新的研究领域，在国内研究的历史很短。虽然我们近年来主要从事这方面的研究工作，但仍觉知识有限，影响了研究深度。限于我们的水平和客观条件（如时间、数据，资料等），我们仅就技术创业风险分析的基本理论和基本方法进行了研究，并在此基础上分析了技术创业的风险性，最后用案例验证了我们提出的分析和评价方法。实际上，我们的研究只是在技术创业风险研究领域开了头，不仅技术创业风险分析的理论和方法有待进一步发展和完善，而且有很多的领域等待我们去研究，与技术创业风险相关的领域是技术创业风险防范、技术创业风险决策及技术创业风险投资等。

技术创业能否顺利进行关系到国家的未来。"双创"发展战略已是既定国策。技术创业之每一环节，均系为了创造一个更美好的明天，但人们不要忘记，技术创业伴随高风险，科学地分析、评价，并防范这种风险性，是我们的明智选择。

参考文献

［1］ A. R. Hale. Risk and decisions ［M］. New York：John Wiley & Sons，1987.

［2］ A. W. Deshpande，R. S. Olaniya，Integration of risk assessment with reliability concept：A case study of a paper mill ［J］. Risk Analysis，1991（3）.

［3］ Acs Z J，Armington C. New firm survival and human capital ［J］. Entrepreneurship. Growth and Public Policy，2004，14（6）.

［4］ Adamic L A. The small world web ［J］. Lecture Notes in Computer Science，2001（3）.

［5］ Ahuja G，Soda G，Zaheer A. The genesis and dynamics of organizational networks ［J］. Organization Science，2012，23（2）.

［6］ Alonso-Borrego C，Forcadell F J. Related diversification and R&D intensity dynamics ［J］. Research Policy，2010，39（4）.

［7］ Amason A C. Distinguishing the effects of functional and dysfunctional conflict on strategic decision making：resolving a paradox for top management teams ［J］. Academy of Management Journal，1996，39（1）.

［8］ Antoncic B，Prodan I. Alliances，corporate technological entrepreneurship and firm performance：testing a model on manufacturing firms ［J］. Technovation，2008，28（5）.

［9］ Ariu A，Mion G. Service trade and occupational tasks：An empirical investigation ［J］. The World Economy，2016，40（9）.

［10］ Ariu A. Crisis-proof services：Why trade in services did not suffer during the 2008-2009 collapse ［J］. Journal of International Economics，2016，98.

［11］ Audretsch D B，Keilbach M. Entrepreneurship capital and regional growth ［J］. The Annals of Regional Science，2005，39（3）.

［12］ B. Fischoff and P. Slovie，Fault Tres：Sensitivity of estimated failure probabilities to problem representating [J] . Journal of Experimental Paychology, 1978, 4 (2) .

[13] Barney J B. Is the resource-based "view" a useful perspective for strategic management research? yes [J] . Academy of Management Review, 2001, 26 (1) .

[14] Barney J. Firm resources and sustained competitive advantage [J] . Journal of Management, 1991, 17 (1) .

[15] Basole R, Bellamy M, Park H, et al. Computational analysis and visualization of global supply network risks [J] . IEEE Transactions on Industrial Informatics, 2016, 12 (3) .

[16] Batjargal B. Social capital and entrepreneurial performance in Russia: A longitudinal study [J] . Organization Studies. 2003, 24 (4) .

[17] Belderbos R, Carree M, Lokshin B. Cooperative R&D and firm performance [J] . Research Policy, 2004, 33 (10) .

[18] Benner M J, Tushman M. Process management and technological innovation [J] . Administrative Science Quarterly, 2002, 47 (4) .

[19] Bernardin H J, Beatty R W. Performance appraisal: Assessing human behavior at work [J] . Kent Human Resource Management, 1984 (2) .

[20] Bian Y, Huang X, Zhang L. Information and favoritism: The network effect on wage income in China [J] . Social Networks, 2015 (40) .

[21] Bierly P, Chakrabarti A. Generic knowledge strategies in the U. S. pharmaceutical industry [J] . Strategic Management Journal, 1996, 17 (2) .

[22] Biggadike R. The risky business of diversification [M] . London: Macmillan Education, 1989.

[23] Birley S. The role of networks in the entrepreneurial process [J] . Journal of Business Venturing, 1985, 1 (1) .

[24] Blau J R, Mckinley W. Ideas, complexity, and innovation [J]. Administrative Science Quarterly, 1979, 24 (2) .

[25] Blumenberg S, Wagner H T, Beimborn D. Knowledge transfer processes in IT outsourcing relationships and their impact on shared knowledge and outsourcing performance [J] . International Journal of Information Management, 2009, 29 (5) .

[26] Booltink L W A, Saka-Helmhout A. The effects of R&D intensity and internationalization on the performance of non-high-tech SMEs [J] . International Small Business Journal, 2017, 36 (1) .

[27] Brian C. Twiss. Managing technological innovation [M] . London & New York: Longman, 1980.

［28］Brunswicker S，Vanhaverbeke W. Open innovation in small and medium-sized enterprises（SMEs）：External knowledge sourcing strategies and internal organizational facilitators［J］. Journal of Small Business Management，2015，53（4）.

［29］Brush C G，Edelman L F，Manolova T S. The effects of initial location，aspirations，and resources on likelihood of first sale in nascent firms［J］. Journal of Small Business Management，2008，46（2）.

［30］Burt R S. Structural holes：The social structure of competition［M］. Cambridge：Harvard University Press，1992.

［31］C. B. Chapman，Dale F. Cooper，Risk analysis for large projects（models，methods and cases）［M］. New York：John Wiley & Sons，1987.

［32］Capaldo A. Network structure and innovation：The leveraging of a dual network as a distinctive relational capability［J］. Strategic Management Journal，2007，28（6）.

［33］Carpenter M A，Li M，Jiang H. Social network research in organizational contexts：A systematic review of methodological issues and choices［J］. Journal of Management，2012，38（4）.

［34］Carter E S. What are the risks of risk analysis［J］. Harvard Business Review，1972（2）.

［35］Chan L K C，Lakonishok J，Sougiannis T. The stock market valuation of research and development expenditures［J］. The Journal of Finance，2001，56（6）.

［36］Chan S H，Martin J D，Kensinger J W. Corporate research and development expenditures and share value［J］. Journal of Financial Economics，1990，26（2）.

［37］Chatman J A，Flynn F J. Full-cycle micro-organizational behavior research［J］. Organization Science，2005，16（4）.

［38］Chen C N，Tzeng L C，Ou W M. The relationship among social capital，entrepreneurial orientation，organizational resources and entrepreneurial performance for new ventures［J］. Contemporary Management Research，2007，3（3）.

［39］Chen T C，Wu Y J. The influence of R&D intensity on financial performance：The mediating role of human capital in the semiconductor industry in Taiwan［J］. Sustainability，2020，12（12）.

［40］Chesbrough H W. The new imperative for creating and profiting from technology［M］. Boston：Harvard Business School Press，2003.

［41］Chesbrough H，Vanhaverbeke W，West J. Open innovation：Researching a new paradigm［M］. Oxford：Oxford University Press，2006.

［42］ Christensen C M, Raynor M E, Anthony S D. Six keys to building new markets by unleashing disruptive innovation ［M］. Boston: Harvard Business Review, 2003.

［43］ Christopher Freeman: The economics of industrial innovation ［M］. London: France Printer, 1982.

［44］ Chuluun T, Prevost A, Puthenpurackal J. Board ties and the cost of corporate debt ［J］. Financial Management, 2014, 43 (3) .

［45］ Cloodt M. Trends and patterns in inter-firm R&D networks in the global computer industry: A historical analysis of major developments during the period 1970-1999 ［J］. Business History Review, 2006, 80 (3) .

［46］ Cohen W M, Levinthal D A. Absorptive capacity: A new perspective on learning and innovation ［J］. Administrative Science Quarterly, 1990, 35 (1) .

［47］ Cohen W M, Levinthal D A. Innovation and learning: Two faces of R&D ［J］. The Economic Journal, 1989, 99 (397) .

［48］ Coleman J S. Social capital in the creation of human capital ［J］. American Journal of Sociology, 1988 (94) .

［49］ Contractor N S, Wasserman S, Faust K. Testing multi-theoretical, multi-level hypotheses about organizational network: An analytic framework and empirical example ［J］. Academy of Management Review, 2006, 31 (3) .

［50］ Correani L, Garofalo G, Pugliesi S. R&D cooperation in regular networks with endogenous absorptive capacity ［J］. Review of Network Economics, 2014, 13 (2) .

［51］ Corsaro D, Cantu C, Tunisini A. Actors' heterogeneity in innovation networks ［J］. Industrial Marketing Management, 2012, 41 (5) .

［52］ Covin J G, Slevin D P. A response to Zahra's critique and extension of the Covin & Slevin's entrepreneurship model ［J］. Entrepreneurship Theory and Practice, 1993, 17 (4) .

［53］ Covin J G, Slevin D P. New venture strategic posture, structure, and performance: An industry life cycle analysis ［J］. Journal of Business Venturing, 1990, 5 (2) .

［54］ Cui V, Yang H, Vertinsky I. Attacking your partners: Strategic alliances and competition between partners in product markets ［J］. Strategic Management Journal, 2018, 39 (12) .

［55］ Czamitzki D. The relationship between R&D collaboration, subsidies and R&D performance: Empirical evidence from Finland and Germany ［J］. Journal of

Applied Econometrics, 2007 (22).

[56] Czarnitzki D, Hussinger K. The link between R&D subsidies, R&D spending and technological performance [J]. Social Science Electronic Publishing, 2004 (4-56).

[57] D. B. Hertz. Risk analysis in capital investment [J]. Harvard Business Review, 1979 (9).

[58] Daft R L. A dual-core model of organizational innovation [J]. Academy of Management Journal, 1978, 21 (2).

[59] Dahlin E. A network perspective of organizational innovation [J]. Sociological Inquiry, 2019, 89 (1).

[60] Damanpour F, Aravind D. Managerial innovation: Conceptions, processes, and antecedents [J]. Management & Organization Review, 2012, 8 (2).

[61] Damanpour F. Organizational innovation: A meta-analysis of effects of determinants and moderators [J]. Academy of Management Journal, 1991, 34 (3).

[62] Das T K, Teng B S. A resource-based theory of strategic alliances [J]. Journal of Management, 2000, 26 (1).

[63] Davern M. Social networks and economic sociology [J]. American Journal of Economics and Sociology, 1997, 56 (3).

[64] David Ford and Chris Ryan, Taking Technology to market. Havard Business Review, 1981. March-April.

[65] Davis J A. Competitive success: How branding adds value [M]. New York: Wiley, 2009.

[66] De Jong J P J, Freel M. Absorptive capacity and the reach of collaboration in high technology small firms [J]. Research Policy, 2010, 39 (1).

[67] Deeds D L. The role of R&D intensity, technical development and absorptive capacity in creating entrepreneurial wealth in high technology start-ups [J]. Journal of Engineering and Technology Management, 2001, 18 (1).

[68] Delacroix J, Swaminathan A. Cosmetic, speculative, and adaptive organizational change in the wine industry: A longitudinal study [J]. Administrative Science Quarterly, 1991, 36 (4).

[69] Del-Corte-Lora V, Vallet-Bellmunt T M, Molina-Morales F X. How network position interacts with the relation between creativity and innovation in clustered firms [J]. European Planning Studies, 2017, 25 (4).

[70] Dess G G, Beard D W. Dimensions of organizational task environments

［J］. Administrative Science Quarterly, 1984, 29 (1).

［71］ Dewar R D, Dutton J E. The adoption of radical and incremental innovations: an empirical analysis ［J］. Management Science, 1986, 32 (11): 1422-1433.

［72］ Dyer J H, Singh H. The relational view: Cooperative strategy and sources of inter-organizational competitive advantage ［J］. Academy of Management Review, 1998, 23 (4).

［73］ Edwin Mansfield. R&D and innovation: Some empirical findings ［M］. Chicago: University of Chicago Press, 1984.

［74］ Eisenhardt K M, Graebner M E, Sonenshein S. Grand challenges and inductive methods: Rigor without rigor mortis ［J］. Academy of Management Journal, 2016, 59 (4).

［75］ Eisenhardt K M, Schoonhoven C B. Resource-based view of strategic alliance formation: Strategic and social effects in entrepreneurial firms ［J］. Organization Science, 1996, 7 (2).

［76］ Eisenhardt K M. Building theories from case study research ［J］. Academy of Management Review, 1989, 14 (4).

［77］ Eitan M A, Renana P. C. The effect of social networks structure on innovation performance: A review and directions for research ［J］. International Journal of Research in Marketing, 2019, 36 (1).

［78］ Elfring T, Hulsink W. Networks in entrepreneurship: The case of high-technology firms ［J］. Small Business Economics, 2003, 21 (4).

［79］ Engelbert Dockner and Steffen Jorgensen. Optimal advertising policies for diffusion models of new product innovation in monopolistic situations ［J］. Management Science, 1988, 34 (1).

［80］ Ensley M D, Pearce C L, Hmieleski K M. The moderating effect of environmental dynamism on the relationship between entrepreneur leadership behavior and new venture performance ［J］. Journal of Business Venturing, 2006, 21 (2).

［81］ Ernest J. Henley. Reliability engineering and risk assessment ［M］. Englewood: Prentice-Hall, 1981.

［82］ Fang S C, Wang M C, Chen P C. The influence of knowledge networks on a firm's innovative performance ［J］. Journal of Management and Organization, 2017, 23 (1).

［83］ Fang Y, Francis B B, Hasan I. More than connectedness-heterogeneity of CEO social network and firm value ［J］. Ssrn Electronic Journal, 2012 (8).

［84］Ferrier W J. Navigating the competitive landscape: The drivers and conse-quences of competitive aggressiveness ［J］. Academy of Management Journal, 2001, 44 (4).

［85］Figueiredo P N. Does technological learning pay off? Inter-firm differences in technological capability-accumulation paths and operational performance improvement ［J］. Research Policy, 2002 31 (1).

［86］Fleming L, Mingo S, Chen D. Collaborative brokerage, generative creativi-ty, and creative success ［J］. Administrative Science Quarterly, 2007, 52 (3).

［87］Floyd S W, Wooldridge B. Managing strategic consensus: the foundation of effective implementation ［J］. Academy of Management Perspectives, 1992, 6 (4).

［88］Floyd S, Jacobson V. Link-sharing and resource management models for packet networks ［J］. IEEE/ACM Transactions on Networking, 1995, 3 (4).

［89］Folta T B. Governance and uncertainty: The trade-off between administra-tive control and commitment ［J］. Strategic Management Journal, 1998, 19 (11).

［90］Fortner M L. Entrepreneurs and their social networks: Motivations, expec-tations and outcomes ［D］. Washington: The George Washington University, 2006.

［91］Fran J A. The coordination of complex product systems projects: a case study of an R&D multi-party alliance ［J］. International Journal of Innovation Manage-ment, 2019, 23 (3).

［92］Friedrich T L, Griffith J A, Mumford M D. Collective leadership behaviors: Evaluating the leader, team network, and problem situation characteristics that influ-ence their use ［J］. The Leadership Quarterly, 2016, 27 (2).

［93］Ganguly A, Talukdar A, Chatterjee D. Evaluating the role of social capital, tacit knowledge sharing, knowledge quality and reciprocity in determining innovation ca-pability of an organization ［J］. Journal of Knowledge Management, 2019, 23 (6).

［94］Gawer A, Cusumano M A. Industry platforms and ecosystem innovation ［J］. Journal of Product Innovation Management, 2014, 31 (3).

［95］Ge B, Hisrich R D, Dong B. Networking, resource acquisition, and the performance of small and medium-sized enterprises: An empirical study of three major cities in China ［J］. Managing Global Transitions: International Research Journal, 2009, 7 (3).

［96］Ge J, Sun H, Chen Y. Technology entrepreneurship of large state-owned firms in emerging economies ［J］. Journal of Global Information Management, 2020, 28 (4).

［97］ Ge J, Wang F, Sun H. Research on the maturity of big data management capability of intelligent manufacturing enterprise ［J］. Systems Research and Behavioral Science, 2020, 37 (4).

［98］ Giovannetti E, Piga C A. The contrasting effects of active and passive cooperation on innovation and productivity: Evidence from British local innovation networks ［J］. International Journal of Production Economics, 2017, 187 (2).

［99］ Giuliani E, Bell M. The micro-determinants of mesolevel learning and innovation: Evidence from a Chilean wine cluster ［J］. Research Policy, 2005, 34 (1).

［100］ Gnyawali D R, Madhavan R. Cooperative networks and competitive dynamics: A structural embeddedness perspective ［J］. Academy of Management Review, 2001, 26 (3).

［101］ González-Pernía J, Peña-Legazkue I. Export-oriented entrepreneurship and regional economic growth ［J］. Small Business Economics, 2015, 45 (3).

［102］ Granovetter M S. The strength of weak ties ［J］. American Journal of Sociology, 1973, 78 (6).

［103］ Granovetter M. Economic action and social structure: The problem of embeddedness ［J］. American Journal of Sociology, 1985, 91 (3).

［104］ Grant R M. The resource-based theory of competitive advantage: Implications for strategy formulation ［J］. California Management Review, 1991, 33 (3).

［105］ Gregory B. Murphy. measuring performance in entrepreneurship research ［J］. Journal of Business Research, 1996, 36 (1).

［106］ Grigoriou K, Rothaermel F T. Organizing for knowledge generation: Internal knowledge networks and the contingent effect of external knowledge sourcing ［J］. Strategic Management Journal, 2017, 38 (2).

［107］ Griliches Z, Hausman J A. Errors in variables in panel data ［J］. Journal of Econometrics, 1984, 31 (1).

［108］ Nations T U. Guidelines for project evaluation ［J］. Project Formulation & Evaluation, 1972 (2).

［109］ Gulati R, Gargiulo M. Where do inter organizational networks come from? ［J］. American Journal of Sociology, 1999, 104 (5).

［110］ Gulati R. Network location and learning: The influence of network resources and firm capabilities on alliance formation ［J］. Strategic Management Journal, 1999, 20 (5).

［111］ Guo Z, Zhang J, Gao L. It is not a panacea! The conditional effect of bricolage in SME opportunity exploitation [J] . R & D Management, 2018, 48 (5) .

[112] Guth W D, Macmillan I C. Strategy implementation versus middle management self-interest [J] . Strategic Management Journal, 1986, 7 (4) .

[113] Hagedoom J, Cloodt M. Measuring innovative performance: Is there an advantage in using multiple indicators? [J] . Research Policy, 2003, 32 (8) .

[114] Hambrick D C, Cho T, Chen J M. The influence of top management team heterogeneity on firms' competitive moves [J] . Administrative Science Quarterly, 1996, 41 (4) .

[115] Hamel G. Competition for competence and interpartner learning within international strategic alliances [J] . Strategic Management Journal, 1991, 12 (S1) .

[116] Hamel. The why, what, and how of management innovation – response [J] . Harvard Business Review, 2006, 84 (6) .

[117] Hansen M T, Mors M L, Lovas B. Knowledge sharing in organizations: Multiple networks, multiple phases [J] . Academy of Management Journal, 2005, 48 (5) .

[118] Hansen M T. The search-transfer problem: The role of weak ties in sharing knowledge across organization subunits [J] . Administrative Science Quarterly, 1999, 44 (1) .

[119] Hao J, Li C, Yuan R. The influence of the knowledge – based network structure hole on enterprise innovation performance: The threshold effect of R & D investment intensity [J] . Sustainability, 2020, 12 (15) .

[120] Hirshleifer D. Managerial reputation and corporate investment decisions [J] . Financial Management, 1993, 22 (2) .

[121] Hmieleski K M, MD Ensley. A contextual examination of new venture performance: Entrepreneur leadership behavior, top management team [J] . Journal of Organizational Behavior, 2007, 28 (7) .

[122] Hoskisson R E, Eden L, Lau C M, et al. Strategy in emerging economies [J] . Academy of Management Journal, 2000, 43 (3) .

[123] Hossain L, Zhu D. Social networks and coordination performance of distributed software development teams [J] . The Journal of High Technology Management Research, 2009, 20 (1) .

[124] Hu A G, Jefferson G H, Jinchang Q. R&D and technology transfer: Firm-level evidence from Chinese industry [J] . Review of Economics and Statistics, 2005, 87 (4) .

[125] Hull R. Book review: Wellsprings of knowledge: Building and sustaining

the sources of innovation ［M］. Boston: Harvard Business School Press, 1995.

［126］ Ikeuchi K, Okamuro H. R&D, innovation, and business performance of Japanese start-ups ［J］. Institute of Science, Technology and Academic Policy, 2013 (2).

［127］ Jack. R. LoH Mann, The IRR. NPV and payback period and their relative performance in common capital budgeting decision procedures for dealing with Risk ［J］. The Engineering Economist, 1993, 39 (1).

［128］ Janhonen M, Johanson J E. Role of knowledge conversion and social networks in team performance ［J］. International Journal of Information Management, 2011, 31 (3).

［129］ Janney J J, Folta T B. Moderating effects of investor experience on the signaling value of private equity placements ［J］. Journal of Business Venturing, 2006, 21 (1).

［130］ Jansen J J, Van Den Bosch F A, Volberda H W. Exploratory innovation, exploitative innovation, and performance: Effects of organizational antecedents and environmental moderators ［J］. Management Science, 2006, 52 (11).

［131］ Jarallah S M, Kanazaki Y. Income shifting, ownership, and R&D density of Japanese multinationals ［J］. International Journal of Asian Social Science, 2012, 2 (5).

［132］ Jenssen J I, Koenig H F. The effect of social networks on resource access and business start-ups ［J］. European Planning Studies, 2002, 10 (8).

［133］ Jin L, Madison K, Kraiczy N D. Entrepreneurial team composition characteristics and new venture performance: A meta-analysis ［J］. Entrepreneurship Theory and Practice, 2017, 41 (5).

［134］ Johannison B. Business formation: A network approach ［J］. Scandinavian Journal of Management, 1988, 4 (3).

［135］ John H. Dumbleton, Management of high-technology R&D ［M］. Amsterdam: Elsevier Publishing, 1986.

［136］ John W. Mamer and Kevin F. Mcardle: Uncertainty, competition, and the adoption of new technology ［J］. Management Science, 1987, 33 (2).

［137］ K. C. Mosler, Increasing multivatate risk: Some definitions, lecture notes in economics and mathematical system ［J］. Springer-Verlag Berlin Heidelberg, 1984, 227 (2).

［138］ Kato M, Okamuro H, Honjo Y. Does founders' human capital matter for innovation? Evidence from Japanese start-ups ［J］. Journal of Small Business Management, 2015, 53 (1) .

［139］Katz M L, Shapiro C. Network externality, competition and compatibility ［J］. American Economic Review, 1985, 75 (3) .

［140］Katz M, Walker N A, Hindman L C. Gendered leadership networks in the NCAA: Analyzing affiliation networks of senior woman administrators and athletic directors ［J］. Journal of Sport Management, 2018, 32 (2) .

［141］Kececioglu D. Maintainability engineering ［D］. Tucson: University of Arizona, 1982.

［142］Kellermanns F W, Floyd S. Strategic consensus and constructive confrontation: Unifying forces in the resource accumulation process ［M］//Floyd S, Ross J, Jacobs C. Innovating Strategy Process. Oxford: Blackwell Publishing, 2005.

［143］Kellermanns F W, Walter J, Floyd S W. To agree or not to agree? A meta-analytical review of strategic consensus and organizational performance ［J］. Journal of Business Research, 2011, 64 (2) .

［144］Kenis P, Knoke D. How organizational field networks shape interorganizational tie-formation rates ［J］. Academy of Management Review, 2002, 27 (2) .

［145］Kereri J O, Harper C M. Social networks and construction teams: Literature review ［J］. Journal of Construction Engineering and Management, 2019, 145 (4) .

［146］Khan Z, Lew Y K, Sinkovics R R. International joint ventures as boundary spanners: Technological knowledge transfer in an emerging economy ［J］. Global Strategy Journal, 2015, 5 (1) .

［147］Kilduff M. The interpersonal structure of decision making: A social comparison approach to organizational choice ［J］. Organizational Behavior and Human Decision Processes, 1990, 47 (2) .

［148］Kim D Y. Understanding supplier structural embeddedness: A social network perspective ［J］. Journal of Operations Management, 2014, 32 (5) .

［149］Kirzner I M. Entrepreneurial discovery and the competitive market process: An Austrian approach ［J］. Journal of Economic Literature, 1997, 35 (1) .

［150］Klapper L, Amit R, Guillen M F. Entrepreneurship and firm formation across countries ［R］. World Bank Policy Research Working Paper, 2007.

［151］Knight K E. A descriptive model of the intra-firm innovation process ［J］. The Journal of Business, 1967, 40 (4) .

［152］Knoke D, Kuklinski J H. Network analysis ［M］. California: Beverly Hills, 1982.

［153］Kogut B，Zander U. Knowledge of the firm，combinative capabilities，and the replication of technology ［J］. Organization Science，1992，3（3）.

［154］Kondo M. R&D dynamics of creating patents in the Japanese industry ［J］. Research Policy，1999，28（6）.

［155］Kraatz M S. Learning by association? Interorganizational network and adaptation to environmental change ［J］. The Academy of Management Journal，1998，41（6）.

［156］Kumaraswamy A，Mudambi R，Saranga H. Catch-up strategies in the Indian auto components industry：Domestic firms' responses to market liberalization ［J］. Journal of International Business Studies，2012，43（4）.

［157］L. Y. Pouliquen，Risk analysis in project appraisa ［M］. Baltimore：The Johns Hopkins University Press，1970.

［158］Lavie D. The competitive advantage of interconnected firms：An extension of the resource-based view ［J］. Academy of Management Review，2006，31（3）.

［159］Leon Shashua. Break-even analysis under inflation ［J］. The Engineering Economist，1987，32（2）.

［160］Leonard-Barton D. Implementation characteristics of organizational innovations：Limits and opportunities for management strategies ［J］. Communication Research，1988，15（5）.

［161］Lepak D P，Takeuchi R，Snell S A. Employment flexibility and firm performance：Examining the interaction effects of employment mode，environmental dynamism，and technological intensity ［J］. Journal of Management，2003，29（5）.

［162］Leung A，Wong P K，Foo M D. Effects of ownership structure on new venture team recruitment and team characteristics（summary）［J］. Frontiers of Entrepreneurship Research，2006，26（14）.

［163］Leyden D P，Link A N. Toward a theory of the entrepreneurial process ［J］. Small Business Economics，2015，44（3）.

［164］Li H，Atuahene-Gima K. Product innovation strategy and the performance of new technology ventures in China ［J］. Academy of Management Journal，2001，44（6）.

［165］Louis H. J. Goossens. Risk prevention and policy-making in automatic systems ［J］. Risk Analysis，1991，11（2）.

［166］Love J H，Roper S，Vahter P. Learning from openness：The dynamics of breadth in external innovation linkages ［J］. Strategic Management Journal，

2014, 35 (11).

[167] Lovelace K, Shapiro D L, Weingart L R. Maximizing cross-functional new product teams' innovativeness and constraint adherence: A conflict communications perspective [J]. Academy of Management Journal, 2001, 44 (4).

[168] Lv B, Qi X. Research on partner combination selection of the supply chain collaborative product innovation based on product innovative resources [J]. Computers & Industrial Engineering, 2019, 128 (3).

[169] Mansfield E. Academic research and industrial innovation: An update of empirical findings [J]. Research Policy, 1998, 26 (7).

[170] March J G. Exploration and exploitation in organizational learning [J]. Organization Science, 1991, 2 (1).

[171] Mcevily B, Marcus A. Embedded ties and the acquisition of competitive capabilities [J]. Strategic Management Journal, 2005, 26 (11).

[172] McEvily B, Zaheer A. Bridging ties: A source of firm heterogeneity in competitive capabilities [J]. Strategic Management Journal, 1999, 20 (12).

[173] Medcof J W, Lee T. The effects of the chief technology officer and firm and industry R&D intensity on organizational performance [J]. R&D Management, 2017, 47 (5).

[174] Milanov H, Fernhaber S A. The impact of early imprinting on the evolution of new venture networks [J]. Journal of Business Venturing, 2009, 24 (1).

[175] Miles M B, Huberman M A, Saldana J. Qualitative data analysis: A methods sourcebook [M]. Los Angeles: SAGE Publications, 2014.

[176] Mora-Cantallops M, Sánchez-Alonso S, Visvizi A. The influence of external political events on social networks: The case of the Brexit Twitter Network [J]. Journal of Ambient Intelligence and Humanized Computing, 2019 (2).

[177] Mukherjee A, Choudhury M, Peruani F. Dynamics on and of complex networks. Volume 2. applications to time-varying dynamical systems [J]. Modeling & Simulation in Science Engineering & Technology, 2016 (1).

[178] Myers M B, Cheung M S. Sharing global supply chain knowledge [J]. MIT Sloan Management Review, 2008, 49 (4).

[179] Nahapiet J, Ghoshal S. Social capital, intellectual capital, and the organizational advantage [J]. Academy of Management Review, 1998, 23 (2).

[180] Najafi-Tavani S, Najafi-Tavani Z, Naude P. How collaborative innovation networks affect new product performance: Product innovation capability, process

innovation capability, and absorptive capacity [J]. Industrial Marketing Management, 2018, 73 (2).

[181] Napovitano Givanni, Industrial research and sources of innovation: A cross-industry analysis of Italian manufacturing firms. Research Policy, 1991, 20 (2).

[182] Nelson R R. An evolutionary theory of economic change [M]. Cambridge, MA: Belknap press, 1982.

[183] Nelson, Richard R.. High-technology policies: A five-nation comparison [J]. American Enterprise Institute, 1984 (2).

[184] Nonaka I. A dynamic theory of organizational knowledge creation [J]. Organization Science, 1994, 5 (1).

[185] Nyuur R B, Brecic R, Debrah Y A. SME international innovation and strategic adaptiveness [J]. International Marketing Review, 2018, 35 (2).

[186] Ojasalo J, Ojasalo K. Lean service innovation [J]. Service Science, 2018, 10 (1).

[187] OECD. The knowledge-based economy [R]. Paris: Organization for Economic Co-operation and Development, 1996.

[188] Osborn R N, Baughn C C. Forms of interorganizational governance for multinational alliances [J]. Academy of Management Journal, 1990, 33 (3).

[189] P. Jervis. Innovation in eletron-optical instruments-two British case histories [J]. Research Policy, 1971, 72 (1).

[190] Peng H J. Laborers with new-type wages and the social developments of contemporary China [J]. Theory & Practice of Trade Unions, 2005 (4).

[191] Penrose E T. The theory of the growth of the firm [M]. New York: John Wiley, 1959.

[192] Perkins G. Exploring the mechanisms through which strong ties impact upon the development of ideas in SME contexts [J]. Journal of Small Business Management, 2019, 57 (4).

[193] Phelps C C. A Longitudinal study of the influence of alliance network structure and composition on firm exploratory innovation [J]. Academy of Management Journal, 2010, 53 (4).

[194] Porter M E. Technology and competitive advantage [J]. Journal of Business Strategy, 1985, 5 (3).

[195] Porter, Alan L., A guide book for technology assessment and impact analysis [M]. Amsterdam: Elservier North Holland Inc., 1980.

[196] Powell W W, Koput K W, Smith-Doerr L. Interorganizational collaboration and the locus of innovation: Networks of learning in biotechnology [J]. Administrative Science Quarterly, 1996, 41 (1).

[197] Premaratne S P. Networks, resources and small business growth: The experience in Sri Lanka [J]. Journal of Small Business Management, 2001, 39 (4).

[198] Priem R L, Butler J E. Tautology in the resource-based view and the implications of externally determined resource value: Further comments [J]. Academy of Management Review, 2001, 26 (1).

[199] Quinn J B. The intelligent enterprise: A new paradigm [M]. Academy of Management Executive, 1992, 6 (4).

[200] R. B. Worrell, A. Sets user's manual for the fault tree analyst [Z]. New Mexico, 1978.

[201] R. E. Megill, Risk Analysis [M]. New York: Petroleum Publishing Company, 1977.

[202] Randhawa, S. U. and T. M. West. Uncertainty modeling in CIM investment analysis [J]. CIM Review, 1989, 6 (1).

[203] Rindfleisch A, Moonman C. The acquisition and utilization of information in new product alliances: A strength-of-ties perspective [J]. National Marketing Review, 2001, 65 (2).

[204] Rodrigo-Alarcón J, García-Villaverde P M, Ruiz-Ortega M J. From social capital to entrepreneurial orientation: the mediating role of dynamic capabilities [J]. European Management Journal, 2017, 36 (2).

[205] Rogers M. Networks, firm size and innovation [J]. Small Business Economics, 2004, 22 (2).

[206] Roman, Daniel D, Science. Technology and innovation [M]. Clumbus, Ohio: Gried Publishing Co. , 1980.

[207] Romeo J. Playing with design in today's digital sandbox [J]. Desktop Engineering, 2018, 23 (8).

[208] Ronald L. Iman and Jon C. Helton, The repeatability of uncertainty and sensitivity analysis for complex probabilistic risk assessments [J]. Risk Analysis, 1991, 11 (4).

[209] Rosenberg N, Nathan R. Inside the black box: Technology and economics [M]. Cambridge: Cambridge University Press, 1982.

[210] Rowland T. Moriarty Thomas J. Kosnik, High-tech marketing: Concepts,

continuity, and change [J] . Management Review, 1989 (7) .

[211] Rowley T J. Moving beyond dyadic ties: A network theory of stakeholder influences [J] . Academy of Management Review, 1997, 22 (4) .

[212] Roy R, Cohen S K. Disruption in the US machine tool industry: The role of in-house users and pre-disruption component experience in firm response [J]. Research Policy, 2015, 44 (8) .

[213] S. Ramani and H. F. Finlay, Some models for analysis of hazards and justification [J] . Risk Analysis, 1991, 11 (3) .

[214] Saaty, T. L. The analytic hierarchy process [M] . New York: McGraw-Hill Company, 1980.

[215] Sandefur R L, Laumann E O. A paradigm for social capital [J]. Rationality and Society, 1998, 10 (4) .

[216] Sarfraz M, Shah S, Ivascu L. Explicating the impact of hierarchical CEO succession on small-medium enterprises' performance and cash holdings [J]. International Journal of Finance & Economics, 2020 (2) .

[217] Schultz T W. Investment in human capital [J] . The American Economic Review, 1961, 51 (1) .

[218] Schumpeter J A. The fundamental phenomenon of economic development [M] . Palo Alto: Stanford University Press, 1912.

[219] Schumpeter J A. The theory of economic development [M] . Cambridge, MA: Harvard University Press, 1934.

[220] Sharifm N. Basis for tech-economic policy analysis [J] . Science and Public Policy, 1988, 15 (4) .

[221] Sheila Jasanoff. Technological innovation in a corporatist state: the case of biotechnology in the federal republic of Germany [J] . Research Policy, 1985, 14 (2) .

[222] Siu W S, Bao Q. Network strategies of small Chinese high-technology firms: A qualitative study [J] . Journal of Product Innovation Management, 2008, 25 (1) .

[223] Srivastava M K, Gnyawali D R. When do relational resources matter? Leveraging portfolio technological resources for breakthrough innovation [J] . Academy of Management Journal, 2011, 54 (4) .

[224] Stam E, Wennberg K. The roles of R&D in new firm growth [J] . Small Business Economics, 2009, 33 (1) .

[225] Stam W, Elfring T. Entrepreneurial orientation and new venture performance: The moderating role of intra-and extraindustry social capital [J] . Academy of

Management Journal, 2008, 51 (1).

[226] Stinchcombe A. Organization-creating organizations [J]. Society, 1965, 2 (2).

[227] Stuart T, Sorenson O. The geography of opportunity: Spatial heterogeneity in founding rates and the performance of biotechnology firms [J]. Research Policy, 2003, 32 (2).

[228] Sudipto B, Kalyan C, Larrys. The Adoption of Innovations [J]. Sequential Research, 1987 (2).

[229] Sutanto J, Tan C-H, Battistini B, Phang C W. Emergent leadership in virtual collaboration settings: A social network analysis approach [J]. Long Range Plan, 2011, 44 (5).

[230] T. Modis and A. Debecker. Innovation in the computer industry [J]. Technological Forcasting and Social Change, 1988 (33).

[231] Tang Z, Kreiser P M, Marino L. Exploring proactiveness as a moderator in the process of perceiving industrial munificence: A field study of SMEs in four countries [J]. Journal of Small Business Management, 2010, 48 (2).

[232] Taylor D, Pandza K. Networking capability: The competitive advantage of small firms [M] //Jones O, Tilley F. Competitive Advantage in SMEs: Organizing for Innovation and Change. New York: Wiley, 2003.

[233] Teece D J, Pisano G, Shuen A. Dynamic capabilities and strategic management [J]. Strategic Management Journal, 1997, 18 (7).

[234] Tereshkina N E. Strategic consensus in implementing a regional strategy [J]. Economic Consultant, 2019, 28 (4).

[235] Tichy N M. Handbook of organizational design: Remodelling organizations and their environments [M]. Oxford: Oxford University Press, 1981.

[236] Tsai W, Ghoshal S. Social capital and value creation: The role of intrafirm networks [J]. Academy of Management Journal, 1998, 41 (4).

[237] Tsai W. Knowledge transfer in intraorganizational networks: Effects of network position and absorptive capacity on business unit innovation and performance [J]. Academy of Management Journal, 2001, 44 (5).

[238] Ucbasaran D, Westhead P, Wright M. The focus of entrepreneurial research: Contextual and process issues [J]. Entrepreneurship: Theory & Practice, 2001, 25 (4).

[239] Venkataraman S, Sarasvathy S D. Strategy and entrepreneurship: Outlines

of an untold story [J] . Handbook of Strategic Management, 2001 (2) .

[240] Venkataraman S. Regional transformation through technological entrepreneurship [J] . Journal of Business Venturing, 2004, 19 (1) .

[241] Venkatesh V, Shaw J D, Sykes T A. Networks, technology, and entrepreneurship: A field quasi-experiment among women in rural India [J] . The Academy of Management Journal, 2017, 60 (5) .

[242] Venkatraman N, Camillus J C. Exploring the concept of "Fit" in strategic management [J] . Academy of Management Review, 1984, 9 (3) .

[243] Verspagen B, Duysters G. The small worlds of strategic technology alliances [J] . Technovation, 2004, 24 (7) .

[244] Von Hippel E. Lead users: A source of novel product concepts [J]. Management Science, 1986, 32 (7) .

[245] Wagner. Common cause failure analysis for complex system [R] . Nuclear Systems Reliability Engineering and Risk Assessment, 1977.

[246] Walter J, Kellermanns F W, Floyd S W. Strategic alignment: A missing link in the relationship between strategic consensus and organizational performance [J]. Strategic Organization, 2013, 11 (3) .

[247] Wang H, Jie Z, Yuan L. Network centrality, organizational innovation, and performance: A meta-analysis: Centrality, innovation, and performance [J]. Canadian Journal of Administrative Sciences, 2015, 32 (3) .

[248] Wasserman S, Faust K. Social network analysis: Methods and applications [J] . Proceedings of the Institute for System Programming of RAS, 2014, 26 (1) .

[249] Wassmer U, Dussauge P. Value creation in alliance portfolios: The benefits and costs of network resource interdependencies [J] . European Management Review, 2011, 8 (1) .

[250] Watson W E, Kumar K, Michaelsen L K. Cultural diversity's impact on interaction process and perfor-mance: Comparing homogeneous and diverse task groups [J] . Academy of Management Journal, 1993, 36 (3) .

[251] Watts D J. Networks, dynamics, and the small-world phenomenon [J]. American Journal of Sociology, 1999, 105 (2) .

[252] Wellman B. Structural analysis: From method and metaphor to theory and substance [M] . Cambridge: Cambridge University Press, 1988.

[253] Wernerfelt B. A resourced based view of the firm [J] . Strategic Management Journal, 1984, 5 (2) .

［254］ Wernerfelt B. Consumers with differing reaction speeds, scale advantages and industry structure ［J］. European Economic Review, 1984, 24 (2).

［255］ Wiklund J. The sustainability of the entrepreneurial orientation–performance relationship ［J］. Entrepreneurial Theory and Practice, 1999, 24 (1).

［256］ Williams C, Ecker B. R&D subsidiary embedment: A resource dependence perspective ［J］. Critical Perspectives on International Business, 2009, 7 (4).

［257］ Williams D E. Retailer internationalization: An empirical inquiry ［J］. European Journal of Marketing, 1992, 26 (8).

［258］ Williams R G, Lilley M M. Partner selection for joint-venture agreements ［J］. International Journal of Project Management, 1993, 11 (4).

［259］ Williamson O E. The institutions of governance ［J］. The American Economic Review, 1998, 88 (2).

［260］ Wu L, Liu H, Zhang J. Bricolage effects on new–product development speed and creativity: The moderating role of technological turbulence ［J］. Journal of Business Research, 2017, 70 (1).

［261］ Xie X, Wang L, Zeng S. Inter-organizational knowledge acquisition and firms'radical innovation: A moderated mediation analysis ［J］. Journal of Business Research, 2018, 90 (2).

［262］ Yacov Y. Haimes, Total risk management ［J］. Risk Analysis, 1991, 11 (2).

［263］ Yang Z, Zhang W, Fei Y. Measuring topic network centrality for identifying technology and technological development in online communities ［J］. Technological Forecasting and Social Change, 2021, 167 (3).

［264］ Yin R K. Case study research designs and methods ［M］. 5th ed. Los Angeles: SAGE Publications, 2014.

［265］ Yuan Hong and George Apostolakis. Conditional influence diagrams in risk management ［J］. Risk Analysis, 1993, 13 (6).

［266］ Zaheer A, Mcevily B, Perrone V. Does trust matter? Exploring the effects of interorganizational and interpersonal trust on performance ［J］. Organization Science, 1998, 9 (2).

［267］ Zahra S A, Bogner W C. Technology strategy and software new ventures' performance ［J］. Journal of Business Venturing, 2000, 15 (2).

［268］ Zahra S A, George G. The net-enabled business innovation cycle and the e-volution of dynamic capabilities ［J］. Information Systems Research, 2002, 13 (2).

［269］Zane L J，Decarolis D M. Social networks and the acquisition of resources by technology−based new ventures［J］. Journal of Small Business & Entrepreneurship，2016，28（3）.

［270］Zhao L，Aram J D. Networking and growth of young technology−intensive ventures in China［J］. Journal of Business Venturing，1995，10（5）.

［271］Zhou J，George J M. When job dissatisfaction leads to creativity：Encouraging the expression of voice［J］. Academy of Management Journal，2001，44（4）.

［272］Zhu G L，Yi Z，Chen K H，et al. The impact of R&D intensity on firm performance in an emerging market：Evidence from China＇s electronics manufacturing firms［J］. Asian Journal of Technology Innovation，2017，25（1）.

［273］陈劲，宋保华. 首席创新官企业创新的领导者［J］. 企业管理，2016，（10）.

［274］苏昱霖，李晓丹，陈玉文，等. 中国高技术企业其规模与研发资金投入关系研究［J］. 科技管理研究，2017，37（16）.

［275］白林平. 高技术走向产业化机制的探讨［J］. 科学管理研究，1993（2）.

［276］蔡莉，单标安. 中国情境下的创业研究：回顾与展望［J］. 管理世界，2013（12）.

［277］蔡莉，葛宝山，等. 中国转型经济背景下企业创业机会与资源开发行为研究［M］. 北京：科学出版社，2019.

［278］蔡莉，杨亚倩，卢珊，等. 数字技术对创业活动影响研究回顾与展望［J］. 科学学研究，2019（10）.

［279］蔡莉. 高技术发展过程中和谐与突进规律的研究［D］. 长春：吉林工业大学，1990.

［280］蔡希贤，聂鸣，周宏章. 技术创新项目成败因素及其分析方法探讨［J］. 科学管理研究，1993（4）.

［281］蔡猷花，池香君. 网络嵌入，知识搜索与企业研发投入———一项基于模糊集的定性比较分析［J］. 科技管理研究，2019，39（20）.

［282］曹勇. 论日本高技术产业的发展模式与推进机制［J］. 科学学与科学技术管理，1994（4）.

［283］曾德明，尹恒，文金艳. 科学合作网络关系资本，邻近性与企业技术创新绩效［J］. 软科学，2020，34（3）.

［284］陈劲，陈钰芬. 开放创新体系与企业技术创新资源配置［J］. 科研管理，2006，27（3）.

［285］陈劲，阳银娟．协同创新的理论基础与内涵［J］．科学研究，2012，30（2）．

［286］陈劲，尹西明，梅亮．整合式创新：基于东方智慧的新兴创新范式［J］．技术经济，2018，36（12）．

［287］陈劲，郑刚．创新管理：赢得持续竞争优势［M］．北京：北京大学出版社，2016.

［288］陈劲．从技术引进到自主创新的学习模式［J］．科研管理，1994（3）．

［289］陈来成．发达国家生物技术产业化的经验分析［J］．国际技术经济研究，1993（2）．

［290］陈明哲．文化双融：执两用中的战略新思维［M］．北京：机械工业出版社，2021.

［291］陈晓萍，徐淑英，樊景立．组织与管理研究的实证方法［M］．北京：北京大学出版社，2012.

［292］陈心田．“关系人口”与“利社会组织行为”：军事后勤服务型组织的一项探索性研究［J］．人力资源管理学报，2003，3（3）．

［293］陈旭升，董和琴．知识共创，网络嵌入与突破性创新绩效研究——来自中国制造业的实证研究［J］．科技进步与对策，2016，33（22）．

［294］陈学光，徐金发．基于企业网络能力的创新网络研究［J］．技术经济，2007（3）．

［295］陈衍泰，何流，司春林．开放式创新文化与企业创新绩效关系的研究——来自江浙沪闽四地的数据实证［J］．科学学研究，2007（3）．

［296］程翠凤．高管激励、股权集中度与企业研发创新战略——基于制造业上市公司面板数据调节效应的实证［J］．华东经济管理，2018，32（11）．

［297］慈晓婷．技术创新投入，企业风险承担水平与企业绩效［D］．石家庄：河北大学，2020.

［298］崔秀梅，王一鸣．研发投入对企业绩效的影响——基于华为和联想的案例分析［J］．会计师，2016（22）．

［299］单标安，陈海涛，鲁喜凤，等．创业知识的理论来源、内涵界定及其获取模型构建［J］．外国经济与管理，2015，37（9）．

［300］党兴华，肖瑶．基于跨层级视角的创新网络治理机理研究［J］．科学学研究，2015，33（12）．

［301］邓寿鹏，等．面向未来—新技术高技术讲座［M］．北京：中国友谊出版公司，1987.

［302］董保宝，葛宝山，王侃．资源整合过程、动态能力与竞争优势：机理

与路径［J］．管理世界，2011（3）．

［303］董保宝，尹璐，许杭军．探索式创新与新创企业绩效：基于多层级网络结构的交互效应研究［J］．南方经济，2017，36（3）．

［304］董保宝，周晓月．网络导向，创业能力与新企业竞争优势——一个交互效应模型及其启示［J］．南方经济，2015，33（1）．

［305］董保宝．创业网络演进阶段整合模型构建与研究启示探析［J］．外国经济与管理，2013，35（9）．

［306］董保宝．创业研究在中国：回顾与展望［J］．外国经济与管理，2014，36（1）．

［307］董保宝．风险需要平衡吗：新企业风险承担与绩效倒 U 型关系及创业能力的中介作用［J］．管理世界，2014（1）．

［308］董保宝．网络结构与竞争优势关系研究——基于动态能力中介效应的视角［J］．管理学报，2012，9（1）．

［309］董保宝．中国新企业网络导向：维度与检验［J］．外国经济与管理，2015，37（5）．

［310］樊霞，朱桂龙．基于小世界模型的企业创新网络研究［J］．软科学，2008，22（1）．

［311］冯文娜．高新技术企业研发投入与创新产出的关系研究——基于山东省高新技术企业的实证［J］．经济问题，2010（9）．

［312］冯长利，程悦．开放式创新与企业绩效的 Meta 分析［J］．科研管理，2020，41（1）．

［313］傅家骥，程源．面对知识经济的挑战，该抓什么？——兼论技术创新与知识创新的关系［C］//第二届中国软科学学术年会论文集，1998．

［314］傅家骥，等．技术创新——中国企业发展之路［M］．北京：企业管理出版社，1992．

［315］傅家骥．技术创新学［M］．北京：清华大学出版社，1998．

［316］甘师俊．发展我国微电子工业的突破口和"后来者战略"［C］//第四届全国高技术产业发展研讨会文集，1991．

［317］葛宝山等．企业投资项目综合评价方法，模糊理想点法［C］//．（英）中—加管理国际会议论文集，1991．

［318］葛宝山，等．系统可靠性与技术创新的风险分析［J］．技术经济，1993 增刊号．

［319］姚美芳，葛宝山．一种发展中的规划方法——多重情景分析法［J］．工业技术经济，1989（Z1）．

［320］葛宝山，赵英才．当前高新技术企业存在的问题及对策建议［M］．科学学与科学技术管理，1994（9）．

［321］葛宝山．高技术产业化风险分析的理论和方法研究［D］．长春：吉林工业大学，1995．

［322］龚绍林．技术创业要素层次与运行机制［C］∥．第三届全国高技术产业发展学术研讨会论文集，1989．

［323］顾穗珊．我国高科技产业科技投入及产业发展灰关联研究［J］．工业技术经济，2004，23（6）．

［324］官建成，史晓敏．技术创新能力和创新绩效关系研究［J］．中国机械工程，2004，15（11）．

［325］郭仲伟．风险分析与决策［M］．北京：机械工业出版社，1987．

［326］国家发展和改革委员会产业经济与技术经济研究所．中国产业发展报告 2016：面向"十三五"的产业经济研究［M］．北京：经济科学出版社，2016．

［327］科学技术部．第二届高技术产业发展研讨会论文集［C］．1988．

［328］科学技术部．第三届高技术产业发展研讨会论文集［C］．1989．

［329］科学技术部．第四届高技术产业发展研讨会论文集［C］．1991．

［330］科学技术部．第五届高技术产业发展研讨会论文集［C］．1993．

［331］国务院国资委财务监督与考核评价局．企业绩效评价标准值［M］．北京：经济科学出版社，2015．

［332］H. 哈肯．协同学［M］．西安：陕西科学技术出版社，1987．

［333］胡海青，王兆群，张颖颖，等．创业网络、效果推理与新创企业融资绩效关系的实证研究——基于环境动态性调节分析［J］．管理评论，2017，29（6）．

［334］胡琳娜，陈劲．整合式创新的框架及机理分析［J］．科学管理研究，2020，38（4）．

［335］胡晓真．组织内社会网络中心性、知识分享与员工工作绩效的关系研究［D］．长春：吉林大学，2012．

［336］胡志强，喻雅文．技术创新效率对企业 IPO 后长期绩效的影响研究——基于创业板高科技企业样本的实证研究［J］．北京工商大学学报（社会科学版），2017，32（5）．

［337］黄镇海．研究所发展高技术产业的途径［C］．第三届全国高技术产业发展学术研讨会论文集，1989．

［338］蒋民宽．中国的选择［M］．大连：东北财经大学出版社，1989．

［339］解维敏，唐清泉．企业研发投入与实际绩效：破题 A 股上市公司

［J］．改革，2011（3）．

［340］金朱德，刘永恩，等．中国技术创业的运行机制［C］．第三届全国高技术产业发展学术研讨会论文集，1989.

［341］柯俊杰．网络关系与新创企业发展［J］．商业时代，2006（12）．

［342］孔庆江．论合作研究和开发的涵义、筹划、管理及政策影响［J］．科技进步与对策，2006，23（2）．

［343］雷家骕，施晓江．中国技术创新学术研究18年述评（下）［J］．中国青年科技，2007（11）．

［344］雷名龙．基于阿里巴巴大数据的购物行为研究［J］．物联网技术，2016，6（5）．

［345］冷护基．串并联系统的模糊可靠性［J］．系统工程理论与实践，1994（1）．

［346］李柏洲，尹士．基于一致性的制造业企业伙伴选择多属性决策模型研究——合作创新视角［J］．运筹与管理，2018，27（6）．

［347］李怀祖，刘益．从技术生命周期看高技术及其产品的市场特点［J］．科研管理，1994，15（3）．

［348］李飞，陈浩，曹鸿星，等．中国百货商店如何进行服务创新——基于北京当代商城的案例研究［J］．管理世界，2010（2）．

［349］李建华．风险网络理论与RNM模型研究［D］．长春：吉林工业大学，1991.

［350］李京文，郑友敬．技术经济手册（理论方法卷）［M］．北京：学术书刊出版社，1990.

［351］李京文．当代科技发展趋势与我国现代化建设［J］．中国社会科学，1994.15（1）．

［352］李蕾．浅析高科技商品化和产业化的主体［J］．科学学研究，1994（1）．

［353］李薇，龙勇．竞争性战略联盟的合作效应研究［J］．科研管理，2010，31（1）．

［354］李垣，谢恩，廖貅武．个人关系，联盟制度化程度与战略联盟控制——针对中国企业联盟实践的分析［J］．管理科学学报，2006，9（6）．

［355］李智俊．新创企业网络关系能力、创业资源与企业绩效关系研究［D］．西安：西安理工大学，2012.

［356］厉以宁，秦宛顺．现代西方经济学概论［M］．北京：北京大学出版社，1983.

［357］梁海山，魏江，万新明．企业技术创新能力体系变迁及其绩效影响机制——海尔开放式创新新范式［J］．管理评论，2018，30（7）．

［358］梁靓．开放式创新中合作伙伴异质性对创新绩效的影响机制研究［D］．杭州：浙江大学，2014．

［359］林南．社会资本：关于社会结构与行动的理论［M］．上海：上海人民出版社，2005．

［360］林曦．企业利益相关者管理：从个体、关系到网络［M］．大连：东北财经大学出版社，2010．

［361］林向义，张庆普，罗洪云．知识创新联盟合作伙伴选择研究［J］．中国管理科学，2008，16（10）．

［362］刘劲杨．知识创新、技术创新与制度创新概念的再界定［J］．科学学与科学技术管理，2002，23（5）．

［363］刘静岩，王玉，林莉．开放式创新社区中用户参与创新对企业社区创新绩效的影响——社会网络视角［J］．科技进步与对策，2020，37（6）．

［364］刘仁军．关系契约与企业网络转型［J］．中国工业经济，2006，9（6）．

［365］刘洋，魏江，江诗松．后发企业如何进行创新追赶？——研发网络边界拓展的视角［J］．管理世界，2013，9（3）．

［366］刘志忠，李毅．过程转化论［M］．北京：中国展望出版社，1988．

［367］楼世博，等．模糊数学［M］．北京：科学出版社，1983．

［368］卢强，杨晓叶．基于"结构—行为—绩效"逻辑的供应链融资效果研究——双元学习的中介作用［J］．研究与发展管理，2020，32（5）．

［369］栾庆伟．中国技术创业内涵、模式、策略［C］．第五届全国高技术产业发展学术研讨会论文集，1993．

［370］罗高荣．水利水电工程经济评价风险分析方法［M］．杭州：浙江大学出版社，1989．

［371］罗家德，朱庆忠．人际网络结构因素对工作满足之影像［J］．中山管理评论，2004，12（4）．

［372］罗伟，方新，赵兰香．技术创业要解决三个组合的问题［J］．科研管理，1992.13（6）．

［373］罗伟．高技术与技术创业［N］．科技日报，1993-06-07．

［374］骆大进，田龙伟，李垣．企业创新能力体系——十力模型的构建与作用机理［J］．中国科技论坛，2017（11）．

［375］马克·布劳格．经济学方法论［M］．黎明星，等，译．北京：北京大学出版社，1990．

［376］马林，赵家和，狄宗楷．我国微型计算机硬件制造业的经济分析［J］．计算机与信息发展研究，1988（3）．

［377］马荣康，刘凤朝．企业知识结构、创新网络嵌入与外向国际化［M］．北京：科学出版社，2016.

［378］马玉成，李垣，付强．成熟企业资源构建对技术创新影响研究［J］．科学学与科学技术管理，2015，36（6）．

［379］毛蕴诗，刘富先．双重网络嵌入，组织学习与企业升级［J］．东南大学学报（哲学社会科学版），2019，21（1）．

［380］N. 维纳．控制论［M］．北京：科学出版社，1985.

［381］倪频．高技术产业生长条件及新生长点选择［C］．第四届全国高技术产业发展学术研讨会论文集，1991.

［382］欧明灿．全国高新技术产业开发区工作研讨会综述［J］．科技进步与对策，1994，11（4）．

［383］潘颖雯，万迪防．研发的不确定性与研发人员激励契约的设计研究［J］．科学学与科学技术管理，2007，28（8）．

［384］庞长伟，李垣，段光．整合能力与企业绩效：商业模式创新的中介作用［J］．管理科学，2015，28（5）．

［385］钱省三，范炳全，赵棋民，等．中国微电子技术应用前景预测报告［R］．1987.

［386］钱学森，于景元，戴汝为．一个科学的新领域——开放的复杂巨系统及其方法论［J］．自然杂志，1990，13（1）．

［387］秦德智，赵德森，姚岚．企业文化，技术创新能力与企业成长——基于资源基础理论的视角［J］．学术探索，2015（7）．

［388］邱伟年，曾楚宏，王斌．组织间知识转移研究述评［J］．情报理论与实践，2011，34（7）．

［389］邱伟年，邓靖松，林家荣．基于谋算型信任视角的企业高管团队信息共享博弈研究［J］．暨南学报（哲学社会科学版），2011，33（4）．

［390］Richard C. Car1son. etc. 硅谷获得成功的历史中几个成功的因素［Z］. Public Policy Center，1986.

［391］饶志明．亚洲"四小龙"高技术研究与开发策略［J］．科技管理研究，1993. 13（6）．

［392］赵桂芳．战略研究开发的评价和决策［M］．北京：科学技术文献出版社，1988.

［393］S. E. 库森斯．项目评价中的专家评议［J］．科学学译丛，1990（5）．

［394］萨缪尔森．经济学［M］．上海：商务印书馆，1981．

［395］沈景明．机械工业技术经济学［M］．北京：机械工业出版社，1981．

［396］盛世豪．技术产业与地区发展经济［J］．科学学研究，1991（2）．

［397］石德江，裴蓉．我国制造业技术创新的投入和产出分析［J］．科技资讯，2006，35（4）．

［398］宋毅，张红．产业发生学引论［M］．北京：中国社会科学出版社，1993．

［399］苏敬勤，崔淼．基于适配理论的中国特色管理理论的研究框架：创新视角［J］．管理学报，2009，6（7）．

［400］苏敬勤，刘静．案例研究数据科学性的评价体系——基于不同数据源案例研究样本论文的实证分析［J］．科学学研究，2013，31（10）．

［401］苏蕊蕊．研发投入和研发团队网络结构对汽车企业创新绩效的实证研究［D］．长沙：湖南大学，2015．

［402］T. 哈维尔莫．经济计量学的概率论方法［M］．秦朵，译．北京：商务印书馆，1994．

［403］汤宝昌．创造一流投资环境，发展高新技术产业［J］．中国科技产业，1994（1）．

［404］汤世国．高技术创新过程的费用分布［C］．第四届金国高技术产业发展学术研讨会论文集，1991．

［405］童健，连燕华．研究与开发项目评估活动的模式［J］．科学学研究，1994，12（1）．

［406］汪欢吉，陈劲，李纪珍．开放式创新的合作伙伴异质度对企业创新模式的影响［J］．技术经济，2016，35（6）．

［407］汪贤裕，等．项目投资的风险筛选法［J］．数量经济技术经济研究，1993.10（11）．

［408］汪艳霞，曹锦纤．支持还是抑制？网络嵌入创业绩效有效性测量［J］．科技进步与对策，2020，37（1）．

［409］汪展熙，等．科研所如何寻找高技术发展的生长点［C］．第三届全国高技术产业发展学术研讨会论文集，1989．

［410］王冰茹．高管团队多元化与企业绩效的影响机制研究［D］．兰州：兰州大学，2020．

［411］王飞绒，柴晋颖，龚建立．虚拟社区知识共享影响因素的实证研究［J］．浙江工业大学学报（社会科学版），2008，7（3）．

［412］王鸿江，万骏，徐佩，等．江浙沪地区医药上市公司研发资金投入强度的影响因素分析［J］．中国医疗管理科学，2020，10（5）．

［413］王君彩，王淑芳．企业研发投入与业绩的相关性——基于电子信息行业的实证分析［J］．中央财经大学学报，2008，28（12）．

［414］王珺．企业簇群的创新过程研究［J］．管理世界，2002（10）．

［415］王侃．模仿，资源异质性与新创企业投资决策［J］．南方经济，2014，32（11）．

［416］王可．贝尔现象与高技术商业化［J］．普利评论（试刊），1989（1）．

［417］王利文．经济实力地位与投入政策［J］．科学学与科学技术管理，1990（9）．

［418］王莲芬，许树柏．层次分析引论［M］．北京：中国人民大学出版社，1990.

［419］王时任，陈维平．可靠性工程概论［M］．武汉：华中工学院出版社，1983.

［420］王岩明，周全．论企业业绩评价的平衡记分卡法［J］．数量经济技术经济研究，2003（2）．

［421］王长峰．企业网络拓扑结构与创新绩效的关系——基于中介变量的实证分析［J］．科技进步与对策，2011，28（3）．

［422］魏江．未来5年，全面创新要突破哪些瓶颈？［J］．经贸实践，2015（12）．

［423］吴结兵，徐梦周．网络密度与集群竞争优势：集聚经济与集体学习的中介作用——2001~2004年浙江纺织业集群的实证分析［J］．管理世界，2008（8）．

［424］吴明隆．SPSS统计应用实务［M］．北京：中国铁道出版社，2000.

［425］吴鸣．经济风险论［M］．北京：人民出版社，1989.

［426］吴伟伟，刘业鑫，于渤．技术管理与技术能力匹配对产品创新的内在影响机制［J］．管理科学，2017，30（2）．

［427］吴先明，苏志文．将跨国并购作为技术追赶的杠杆：动态能力视角［J］．管理世界，2014（4）．

［428］吴晓波，陈小玲，李璟琰．战略导向、创新模式对企业绩效的影响机制研究［J］．科学学研究，2015，33（1）．

［429］吴晓波，付亚男．创新管理国际研究热点及其演化：基于可视化分析［J］．外国经济与管理，2019，41（12）．

［430］夏晗．创业团队异质性对科技型新创企业绩效的影响——一个双调节模型［J］．科技进步与对策，2018，35（13）．

［431］向清．中国科技计划体系及管理模式［J］．科研管理，1994（2）．

［432］小拉尔夫・费・迈尔斯．系统思想［M］．成都：四川人民出版社，1986.

［433］谢科范．技术开发风险问题调研报告［J］．科学学与科学技术管理，1993（8）．

［434］谢卫红，王永健，蓝海林．高管团队智力资本、战略柔性与企业财务绩效互动关系研究——以珠三角制造企业为例［J］．现代财经（天津财经大学学报），2013，33（4）．

［435］中科院长春应化所．新型 CBN 超硬材料生产项目火炬计划［Z］．1990.

［436］熊彼特．经济发展理论［M］．北京：商务印书馆，1990.

［437］徐元华，钱省三，范炳全．集成电路工业的国际竞争和国际合作及我们的对策（上）［J］．电子与自动化，1987（12）．

［438］徐元华，钱省三，范炳全．集成电路工业的国际竞争和国际合作及我们的对策（下）［J］．电子与自动化，1988（1）．

［439］许庆瑞，刘景江，赵晓庆．技术创新的组合及其与组织、文化的集成［J］．科研管理，2002，23（6）．

［440］许庆瑞．技术创新管理［M］．杭州：浙江大学出版社，1990.

［441］薛伟贤，张娟．高科技企业技术联盟互惠共生的合作伙伴选择研究［J］．研究与发展管理，2010，22（1）．

［442］严成樑，龚六堂．熊彼特增长理论：一个文献综述［J］．经济学季刊，2009，8（3）．

［443］杨慧，宫妍，陈玉文．我国医药上市公司研发资金投入强度影响因素的实证研究——基于 A 股上市公司面板数据［J］．科技管理研究，2017，37（16）．

［444］杨治．产业经济学导论［M］．北京：中国人民大学出版社，1985.

［445］叶笛，刘震宁．基于创新的企业网络结构研究述评［J］．经济问题探索，2012（4）．

［446］叶明．沿海经济发达地区的技术创断［J］．科技与发展，1991（1）．

［447］尹海员．个体特征、社会网络关系与投资者情绪［J］．上海财经大学学报，2020，22（5）．

［448］游达明，黄曦子．突破性技术创新合作伙伴选择及其评价［J］．系统工程，2014，32（3）．

［449］于维栋．高技术与高技术产业［J］．中国科技产业，1989（6）．

［450］俞仁龙．市场营销原理与方法［M］．西宁：青海人民出版

社，1989.

［451］禹献云．协作研发网络演化及其对技术创新的影响研究［D］．长沙：湖南大学，2013.

［452］苑广增．中国科学技术规划与计划［M］．北京：国防工业出版社，1992.

［453］约翰·斯科特，刘军．社会网络分析方法［M］．重庆：重庆大学出版社，2007.

［454］云乐鑫，杨俊，张玉利．创业企业如何实现商业模式内容创新？——基于"网络—学习"双重机制的跨案例研究［J］．管理世界，2017（4）．

［455］云乐鑫，杨俊，张玉利．基于海归创业企业创新型商业模式原型的生成机制［J］．管理学报，2014，11（3）．

［456］张宝建，胡海青，张道宏．企业创新网络的生成与进化——基于社会网络理论的视角［J］．中国工业经济，2011（4）．

［457］张钢，沈丞．技术追赶的迂回模式：基于探索与利用的拓展分析框架［J］．技术经济，2017，36（1）．

［458］张海燕，袁新敏．企业规模与研发投入强度的关系分析——以上海闵行区为例［J］．工业技术经济，2011，30（3）．

［459］张娜娜，苏敏艳，郑慧凌，等．高山技术并购对医药企业创新绩效的影响：基于吸收能力和动态能力的分析［J］．科技管理研究，2019，39（21）．

［460］张伟峰，万威武．复杂性技术创新与企业创新网络的共生演化［J］．山西财经大学学报，2003，25（5）．

［461］张文修．模糊数学基础［M］．西安：西安交通大学出版社，1984.

［462］张玉利，杨俊，任兵．社会资本，先前经验与创业机会——一个交互效应模型及其启示［J］．管理世界，2008（7）．

［463］张钟俊，钱大群．一个通用的有向图故障诊断算法［J］．信息与控制，1989（6）．

［464］张钟俊，周东华，席裕贵．故障检测与诊断技术［J］．控制理论与应用，1991（1）．

［465］赵红洲．科学能力引论［M］．北京：科学出版社，1984.

［466］赵文红，梁巧转．技术获取方式与企业绩效的关系研究［J］．科学学研究，2010，28（5）．

［467］赵文彦，陈益升，李国兴，等．新兴产业的摇篮——高技术开发区研究［M］．北京：科学技术文献出版社，1990.

［468］郑鸿，徐勇．创业团队信任的维持机制及其对团队绩效的影响研究

［J］．南开管理评论，2017，20（5）．

［469］陈兆莹．中国高新技术开发区发展报告［M］．北京：中国科学技术出版社，1992.

［470］中国企业联合会，中国企业家协会 . 2020 中国 500 强企业发展报告［M］．北京：企业管理出版社，2020.

［471］中国上市公司业绩评价课题组 . 2016 中国上市公司业绩评价报告［M］．北京：中国发展出版社，2016.

［472］钟丛升，蒋国平，白振宇．企业网络能力、组织吸收能力与企业绩效关系研究——基于滨海新区创意企业的实证研究［J］．天津商业大学学报，2018，38（1）．

［473］朱东华．六国科研经费投入比较对我国学科政策的启示［J］．科学学与科学技术管理，1993（2）．

［474］朱丽兰．高技术产业的必备条件［N］．光明日报，1993-04-09.

［475］朱丽兰．关于八六三计划的制定和组织实施［J］．中国科技论坛，1990（5）．

附录 1 布尔代数运算规则

$X+X=X$

$X \cdot X=X$

$X \cdot Y=Y \cdot X$

$X+Y=Y+X$

$X+X \cdot Y=X$

$X \cdot (X+Y)=X$

$X+(Y+Z)=(X+Y)+Z$

$X \cdot (Y \cdot Z)=(X \cdot Y) \cdot Z$

$(X \cdot Y)+(X \cdot Z)=X \cdot (Y+Z)$

$(X+Y) \cdot (X+Z)=X+Y \cdot Z$

$\overline{(X+Y+Z)}=\overline{X} \cdot \overline{Y} \cdot \overline{Z}$

$\overline{(X \cdot Y \cdot Z)}=\overline{X}+\overline{Y}+\overline{Z}$

$(X+\overline{Y}) \cdot Y=X \cdot Y$

$X+\overline{X}=1$

$X \cdot \overline{X}=0$

附录 2　风险—效益分析方法研究

风险—效益分析要明确回答下述问题：

1. 在风险（包括可能的损失、失败率）已知的条件下，项目的效益水平达到多大时，才值得项目主体去冒险？

2. 在项目的效益和成功率已知的条件下，项目的损失低于多少时，才值得项目主体投资？

3. 在项目的效益及损失已知的条件下，项目的失败率低于（或成功率大于）多少时，项目主体才可以投资？

为解决这三个问题，不妨设：

P 表示项目失败的概率；

$E(x)$ 表示项目的期望收益；

x 表示项目的效益；

y 表示项目的损失；

则依期望值理论有：$E(x)=(1-p) \cdot x+p \cdot y$

若 $y \geq 0$，则改为：$E(x)=(1-p) \cdot x-p \cdot y$ 　　　　　　　　　　　（1）

从决策的惯例来看，技术创业项目的收益期望值应大于或等于无风险条件下的相同投资的最大机会成本。在此，用 $E(s)$ 代表这个最大机会成本。

则有：$E(x) \geq E(s)$ 　　　　　　　　　　　　　　　　　　　　　　（2）

即 $(1-p) \cdot x-p \cdot y \geq E(s)$ 　　　　　　　　　　　　　　　　　（3）

由式（3），得：

$$x \geq \frac{E(s)+p \cdot y}{1-p}$$ 　　　　　　　　　　　　　　　　　　（4）

从而有：

$$x_{min}=\frac{E(s)+p \cdot y}{1-p}$$ 　　　　　　　　　　　　　　　　　（5）

式（5）回答了风险—效益分析的第一个问题，即在风险已知的条件下，项

目的效益水平超过 x_{min} 时，才值得项目主体去冒险。

仍由式（3），可得：

$$y \leqslant \frac{(1-p) \cdot x - E(s)}{p} \tag{6}$$

即

$$y_{max} = \frac{(1-p) \cdot x - E(s)}{p} \tag{7}$$

式（7）回答了第二个问题，即在项目的效益和成功率已知的条件下，项目的损失低于 y_{max} 时，才值得项目的主体投资。

同理，当项目的效益（x）和损失（y）已知的条件下，有：

$$p \leqslant \frac{x - E(s)}{x + y} \tag{8}$$

也就是，

$$p_{max} = \frac{x - E(s)}{x + y} \tag{9}$$

式（9）回答了第三个问题，即在项目的效益及损失已知的条件下，技术创业项目的失败率低于 p_{max} 时，项目主体才可以投资。

综合式（5）、式（7）和式（9）有技术创业风险—效益分析的基本关系式：

$$\begin{cases} x_{min} = \dfrac{E(s) + p \cdot y}{1-p} & （\text{I}）x \geqslant x_{min}，可行 \\[3mm] y_{max} = \dfrac{(1-p) \cdot x - E(x)}{p} & （\text{II}）y \leqslant y_{max}，可行 \\[3mm] p_{max} = \dfrac{x - E(s)}{x + y} & （\text{III}）p \leqslant p_{max}，可行 \end{cases} \tag{10}$$

附录3 技术创业企业调研提纲

尊敬的各位女士/先生钧鉴：

您好！这是为完成国家科研项目而设计的一份调查问卷，目的在于了解以下几个方面内容：①企业研发密度即企业研发投入经费占收入的比例。②企业网络关系即企业与产业内上下游合作伙伴、竞争对手等相关联机构联系的紧密程度、信息传递的流畅程度、企业在行业中的地位等指标。③创新倾向一致性即企业合作伙伴在创新投入、创新能力等方面的一致性。④风险管控、创新绩效（新业务所带来的产能、客户满意度的增加）。由此，对我国技术创业企业如何通过创新活动促进企业生存与发展提出建议。感谢您在百忙之中给予的宝贵意见，以完成这份重要的问卷。

一、问卷

请您详细阅读以下内容并根据贵企业的实际情况在与数字对应的圆圈中画"√"。（分值"1"表示您完全不同意这种说法或数值较低，分值"3"表示您不确定此观点或数值中等，分值"5"表示您完全同意这种说法或数值较高。分值"1"到"5"依次渐进，部分题目涉及贵公司客观经营情况，已给出各分值对应参考比率（来源为国泰安、Wind 科创板信息技术行业数据），您可根据参考比例结合本公司情况给出相应分值。

1. 研发密度

近8年来，与行业平均水平相比，贵企业的整体研发投入情况		分值				
1	研发投入占比：研发经费投入占主营业务收入的比值 研发经费包括：研发直接投入（购买材料、设备、专利以及相关的使用、维护费用）；委托外部开发或合作产生的费用（与相关院校、研究所等机构合作产生的费用）；其他费用（水电、煤气、通信、办公等费用）	1	2	3	4	5

近 8 年来，与行业平均水平相比，贵企业的整体研发投入情况	分值				
	1	2	3	4	5
2　研发人员占比：研发人员人数/总员工人数					

注：参考比率为①研发经费投入：1 分为[3%，6%)，2 分为[6%，7%)，3 分为[7%，9%)，4 分为[9%，16%)，5 分为[16%，20%]；②研发人员投入数量：1 分为[5%，7%)，2 分为[7%，15%)，3 分为[15%，25%)，4 分为[25%，30%)，5 分为[30%，50%]。

2. 网络关系

（网络中心度：即本企业在合作网络中的地位、获取有效信息的丰富程度、流畅程度进行评价；网络密度：即本企业与主要合作伙伴联系的紧密程度、沟通的频繁性以及互相信任、相互支持的程度。）

网络中心度：近 8 年来从总体上看，本企业与主要合作伙伴的网络情况	完全不同意←——→完全同意				
	1	2	3	4	5
1　合作网络内发生各种业务联系时大多会经过本企业					
2　本企业经常使用合作网络中新知识解决工作中问题					
3　本企业合作网络中流动的知识与信息非常丰富					
4　本企业拥有的合作网络联系比竞争者更加稳固					
网络密度：近 8 年来从总体上看，本企业与主要合作伙伴的关系情况	1	2	3	4	5
5　合作企业与本企业都能信守承诺					
6　合作企业不会利用本企业的弱点来获取不当收益					
7　合作企业与本企业信息交换频繁，而非局限于既定协议					
8　合作企业与本企业能尽可能地相互提供所需的信息					
9　合作伙伴与本企业互相帮助解决对方问题					
10　合作伙伴与本企业共同协作克服困难					

3. 创新倾向一致性

（对合作伙伴之间是否能够保持相对统一的创新意识、创新能力进行评价）

近 8 年来从总体上看，本企业与主要合作伙伴的创新倾向一致性情况	完全不同意←——→完全同意				
	1	2	3	4	5
1　我们与合作伙伴的技术创新目标一致					
2　我们与合作伙伴的技术研发实力水平相当					

近8年来从总体上看，本企业与主要合作伙伴的创新倾向一致性情况	完全不同意←——→完全同意				
	1	2	3	4	5
3 我们与合作伙伴对研发的重视程度基本相当					
4 我们与合作伙伴的企业文化相一致					
5 我们与合作伙伴的管理理念相互认同					

4. 绩效

近8年来，与行业平均水平相比，贵企业的整体经营情况。		最低1较低2中等3较高4最高5				
1 企业资产增长率（ROA）	税后净利润/总资产	1 [1%，2%)	2 [2%，4%)	3 [4%，6%)	4 [6%，9%)	5 [9%，11%]
2 企业员工人数增长率	本年员工增长数/去年同期员工数	1 [1%，3%)	2 [3%，5%)	3 [5%，7%)	4 [7%，18%)	5 [18%，25%]
3 净资产收益率（ROE）	净利润/平均股东权益	1 [2%，4%)	2 [4%，7%)	3 [7%，9%)	4 [9%，11%)	5 [11%，15%]
4 总投资收益率（ROI）	年平均利润总额/投资总额	1 [-1.0%，-0.8%)	2 [-0.8%，-0.5%)	3 [-0.5%，0.0%)	4 [0.0%，0.5%)	5 [0.5%，1.0%]
5 净收益增速	（本年净收益-去年净收益）/去年净收益	1 [7%，13%)	2 [13%，35%)	3 [35%，60%)	4 [60%，150%)	5 [150%，240%]
6 营业收入增速	（本年营业收入-去年营业收入）/去年营业收入	1 [3%，10%)	2 [10%，18%)	3 [18%，25%)	4 [25%，50%)	5 [50%，75%)
7 销售费用率	销售费用/销售收入	1 [0.0%，0.1%)	2 [0.1%，1.0%)	3 [1.0%，2.0%)	4 [2.0%，3.5%)	5 [3.5%，5.0%)

二、基本情况及背景信息

1. 您所在的公司名称：_____

2. 行业性质：□高科技行业　□非高科技　□其他_____（请填写是什么行业）

选择是高科技行业的：□信息技术行业　□非信息技术行业

3. 贵公司主要从事哪方面业务？A. 电子及通信信息　B. 生物工程　C. 航空航天　D. 先进制造技术　E. 海洋技术　F. 医药医疗　G. 计算机及办公设备　H. 检验检测

4. 贵公司的人数：□1～50人　□51～100人　□101～500人　□501～1000人

5. 贵公司成立年数：□1年以下　□1～5年　□6～10年　□10年以上

6. 贵公司是不是家族企业：□是　□否

7. 贵公司性质：□民营企业　□国有独资　□外商独资　□合资企业

8. 工作者基本信息：

√　您的年龄：□20～30岁　□31～40岁　□41～50岁　□51岁以上

√　您的性别：□男　□女

√　您的最高学历：□研究生及以上　□本科　□大专　□高中或中专　□初中及以下

√　您所学的专业是：理科____工科____医疗____经济管理____文史哲____农学____其他____

√　您所属的部门：_____

√　您的职位是：企业技术人员____科研人员____基层管理人员____中层管理人员____企业高级管理人员____厂长/经理____董事长____其他____

你的个人信息（若方便，请填写）：

电话：_____　　电子邮件：_____

你认为企业可通过哪些方面来提升其组织能力，从而提高其风险控制能力？

感谢您的参与，若要共享研究成果，请填写上述电子邮件或其他联系方式。

附录4 案例访谈大纲

变量	主要问题	补充问题	参考文献
研发强度	研发的投入能够带来持续的风险控制能力的提升吗	研发投入占比：研发经费投入/主营业务收入的范围是多少（[6%，7%)、[7%，9%)、[9%，16%)、[16%，20%]、20%以上）	Hagedoom 和 Cloodt（2003）、张娜娜等（2019）
		研发人员占比：研发人员人数/总员工人数的范围是多少（[5%，7%)、[7%，15%)、[15%，25%)、[25%，30%)、[30%，50%]）	
		研发到哪一阶段开始得到业界的关注？给企业风险管控带来了哪些影响	
		研发的投入是如何影响风险管控的？是否与行业内的网络关系有关	
网络中心度	研发的投入能否直接促进企业在行业关系网络中地位的提高，或者影响力的提升	企业在网络中的地位是如何在研发成果转化的过程中起作用的	Coleman（1988）、Tsai（2001）、董保宝等 2017）
		合作网络内发生各种业务联系时大多会经过本企业吗	
		本企业经常使用合作网络中新知识解决工作中问题吗	
		本企业合作网络中流动的知识与信息非常丰富吗	
		本企业拥有的合作网络联系比竞争者更加稳固吗	
网络密度	研发的投入能否直接促进企业在网络中获得更多更快的有效信息，或者获得更多帮助	整体所在行业网络的企业密集程度是如何在研发成果转化的过程中起作用的	Hansen（1999）、Capaldo（2007）、董保宝等（2017）
		合作企业与本企业都能信守承诺吗	
		合作企业不会利用本企业的弱点来获取不当收益吗	
		合作企业与本企业信息交换频繁，而非局限于既定协议吗	
		合作企业与本企业能尽可能地相互提供所需的信息吗	
		合作伙伴与本企业互相帮助解决对方问题吗	
		合作伙伴与本企业共同协作克服困难吗	

· 290 ·

续表

变量	主要问题	补充问题	参考文献
创新倾向一致性	在与合作伙伴的长期合作中，在哪些方面达成一致起到了关键作用? 创新观念、战略方向、新产品开发、服务提升	本企业与合作伙伴的技术创新目标一致吗	Chesbrough（2006）、Kellermanns（2011）、游达明和黄曦子（2014）、李柏洲和尹士（2018）
		本企业与合作伙伴的技术研发实力水平相当吗	
		本企业与合作伙伴对研发的重视程度基本相当吗	
		本企业与合作伙伴的企业文化相一致吗	
		本企业与合作伙伴的管理理念相互认同吗	

验证的主要逻辑：①研发与风险控制能力的关系；②研发与网络关系的关系；③创新倾向一致性在网络中的影响